中国大陆、台湾、香港、澳门行政诉讼：制度、立法与案例丛书

主编 应松年

Administrative Litigation in Macau: System, Legislation and Cases

澳门地区行政诉讼： 制度、立法与案例

米万英 何伟宁 著

ZHEJIANG UNIVERSITY PRESS
浙江大学出版社

丛书编委会

编委会主任

应松年
中国政法大学终身教授、博导，中国法学会行政法学研究会会长

编委会成员

赵大光
最高人民法院行政庭庭长、高级法官，中国法学会行政法学研究会常务理事
胡建淼
国家行政学院法学部主任、教授、博导，中国法学会行政法学研究会副会长
刘宗德
台湾政治大学法律学系特聘教授、博导，台湾行政法学会理事长
马怀德
中国政法大学副校长、教授、博导，中国法学会行政法学研究会副会长
林　峰
香港城市大学中国法与比较法研究中心主任，法律学院副教授
米万英
澳门特别行政区检察院助理检察长，澳门大学法学院兼职助理教授
朱新力
浙江大学光华法学院常务副院长、教授、博导，中国法学会行政法学研究会
　　常务理事（执行编委）

编委会秘书

王　静
国家行政学院法学部讲师，法学博士
蒋红珍
上海交通大学国际与公共事务学院讲师，法学博士
俞　楠
中国政法大学宪法学与行政法学博士研究生

总　序

　　行政诉讼制度是一套重要的法律制度。从宪政角度看,行政诉讼是监督国家权力、保障人民权利最直接的制度保障,关系到一个国家司法救济制度的完善、人权保障程度的健全,决定着公民与国家之间格局的形成。从社会效果看,在全球化浪潮汹涌和多元文化盛行的当今时代,行政诉讼确立起一套可供操作的制度框架,能够使层出不穷的利益冲突和观念分歧消弭在这套制度框架之内,从而确保社会的稳定和进步发展。可以说,追求行政诉讼制度的完善,是现代法治进程的重要环节。

　　由于历史的原因,中国大陆、台湾、香港、澳门在行政诉讼文化和制度方面存在诸多差别。从历史进程上看,既有中国大陆自新中国成立尤其是改革开放以后的"推倒重来",也有台湾地区带着国民政府制定的"六法全书"漂洋过海后的"继往开来";从法系归属上看,既有香港地区遵循英国法律制度的"普通法系"渊源,又有台湾地区效仿德国行政法制度的"大陆法系"传统;从发展阶段上看,既有大陆在法治发展进程中从近代到现代的蹒跚学步,又有香港、台湾地区现代化法治进程基本完善,甚至面临现代化"祛魅"的后现代尴尬……带着加强对话与交流的心情,我们想要把我国大陆、台湾、香港、澳门既有的行政诉讼制度及其立法和判例的状况真实地呈现给读者(也因此,我们保留了各地在写作上的不同规范形态。由此引起阅读上的不便,敬请读者谅解),这就是本书写作的初衷所在。

　　值得一提的是,中国大陆、台湾、香港、澳门有着共同的文化背景,特别是澳门和台湾地区,在法律的移植和继受上与大陆几乎同根同源,他们的制度和实践对于大陆具有极其重要的参考价值。正值中国大陆《行政诉讼法》修改被提上议事日程之际,我们也非常期待本书的写作能够对中国大陆《行政诉讼法》的修改有所裨益。此外,在全球化、信息化的时代背景下,更好地了解和把握中国大陆、台湾、香港、澳门的法律制度,也是探索更好地求同存异和解决一国区际法律冲突的途径所在。

本丛书分为四部，分别阐述中国大陆、台湾、香港、澳门的行政诉讼制度。每一部又分别从制度、立法和案例三个方面对行政诉讼展开介绍。在"制度"部分，试图宽泛地结合有关行政诉讼理论的分析框架，较为全面和概括地再现中国大陆、台湾、香港、澳门既有的行政诉讼制度。在"立法"部分，收录了中国大陆、台湾、香港、澳门有关行政诉讼方面的法律法规，它对于"制度"部分以及紧随其后的"案例"部分都是不可或缺的依据和参考资料。最后的"案例"部分，主要收录了在中国大陆、台湾、香港、澳门行政诉讼发展史上较为重要和经典的一些案例，并且对这些重要案例作了评述。可以说，真实地展现中国大陆、台湾、香港、澳门行政诉讼制度、立法和判例的客观情况，是写作中试图保持的重要特色。

本丛书由中国大陆、台湾、香港、澳门的法官、检察官和从事研究工作的学者共同写作完成，使之能兼顾学理界与实务界对行政诉讼制度的把握。我们试图使之成为一套具有下列特色的参考资料：首先，它立足"实然"，附带"应然"，相比于对原理的探讨，更注重对现有制度、立法和司法实践的归纳分析。其次，它以介绍为主，附带简要评述，注重资料的直观性和对比性。再次，它并非纯粹的资料汇编，而试图关注到立法和司法层面的实践性，动态地展现中国大陆、台湾、香港、澳门的行政诉讼制度现状。

"红日初升，其道大光；河出伏流，一泻汪洋。"希望本书能够为我国大陆、台湾、香港、澳门在行政诉讼制度方面的交流和学习提供必要的基本资料，也希望我们的努力能够抛砖引玉，吸引更多学者参与到对行政诉讼制度的探讨和关心中来。当然，尽管是老生常谈却依然不得不指出的是，由于能力所限，错误在所难免。我们怀着与同道们对话交流的心情，希望能够得到广大读者的批评和回应。

丛书编委会

2010 年 6 月

目　　录

第一编　澳门行政诉讼制度概况

第一编

澳门行政诉讼制度概况

第一章 澳门法律及司法体制的历史演变

第一节 概 述

澳门特别行政区位于中国广东省的南端,由澳门半岛、凼仔岛和路环岛组成,面积约 28 平方公里,常住人口约 47 万。从面积和人口上,澳门在中国可算是微不足道。然而,在历史方面,却有极大的研究价值,特别是其司法制度的演变。

在葡萄牙人管治前,澳门的司法体制与中国其他地区无异,均是由当地的行政官员行使司法管辖权。葡萄牙人进驻后,澳门的司法制度渐渐起了变化,当中可分为三个主要阶段:

第一,司法权双轨制阶段。中葡双方各自拥有对自身公民的司法管辖权。在混合关系领域,一般情况下,由中方行使刑事司法管辖权,而民事司法管辖权则按国际私法中的"属人法理论"处理[1]。

第二,司法权单轨制但法律双轨制时期。由 19 世纪中叶开始,时任澳门总督阿马留(Ferreira Amaral)利用当时中国清政府的软弱,将澳门完全纳入了葡萄牙主权管治之下。此后,中国失去了对澳门的司法管辖权。

由于中葡双方文化背景不同,且华人人口数倍于葡人,为了方便管理及避免矛盾冲突,葡方采取了法律双轨制:对居澳中国公民不适用葡萄牙的法律制度,相反,按其风俗习惯作为判决的依据。其后,更将居澳中国人的风俗习惯编纂成法典[2]。此外,更设置专门机构——华务检察官公署,负责对华人的司法管理工作。

---

〔1〕 [葡萄牙]叶士朋:《澳门法制史概论》中文版,澳门基金会出版,1997 年版。

〔2〕 《澳门华人风俗习惯法典》,于 1909 年 6 月 17 日在《政府公报》颁布。

第三,司法权单轨制和法律单轨制阶段。随着葡萄牙于 1966 年 11 月 25 日通过的《民法典》延伸适用于澳门,标志着澳门的法律多轨制的终结。此后,所有民事法律关系,无论是居澳的葡萄牙人或中国人,均按有关规定处理。

一、葡治时期澳门的司法组织

在葡萄牙人进驻澳门的初期,其司法组织主要分为两个审级。在第一审级具有司法管辖权者为:

1. 兵头(葡印总督或澳门总督),其具有军事和部分刑事司法管辖权。

2. 大法官,由葡萄牙国王任命,其主要职责为:(1) 辅助(准备卷宗及共同签署判决)兵头行使审判权(由其章程或有关的一般法律所规定);(2) 作为兵头(葡印总督,总督)的代表,单独审理较轻的罪案;(3) 受理民事案件。

3. 市政司法,葡萄牙人在澳门建立了类似葡萄牙本土的市政组织——澳门市政厅[3],其可通过选举产生具有民事和刑事审判权的普通法官。

由于三者的权限有重叠的地方,因此,经常出现管辖权的冲突。

在第二审级方面,则有设于刚果(时为葡萄牙的殖民地)的中级法院,其职权与葡萄牙本土的上诉和民事法院相同。

其后,随着欧洲大陆的文艺复兴、启蒙运动和社会文化及理论的改变,特别是受法国大革命和孟德斯鸠的三权分立学说的影响,欧洲大陆各国的政治及司法体制出现了重大的变化,葡萄牙也不例外。

作为管治国,葡萄牙的变革无可避免地会影响澳门。因此,澳门的司法体制也随之而改变:澳门成为葡萄牙司法体制中的一个法区,只具有第一审级的司法管辖权,其中民事和刑事管辖权由普通管辖法院行使,而行政诉讼管辖权交由当时译作"评政院"(Tribunal Administrativo)的专门法院行使。

而葡萄牙里斯本的中级法院和最高司法法院(Supremo Tribunal de Justiça)则分别具有第二审级[4]和终审的民事和刑事管辖权。至于行政诉讼方面,则由葡萄牙最高行政法院[5]行使。此外,葡萄牙的宪法法院也对澳门具管辖权。

直至 1991 年 8 月,葡萄牙国会才通过第 112/91 号法律给予澳门司法自

---

〔3〕 于 1999 年 12 月 20 日澳门回归时变成临时市政机构,于 2001 年 12 月 17 日改为"民政总署"。

〔4〕 同时也具有第一审级的民事和刑事管辖权,其对象只限于总督和政务司履行职务时所作的民事或刑事行为。

〔5〕 同时也具有第一审级的管辖权,但其对象只限于总督和政务司履行职务时所作的行政行为。

治,将大部分终审权下放给澳门的司法机关。根据有关法律的规定,澳门除第一审法院外,还将设立审计法院和具终审权的高等法院。

　　澳门总督于 1992 年 3 月制定第 17/92/M 号法令以设立审计法院和高等法院,审计法院和高等法院于 1993 年 4 月正式开始运作[6]。

二、回归后的澳门司法组织

　　澳门于 1999 年 12 月 20 日回归,成为中华人民共和国的一个特别行政区,实行高度自治,享有独立的司法权和终审权。

　　在司法组织方面,基本上继承了原有的体制,并在原有的基础上,设立了中级法院和终审法院。现时,澳门特别行政区的司法组织由法院和检察院组成。

　　法院的架构为三级建制,即第一审法院、中级法院和终审法院。第一审法院由初级法院和行政法院组成,其以合议庭或独任庭方式运作。初级法院为普通管辖权法院,负责审理未由法律赋予特定法院的案件。

(一)行政法院的管辖权

　　行政法院是澳门特别行政区目前唯一的专门法院,具有解决行政、税务及海关方面的法律关系所生争议的管辖权。经 2004 年 8 月 16 日第 9/2004 号法律修改的第 9/1999 号法律(澳门司法组织纲要法)第 30 条规定,其权限如下:

　　在行政上的司法争讼方面,在不影响中级法院的管辖权的前提下,行政法院有管辖权审理:

　　1. 对以下实体所作的行政行为或属行政事宜的行为提起上诉的案件:(1) 局长以及行政当局中级别不高于局长的其他机关;(2) 公务法人的机关;(3) 被特许人;(4) 公共团体的机关;(5) 行政公益法人的机关;(6) 市政机构或临时市政机构及其具法律人格与行政自治权的公共部门。

　　2. 其他法院无管辖权审理的关于公法人机关选举上的司法争讼。

　　3. 下列诉讼:(1) 关于确认权利或受法律保护的利益的诉讼;(2) 关于提供信息、查阅卷宗或发出证明的诉讼;(3) 关于行政合同的诉讼;(4) 关于澳门特别行政区、其他公共实体及其机关据位人、公务员或服务人员在公共管理行为中受到损害而提起的非因合同而产生的民事责任的诉讼,包括求偿诉讼。

　　4. 要求勒令作出一行为的请求。

　　5. 在涉及行政上的司法争讼事宜的自愿仲裁方面,适用的法律规定由初级法院审理的问题,但诉讼法律另有规定者除外。

　　在税务上的司法争讼方面,在不影响中级法院的管辖权的前提下,行政法

---

　　[6]　参见澳门总督 1993 年 4 月 26 日的第 23/GM/93 号批示。

院有管辖权审理：

1. 对涉及税务及准税务问题的行政行为提起上诉的案件。

2. 对税务收入及准税务收入的结算行为提起上诉的案件。

3. 对可独立提出司法争执的确定财产价值的行为提起上诉的案件。

4. 对可独立提出司法争执、属第 2 项及第 3 项所指行为的准备行为提起上诉的案件。

5. 就第 2 项、第 3 项及第 4 项所指的行为提出行政申诉被全部或部分驳回时，对可通过司法争讼予以上诉的驳回行为提起上诉的案件。

6. 对税务行政当局部门有权限的实体在税务执行程序中所作的行为提起上诉的案件。

7. 在税务执行程序中提出的禁制、对执行的反对、债权的审定及债权受偿顺序的订定、出售的撤销及诉讼法律规定的所有诉讼程序中的附随事项。

8. 关于确认权利或受法律保护的利益，以及提供信息、查阅卷宗或发出证明的税务事宜诉讼。

9. 要求勒令作出一行为的请求。

10. 要求为担保税务债权采取保全措施的请求。

在海关上的司法争讼方面，在不影响中级法院的管辖权的前提下，行政法院有管辖权审理：

1. 对涉及海关但不应在税务执行程序中审理的问题的行政行为提起上诉的案件。

2. 对海关收入的结算行为提起诉讼的案件，以及对可独立提出司法争执的有关准备行为提起上诉的案件。

3. 就上项所指的行为提出行政申诉被全部或部分驳回时，对可针对其提起诉讼的驳回行为提起上诉的案件。

4. 关于确认权利或受法律保护的利益，以及提供信息、查阅卷宗或发出证明的海关事宜诉讼。

5. 要求勒令作出一行为的请求。

在行政、税务及海关上的司法争讼方面，行政法院尚有管辖权审理：

1. 对引致不同公法人的机关出现职责冲突的行为提起上诉的案件。

2. 对市政机构或临时市政机构履行行政职能时制定的规定提出的争执。

3. 要求中止某些行政行为的效力的请求，只要该法院正审理对该等行政行为所提起的上诉，以及审判关于在该法院待决或将提起的上诉的其他附随事项。

4. 在该法院待决的程序内或就将提起的程序要求预先调查证据的请求。

5. 对行政机关在处理行政违法行为的程序中科处罚款及附加制裁的行为，以及法律规定的其他行为提起上诉的案件。

6. 要求审查上项所指的科处罚款及附加制裁的决定的请求。

7. 根据法律由行政法院审理或上级法院无管辖权审理而属行政、税务及海关司法争讼方面的上诉、诉讼及程序上的其他手段。

（二）中级法院的管辖权

经 2004 年 8 月 16 日第 9/2004 号法律修改的第 9/1999 号法律（澳门司法组织纲要法）第 36 条规定，中级法院为第二审级法院，但同时对某类案件具有第一审级的管辖权。具体如下：

1. 审判对第一审法院的判决提起上诉的案件，以及对自愿仲裁程序中作出而可予以争执的裁决提起上诉的案件。

2. 作为第一审级，审判就下列人士因履行其职务而作出的行为及针对彼等所提起的诉讼：（1）廉政专员、审计长、警察总局局长及海关关长；（2）行政会委员及立法会议员。

3. 作为第一审级，审判下列人士在担任其职务时的犯罪及轻微违反的案件：（1）廉政专员、审计长、警察总局局长及海关关长；（2）行政会委员及立法会议员。

4. 作为第一审级，审判就第一审法院法官、检察官因履行其职务而作出的行为，针对彼等所提起的诉讼。

5. 作为第一审级，审判由上项所指司法官作出的犯罪及轻微违反的案件。

6. 在第 3 项及第 5 项所指案件的诉讼程序中，进行预审，就是否起诉作出判决，以及行使在侦查方面的审判职能。

7. 许可或否决对刑事判决进行再审、撤销不协调的刑事判决，以及于再审程序进行期间中止刑罚的执行。

8. 作为第一审级，审判对下列人士及机关所作的行政行为或属行政事宜的行为，或所作的有关税务、准税务或海关问题的行为提起上诉的案件：（1）行政长官、立法会主席及终审法院院长；（2）司长、廉政专员、审计长、检察长、警察总局局长及海关关长；（3）立法会执行委员会；（4）推荐法官的独立委员会及其主席、法官委员会及其主席、中级法院院长、第一审法院院长及监管办事处的法官；（5）检察官委员会及其主席、助理检察长及检察官；（6）在行政当局中级别高于局长的其他机关。

9. 审判对行政机关履行行政职能时制定的规定提出争执的案件。

10. 审判要求中止某些行政行为及规范的效力的请求，只要该法院正审理对该等行政行为所提起的司法上诉及对该等规范所提起的申诉，以及审判关于在该法院待决或将提起的上诉的其他附随事项。

11. 审判在该法院待决的行政、税务或海关上的司法争讼程序内,或就将提起的上述程序要求预先调查证据的请求。

12. 审查有管辖权的第一审法院在处理行政违法行为的程序中所作的科处罚款及附加制裁的判决。

13. 审查及确认判决,尤其是澳门以外的法院或仲裁员所作者。

14. 审理第一审法院间的管辖权冲突。

15. 审理行政法院与行政、税务或海关当局间的管辖权冲突。

16. 行使法律赋予的其他管辖权。

(三)终审法院的管辖权

经 2004 年 8 月 16 日第 9/2004 号法律修改的第 9/1999 号法律(澳门司法组织纲要法)第 44 条规定,终审法院为最高审级法院。其权限如下:

1. 依据诉讼法律的规定统一司法见解。

2. 审判对中级法院作为第二审级所作的属民事或劳动事宜的合议庭判决,以及在行政、税务或海关上的司法争讼的诉讼中所作的合议庭判决提起上诉的案件,只要依据本法及诉讼法律的规定,对该合议庭判决系可提出争执者。

3. 审判对中级法院作为第二审级所作的属刑事的合议庭判决提起上诉的案件,只要依据诉讼法律的规定,对该合议庭判决系可提出争执者。

4. 审判对中级法院作为第一审级所作的可予以争执的合议庭判决提起上诉的案件。

5. 审判就行政长官、立法会主席及司长因履行其职务而作出的行为,针对彼等所提起的诉讼,但法律另有规定者除外。

6. 审判行政长官、立法会主席及司长在担任其职务时作出的犯罪及轻微违反的案件,但法律另有规定者除外。

7. 审判就终审法院法官、检察长、中级法院法官及助理检察长因履行其职务而作出的行为,针对彼等所提起的诉讼。

8. 审判上项所指司法官作出的犯罪及轻微违反的案件。

9. 在第 6 项及第 8 项所指案件的诉讼程序中,进行预审,就是否起诉作出判决,以及行使在侦查方面的审判职能。

10. 就人身保护令事宜行使审判权。

11. 审理关于法官委员会及检察官委员会选举上的司法争讼。

12. 审判要求中止某些行政行为效力的请求,只要该法院正审理对该等行政行为所提起之司法上诉;法院待决或将提起之上诉之其他附随事项;以及审判关于在该法院待决或提起之上诉之其他附随事项。

13. 审判在该法院待决的行政上的司法争讼程序内,或就将提起的上述程序要求预行调查证据的请求。

14. 审理中级法院与第一审法院间的管辖权冲突。

15. 审理中级法院与行政、税务及海关当局间的管辖权冲突。

16. 行使法律赋予的其他管辖权。

三、澳门行政诉讼审判机关的演变

由于葡萄牙曾经是澳门的管治国,故澳门的行政诉讼体制无可避免受其影响。因此,要了解澳门的行政诉讼制度,就不能不先了解葡萄牙的行政诉讼制度及其历史。

作为欧洲大陆国家,葡萄牙行政诉讼的发展过程是以法国的制度为蓝本,从最初的行政官——法官[7],发展到具独立地位的行政法院组织,直至 20 世纪 30 年代才真正出现独立的行政法院组织。葡萄牙的行政诉讼由行政法院系统管辖,其自成一体系,相对独立于司法法院系统,拥有自身的司法官团和管理委员会,并以三审级建制,分别为:初级行政法院、中级行政法院和最高行政法院。

葡萄牙于 1927 年在澳门设立行政、税务暨审计法院[8](时译评政院),下设行政诉讼科、税务诉讼科、审计科、预先批阅科及咨询科。作为第一审法院,其权限包括行政诉讼、税务诉讼、审计和对澳门行政当局的某些行为作预先批阅[9]。此外,可就公共支出提出法律意见。审判工作由审判委员会负责,其成员有澳门普通管辖法院法官、物业登记局局长和民政局局长。当履行审计法院职责时,财政局局长亦为审判委员会成员。

从上可见,评政院审判委员会并非由专业司法官组成,其成员中有不少行政官员,比例较司法官员为多,因此,其虽名为法院(Tribunal),但并不算真正的司法机关。其后,因应行政监督司法化的要求,澳门"评政院"审判委员会的成员亦由行政官员兼任改由专业司法官员(澳门普通管辖法院法官)兼任。直至

---

〔7〕 行政诉讼由国家参事院(Conselho de Estado)受理并审议,其后向政府提交意见书,再由政府建议国王作出裁决。从上可见,行政诉讼的决定权由国王保留,其既是国家最高元首,也是"法官"。此外,虽然由行政当局自行审理行政诉讼,但有关程序却依司法程序进行,以确保当事人的权益。国家参事院 1870 年改名为最高行政法院。

〔8〕 参见 1927 年 8 月 20 日之 Diploma Legislativo Provincial n.º 43。

〔9〕 预先批阅是对行政当局某些行为作出事前的司法监察,例如一些行政合同的初稿、公务员入职和升职任命等。在没有事前批阅的情况下,有关行为不产生效力,否则须负上法律责任。于 1993 年 4 月,随着审计法院的成立和开始运作,预先批阅的权限由行政法院转到审计法院。回归后,撤销了审计法院而成立了审计署,并由审计署行使原审计法院的审计职能,但取消了预先批阅这一事前监察制度。

1993 年才有专职的法官,同时中文译名亦改为"行政法院"。换言之,亦由该时开始成为独立的行政诉讼审判司法机关。

在权限方面,增加了税务执行的管辖权,但取消了财务审计方面审判权和预先批阅权,该等权限由审计法院行使。于 1999 年 7 月,通过重组当时财政司(现为财政局)的组织架构,将税务执行的部分权限赋予了财政司的税务执行处,而行政法院则保留司法控制权。

回归后,行政法院的司法管辖权没有实质性的改变。

第二节　澳门现行行政诉讼制度

一、行政诉讼的概念

在广义上来说,行政诉讼是指解决由行政法律关系所引起纠纷的诉讼制度。传统上,一般被看成是法律对私人面对行政当局侵权行为的保障。无可否认,保障私人的合法权益不受行政当局的侵犯是最初设立行政诉讼的目的和其核心,但随着时间的流逝和社会的发展和变化,现代的行政诉讼不只是为了对私人提供保障,同时也是为了保障和促进行政当局依法行政,从而达到谋求公共利益的目的。

狭义的行政诉讼,是指由在行政法律关系领域具有专门管辖权的法院——行政法院、中级法院和终审法院——通过法定的诉讼程序,解决由外部行政法律关系引起纠纷的诉讼体系,当中排除了:(1)内部行政法律关系所引起的纠纷;(2)不论以作为或不作为的方式行使政治职能时作出的行为,以及在行使该职能时产生的损害的责任;(3)不论以作为或不作为的方式行使立法职能时产生的法律性规定,以及在行使该职能时产生的损害的责任;(4)关于侦查及预审的行为,以及关于实行刑事诉讼的行为;(5)将财产定为属公产的行为,以及将之与其他性质的财产划定界限的行为;(6)私法领域的行政活动,例如公证员、民事登记局局长、物业登记局局长、商业及动产登记局局长、经济局局长在其各自的权限内作出的公证或登记行为,均不属于行政诉讼的范围。

二、行政诉讼的法律适用和基本原则

澳门特别行政区行政诉讼的法律基础主要为:由 12 月 13 日第 110/99/M 号法令通过的《行政诉讼法典》,第 9/1999 号法律——《司法组织纲要法》,由第

38:088号命令通过之《税务执行法典》[10]，单行法律对行政诉讼方面的规定，依据《行政诉讼法典》第1条补充适用《民事诉讼法典》。此外，在以行政机关作出之科处罚款及附加处罚之决定为客体而进行再审之程序中，补充适用《刑事诉讼法典》。

在基本原则方面，有：

1. 诉诸法院原则。依据有关原则，就所有公权利或受法律保护之利益，均设有一种或多种旨在对其给予有效司法保护之诉讼手段，亦设有对确保该等手段之有用效果属必需之预防及保存程序，特别不得以其缺乏经济能力为由而拒绝司法。

2. 当事人进行辩论原则。在此原则下，未经一方当事人提出请求，而另一方亦未获给予机会申辩者，法院不得解决引致诉讼之利益冲突。此外，仅在法律规定之例外情况下，方得未经事先听取某人之陈述而采取对其不利之措施。且在整个诉讼过程中，法官应遵守以及使人遵守辩论原则；在当事人未有机会就法律问题或事实问题作出陈述时，法官不得对该等问题作出判决，即使属依职权审理者亦然，但明显无需当事人作出陈述之情况除外。

3. 当事人平等原则。在整个诉讼过程中，法院应确保当事人具有实质平等之地位，尤其在行使权能、使用防御方法及适用程序上之告诫及制裁方面。

4. 处分原则。一般情况下，法官仅得以当事人陈述之事实作为判决基础，但不妨碍法官依职权考虑从案件调查及辩论中所得出之辅助性事实。

5. 法官具有诉讼程序之领导权及调查权原则。在此原则下，法官应作出安排，使诉讼程序能依规则迅速进行，因而应命令采取必需措施，使诉讼正常进行，并拒绝作出任何无关或纯属拖延程序进行之行为；但此并不影响当事人主动作出行为之责任。如所欠缺之诉讼前提系可弥补者，法官须依职权采取措施予以弥补，因而应命令作出使诉讼程序符合规范所需之行为，或在诉讼程序中出现主体变更时，请当事人作出该等行为。此外，法官就其依法可审理之事实，应依职权采取或命令采取一切必需措施，以查明事实真相及合理解决争议。

6. 程序变通原则。当法律规定之程序步骤并不适合案件之特殊情况，法官经听取当事人意见后，应依职权命令作出更能符合诉讼目的之行为。

7. 合作原则。依据此原则，司法官、诉讼代理人及当事人应相互合作，以便

---

[10]　第38:088号命令于1950年12月12日由葡萄牙当时的"殖民部"制定，并于1951年1月6日在《澳门政府公报》刊登。根据《回归法》（12月20日法律第1/1999号）第4条第4款的规定，该号命令已停止生效，但立法者并没有制定新的《税务执行法典》。为了填补法律真空，主流司法见解认为应按照《回归法》第3条第3款的规定，继续参照原有做法处理有关事务，但前提是不能违反《基本法》的原则和规定。

迅速、有效及合理解决争议。在诉讼程序中任何时刻，法官得听取当事人或诉讼代理人之陈述，并请其就事实上或法律上之事宜作出有关解释，以及将上述措施所得之结果知会他方当事人。如任一方当事人提出合理理由，说明有重大困难获得某些文件或资料，以致影响其有效行使权能或履行诉讼上之责任或义务，法官应尽可能采取措施，排除有关障碍。

8. 善意原则。澳门《民法典》第 326 条、《行政程序法典》第 8 条和《民事诉讼法典》第 9 条都确认了善意原则，所以，它是澳门法律体系的一般原则。在诉讼法范畴，依据《民事诉讼法典》第 9 条第 2 款，任何诉讼当事人均不应提出不法请求，亦不应陈述与真相不符之事实、申请采取纯属拖延程序进行之措施或拒绝程序合作。该法典第 385 条第 1 款规定，法官对恶意诉讼人科处罚款。

9. 相互间行为恰当原则。所有诉讼参与人均负有相互间行为恰当之义务，而律师与司法官之间有以礼相待之特别义务。当事人于文书或口头陈述中，不应在不必要或不合理之情况下使用侵犯他方当事人名誉或声誉之言词，或使用不予有关机构应受之尊重之言词。

10. 强制性律师代理原则。在行政上之司法争讼程序中，私人必须委托律师，但不影响有关在涉及律师本人、其配偶、直系血亲尊亲属或直系血亲卑亲属之案件中担任律师方面之法律规定，或依职权指定律师之法律规定之适用。而行政机关方面则由律师代理或指定由担任法律辅助工作之法学士代理。

11. 检察院参与原则。检察院即使不是诉讼当事人也可就有关问题发表意见，并可对法官之裁判提起上诉。

12. 法官独立审案原则。澳门特别行政区法官依法进行审判，不听从任何命令或指示。为了确保法官的独立性，立法者制定了不可移调原则（除非在法律规定的情况下，否则不得将法官调任、停职、免职、撤职、命令其退休或以任何方式使其离职，如法官是定期任用者，确保其在该段时间内不被移调）；个案权限不可改变原则，案件一经依法分发给某法官，由该法官负责审理直至终结，中途不得更换法官或调卷，但法官被依法调任、任用于更高职级或退休时除外。免责原则，法官不需对自己的错误判决承担个人责任，但因严重过失或故意造成时除外。

13. 法官完全参与原则。只有曾参与辩论及审判听证的法官才可以参与对事实事宜的判决工作。

14. 司法决定优先原则。法院的判决对所有公共实体及私人实体均具有强制性，且优于其他当局的决定。

15. 必须审判原则。法官不得以法律无规定、条文含糊或多义为理由，或在出现应由法律解决的具争议的问题时，以该问题有不可解决的疑问为理由而拒绝审判;法官亦不得以无合适的诉讼手段或缺乏证据为理由而拒绝审判。

16．无私原则。所有法官、检察官和司法辅助人员应以无私态度参与案件的审理工作,法官、检察官和司法辅助人员在下列情况下须回避:

(1)本人或所代理之他人,为诉讼之当事人,或在诉讼中具有可使其成为主当事人之利益。

(2)该法官之配偶或与其有事实婚姻关系之人又或该法官之任一直系血亲或姻亲或二亲等内旁系血亲或姻亲本人或所代理之他人,为诉讼之当事人,或该等人中之任一人在诉讼中具有可使其成为主当事人之利益。

(3)曾以诉讼代理人或鉴定人身份参与有关诉讼,或须就其曾发表意见或曾提出见解之问题作出判决,即使该意见或见解以口头作出亦然。

(4)该法官之配偶或与其有事实婚姻关系之人又或该法官之任一直系血亲或姻亲或二亲等内旁系血亲或姻亲,曾以诉讼代理人身份参与有关诉讼;但是仅当法官应在有关诉讼程序中作其首次参与时,诉讼代理人已在该诉讼程序中作出申请或陈述者,方生回避;否则,该诉讼代理人不得履行代理。

(5)属其曾作为法官参与之诉讼程序中提起上诉之案件,而上诉所针对之判决由其作出,或就上诉中提出之问题其曾以其他方式表明立场。

(6)属针对由该法官之配偶或与其有事实婚姻关系之人又或该法官之任一直系血亲或姻亲或二亲等内旁系血亲或姻亲所作之判决提起上诉之案件,或属对该等人中任一人所作之判决曾有另一判决而针对后者提起上诉之案件。

(7)基于有关法官履行职务时或因其职务所作之事实,曾针对该法官提起民事损害赔偿之诉讼或针对其提起刑事控诉之人为本案当事人,或该人之配偶或与其有事实婚姻关系之人又或该人之直系血亲或姻亲或二亲等内旁系血亲或姻亲为本案当事人,只要有关之诉讼或控诉已获受理。

(8)曾以或须以证人身份作证言。

法官之间互为配偶或相互间有事实婚姻关系,又或互为直系血亲或姻亲或二亲等内旁系血亲或姻亲时,不得同时参与合议庭之审判或评议会。上述法官中仅其中一人参与:①属合议庭时,由主持该合议庭之法官参与,或回避仅与助审法官有关时,由任职最久之法官参与;②属评议会时,由应首先投票之法官参与。

遇有下列情况,当事人得因对法官有所怀疑而申请阻止其参与有关案件:

(1)法官或其配偶与任一当事人或与就案件之标的而言具有可成为案件主当事人之利益之人间,有直系血亲或姻亲或四亲等内旁系血亲或姻亲之关系。

(2)本案法官或其配偶或两人之任一直系血亲或姻亲为另一案件之当事人,而审理该案之法官为本案之任一当事人。

（3）任一当事人或其配偶又或两人之任一直系血亲或姻亲，与法官或法官之配偶又或两人之任一直系血亲或姻亲之间，现进行或在前三年内曾进行任何诉讼，包括刑事诉讼，只要该项所指之人现为或曾为被害人、辅助人、检举人、告诉人、举报人或嫌犯。

（4）法官或其配偶，或两人之任一直系血亲或姻亲，为任一当事人之债权人或债务人，或就争议所作之判决有利于任一当事人时具有法律上之利益。

（5）法官为任一当事人之监护人或保佐人、推定继承人、受赠人或雇主，或法官为任何法人之领导机关或管理机关之成员，而该法人为案件之当事人。

（6）法官于诉讼程序提起之前或之后，因该诉讼程序而曾收受馈赠或曾提供资源以支付诉讼开支。

（7）法官与任一当事人严重交恶或存有极亲密之关系。

上述制度，经适当配合后，适用于检察院司法官和司法辅助人员。

三、行政诉讼的种类

澳门《行政诉讼法典》订立的诉讼类型是：司法上诉、对规范提出之争议、选举上之司法争讼、行政之诉、涉及行政违法处罚之司法上诉、行政机关职权和法院间管辖权冲突之诉、执行之诉、对司法判决之上诉。

行政之诉包括五类：确认权利或受法律保护之利益之诉；命令作出依法应作之行政行为之诉；提供信息、查阅卷宗或发出证明之诉；关于行政合同之诉；非合同民事责任之诉。

以目的为标准，执行之诉分作三类：支付一定金额的执行之诉；交付特定物的执行之诉；事实给付的执行之诉。

对司法判决之上诉分两类：其一，平常上诉；其二，非平常上诉，包括统一司法见解之上诉和再审上诉。

此外，该《法典》订立了预防及保全程序，首先是特定程序，即有名程序，其次是非特定预防及保全程序，即无名程序。特定程序包括行政行为效力之中止、行政规范效力之中止、勒令作出某一行为、预行调查证据。

第二章　司法上诉

在不同法规中，葡文 recurso contencioso 的中文译名并不一致，在此，我们将统一使用"司法上诉"这一称谓。司法上诉可以说是整个行政诉讼的核心，也是最为常见的行政诉讼类型，在澳门《行政诉讼法典》187 个条文中占了 68 个，超过总数的三分之一，从而可见其重要性。司法上诉的总体特征是：

首先，在司法上诉中，法院只审查行政行为的合法性，不作合理性审查，而且，法院只行使半审判权而不是完整审判权，只能撤销被诉的行政行为或宣告其不存在或无效，不能作出"给付判决"，但法律另有规定者除外[1]。

其次，司法上诉并不中止被诉行为的效力，但如仅涉及不属纪律处分性质之一定金额之支付，且已按税务诉讼法所定之任一方式提供担保，或无税务诉讼法时，已按民事诉讼法就普通保全程序中提供担保所定之方式提供担保者，不在此限。

第一节　诉讼结构与诉讼前提

一、诉讼结构

诉讼结构由四个要素组成，即诉讼主体、诉讼客体、诉因、诉求。

1. 诉讼主体。主要由两方当事人组成：一方是上诉人，即认为权益受损的

---

　　[1]　在针对行政处罚行为的司法上诉中，即使上诉理由成立，但若法院认为上诉人应被判罚时，须为此而在判决中订定罚款之金额，以及附加处罚之种类和期间（见《行政诉讼法典》第 118 条第 2 款）。在针对其他行政行为方面，法院亦可应上诉人的请求，命令被诉实体作出依法应作之行政行为和因被诉行为而引致的损害作出赔偿。

自然人和法人或检察院[2]；另一方是被诉实体，即作出被诉行政行为的行政机关。此外，法律亦容许"对立利害关系人"作为被告方参与诉讼。除上述主要诉讼主体外，还有处于从属地位的诉讼主体——辅助人[3]。《行政诉讼法典》第39条指出，对立利害关系人是指司法上诉胜诉时可能受到直接损害之自然人或法人。

2. 诉讼客体。司法上诉的客体为行政行为[4]，其可以是明示或默示的。除由行政机关作出的行政行为外，非行政机关（例如，立法机关、司法机关、行政公益法人之机关）作出属行政事宜的行为亦可成为司法上诉的客体。

3. 诉因。司法上诉的诉因主要有：被诉行为的非法性，当中包括违反法律之原则或规定，例如，越权、绝对无权限、相对无权限、形式瑕疵——包括欠缺理由说明或等同情况、违反法律——包括行使自由裁量权时有明显错误或绝对不合理行使自由裁量权、权力偏差、存有导致被诉行为非有效的瑕疵——例如欠缺构成该行为之主要要素及作出该行为者之意思欠缺或瑕疵且属重大者。

4. 请求。除请求法院撤销被诉行为或宣告其不存在或无效外，上诉人还可一并请求法院命令被诉实体作出依法应作之行为，以及因被诉行为而引致的损害赔偿。

二、诉讼前提

诉讼前提是指诉讼能被法院受理的前提，故此又被称为受理之条件。必须强调指出的是，诉讼前提区别于诉因。概括地说，不具备任何一项诉讼前提均会导致诉讼被驳回，表现为不审理主问题的驳回起诉，如果驳回的原因是对主问题无管辖权则需要依职权移送；不具备诉因的结果是败诉，而且，一旦败诉就不可以再就同一问题另行起诉。

在司法上诉领域，立法者确认的诉讼前提有八个，分别是：法院的管辖权、当事人能力、诉讼能力、当事人的诉讼代理、诉之利益、诉讼客体的可诉性、诉讼当事人的正当性和诉讼的适时性。我们已经论述法院管辖权的问题，无须赘述。在此将解释其余的诉讼前提。

1. 当事人能力。当事人能力是指可成为当事人之资格。一般规则是：具有法律人格即具有当事人能力。这个诉讼前提在澳门《行政诉讼法典》并没有直

---

〔2〕 检察院可以维护公正和合法性的名义提起司法上诉，但在一般情况下，其不是以诉讼当事人身份参与，而是通过对卷宗的检阅而发表意见和提出建议。

〔3〕 具有与上诉人、被诉实体或对立利害关系人相同之利益，或具有与该利益有联系之利益的自然人或法人。

〔4〕 根据《行政程序法典》第110条的规定，行政行为是指行政当局之机关之决定，其目的是在一个别具体情况中，依据公法之规定产生法律效果。

接规范,而是补充适用《民事诉讼法典》的规定。需特别注意的是,在司法上诉案件中,被诉行政机关之当事人能力不以具备法律人格为前提要件,因为法律明确规定被诉实体是作出被诉行为的机关。

2.诉讼能力。诉讼能力是指可独立进行诉讼之能力,其以具有行为能力为基础,且以其范围为准。同当事人能力一样,也是补充适用《民事诉讼法典》的有关规定。无诉讼能力的人须通过其法定代理人或在保佐人辅助下才可以进行诉讼。

3.诉讼代理。在司法上诉程序中,私人必须委托律师,但不影响有关在涉及律师本人、其配偶、直系血亲尊亲属或直系血亲卑亲属之案件中担任律师方面之法律规定,或依职权指定律师之法律规定之适用。而行政机关的代理,则按照诉讼的种类而有不同的安排。

在司法上诉,对规范提出之争议,选举上之司法争讼,确认权利或受法律保护之利益之诉,命令作出依法应作之行政行为之诉,提供信息、查阅卷宗或发出证明之诉,涉及行政违法处罚之诉讼,预防和保全程序、涉及职责冲突之诉讼,在有关对司法判决之上诉,及所有针对公共实体之执行程序中,代理须由所委托之律师作出或由为代理之目的而明确指定之担任法律辅助工作之法学士作出。在其他情况下,代理须由检察院作出。

4.诉之利益(需要)。诉之利益是指具有取得司法保护之需要从而提起一个诉讼,其目的在于取得有效之司法保护。因此,必须对诉讼请求的成立或胜诉在客观上存有实际和现在的需要、利益或用处。是否存在这个需要,需在具体个案中客观分析上诉人之状况,并不取决于其个人主观意愿。这一诉讼前提与诉讼经济原则相呼应。

5.诉讼客体的可诉性。司法上诉的客体只能是行政行为,但并非全部的行政行为都可以成为司法上诉的客体,只有具备可诉性的行政行为才可以成为司法上诉的客体。可诉性是指可以直接起诉到法院。它所关注的是诉讼客体是否适格,对司法上诉而言,诉讼客体的可诉性是最复杂的诉讼前提。

立法者为可诉性订立了两个并列的一般要件:其一,行政行为一定要产生对外效力,仅产生单纯内部效力的行政行为不具备可诉性;其二,行政行为不受必要行政申诉的约束,亦即具有确定性。但尽管行政行为不具有确定性,如果产生"即时损害"也可成为司法上诉的客体。对于受必要行政申诉约束的可撤销[5]行为,倘不遵守有关申诉的期间,则不可事后提起司法上诉,其理由在于:必要行政申诉如在法定期间过后提出,行政行为形成"既决案",有关导致其可

---

〔5〕　只限于可撤销的行政行为,不包括无效和不存在行为。

撤销的瑕疵亦视为得到补正,法院不可将其撤销。

设立上述规则的目的在于既要及时保护私人的利益,又要保护社会关系的稳定和法律交易的安全。

倘行政行为的表现形式是法律或行政规章,也可以对其提起司法上诉,其价值是禁止逃避司法控制。即使没有对法律或行政法规内所含的行政行为提起司法上诉,仍可对有关之执行行为或实施行为提起司法上诉。

执行行为或实施行为是以执行前一个行政行为为目的之行为,执行行为宏观上分为两类:第一类是单纯执行行为;第二类是具有独立外部效果的执行行为[6]。它们在诉讼法上的区别表现为:第一类的行为是不可诉的;第二类具有可诉性。

就单纯确认行为方面,其是不具可诉性的,因为单纯确认行为不产生独立的损害,同时也是为了维护法律关系稳定及法律交易的安全。单纯确认行为可能出现于下列场合:一是利害关系人提出声明异议,而行政当局作出维持原来决定的行为;另一是利害关系人提出类同或重复的申请,行政当局同样作出维持原来决定的行为。

单纯确认行为的构成要件有五项,分别是:(1)被确认行为是具备确定性的行政行为,亦即不受必要行政申诉约束的行政行为;(2)利害关系人已经知悉被确认的行政行为;(3)确认行为与被确认行为的主体是一致的,即是说,确认行为与被确认行为由同一主体作出,判断的标准是主体的法律身份,代任人与被代任人的机关身份具有一致性;(4)确认行为与被确认行为之客体是一致的,二者所解决的是同一个实质问题;(5)确认行为与被确认行为的内容是一致的,包括两个行为的决定部分是一致的,它们的事实根据与法律根据是一致的,它们的理由说明也是一致的。

6.正当性。诉讼法上的正当性是指在某个具体、特定的诉讼中成为诉讼主体的资格,因此它所关注的是主体的适格。正当性与诉讼人格及诉讼能力的区别在于:诉讼人格及诉讼能力均属于绝对的概念,适用于针对任何人的任何诉讼;正当性具有相对性,具有完整的诉讼人格及诉讼能力的人士在某个特定具体的诉讼中可能不具有正当性。

正当性宏观上分为三类:积极正当性,即提起司法上诉的正当性;消极正当性,即应诉的正当性;辅助人的正当性。《行政诉讼法典》将积极正当性分为私人的正当性、民众诉讼的正当性和公诉的正当性。以起诉人之人数为出发点,

---

〔6〕 包括没有预先基础行政行为的执行行为,超出基础行政行为界限的执行行为和本身为违法的执行行为。

私人正当性可以分为个人的正当性及联合诉讼的正当性。

（1）个人正当性的要件。上诉人是个人（自然人或私法法人）时，诉讼正当性的形成要件可以是实体法上的权利或利益，也可以是程序立场。诉讼正当性可因对被诉行政行为的"接受"而被排除。

（2）民众诉讼的正当性。民众诉讼正当性的价值在于保护大众利益。对损害公共卫生、住屋、教育、文化财产、环境、地区整治、生活质素及任何属公产之财产等基本利益之行政行为，任何澳门居民、有责任维护该等利益之法人均可提起司法上诉。民众诉讼的立法确认体现了澳门行政法的进步。

（3）公诉正当性。公诉正当性被赋予检察院及其他的公法人，其价值在于保护公共利益与合法性。其实，合法性本身也是一种特殊类型的公共利益，属于广义的公共利益的范畴，公诉与民众诉讼的不同就在于所保护的利益不同。

（4）联合诉讼的正当性。联合诉讼是指若干人联合起来提起司法上诉，所以其最显著的特征在于它体现了复数正当性。尽管《民事诉讼法典》确认了共同诉讼，联合诉讼在司法上诉领域内是原告方之复数正当性的唯一形式，因为对原告方，立法者不承认任何形式的共同诉讼。

联合诉讼分为两种类型：首先，针对同一行政行为的联合诉讼，其特征是诉讼客体的单一性；其次，针对同文本行政行为提起的联合诉讼，同文本行政行为是指只表面上载于同一文件但各自独立的行政行为。同文本行政行为的典型形态是集合行为、一般行为、复数行为、结局行为。

针对同一行为的联合诉讼不受限制，针对同文本行政行为之联合诉讼的限制条件是：联合在一起之上诉人的诉讼理由必须相同，亦即，诉讼的事实依据及法律根据是相同的，否则不可以提起联合诉讼。

司法上诉领域的联合诉讼是任意性的，针对同文本行政行为的联合诉讼更是如此，所以，每一个利害关系人都可以独立提起诉讼，根据诉讼经济原则，他们可以联合起诉。如果只是某些人起诉，没有提起诉讼者可以以辅助人身份参与诉讼；如果利害关系人都单独提起诉讼，法官可将其合并审理。

（5）被诉实体之正当性。被诉实体之正当性很显然是消极正当性。《民事诉讼法典》第 37 条规定了应诉正当性的两种类型：首先是作出构成诉讼客体之被诉行为的机关，再次强调，代任人与被代任人的机关身份是统一的；其次是作出被诉行为之机关所拥有之权限的继承人。

（6）对立利害关系人的正当性。对立利害关系人是指诉讼理由成立时可能受到直接损害之人，立法者不要求存在切实的损害，只须是直接可能的损害。并非所有的司法上诉都存在对立利害关系人，被诉当局是必然的消极正当性，对立利害关系人是或然的消极正当性。但如果存在，对立利害关系人与被诉实体是必要共同诉讼人，所以，指出对立利害关系人并且申请对其之传唤是上诉人的一项程序负担，未指出对立利害关系人的身份或未申请对其之传唤属不可宽恕时，将导致驳回起诉。

（7）辅助人的正当性。顾名思义，辅助人是辅助诉讼之主当事人的诉讼参与人，可以是上诉人的辅助人，被诉实体的辅助人或对立利害关系人的辅助人。辅助人的正当性取决于拥有与主当事人相同的利益或与该等利益有联系之利益；辅助人的特点在于从属于主当事人，而且只能在陈述阶段之前参与程序。

7.适时性。适时性是指司法上诉是在立法者订立的期间内提起，此类的期间称为诉权期间，逾期将导致诉权的失效。然而，无效与法律上不存在之行政行为不受诉权期间的限制。尤其值得澄清的是：诉权不等于实体权利，诉权不受期间限制不意味着由该诉权保护的实体权利也不受期间的限制。因此，适时性仅适用于可撤销的行政行为，有关期间为：（1）30 日，如上诉人居于澳门；（2）60 日，如上诉人非居于澳门；（3）365 日，如上诉人为检察院或被诉行为是一个默示行为。就诉权期间的计算方法，法律也作出了详细的规范，由于篇幅所限，不在此论述。

第二节　司法上诉之程序阶段

完整的司法上诉程序可以包括如下阶段：起诉、初端批示、答辩、法庭调查与取证、诉讼当事人之陈述词、判决、上诉、执行。其中，起诉与初端批示是必经的程序阶段，其余是或然的程序阶段。上诉和执行将在下文介绍，在此仅讨论第一审程序的阶段。

1.起诉。根据当事人原则，任何司法上诉程序的开展均取决于起诉，因此，起诉是绝对必需的。就起诉状的递交、要件与组成，法律也作出了明确的规定[7]。

2.初端批示。它是指法官就起诉状所作的首份批示。司法上诉领域的初端批示有三种可能性：初端驳回、着令补正和着令传唤。

初端驳回主要是因为起诉状不当，例如请求或诉因没有指明或含糊不清和明显出现妨碍案件继续进行之情况，尤其是：（1）司法上诉人欠缺当事人能力或诉讼能力；（2）司法上诉并无标的；（3）司法上诉之标的不具可诉性；（4）司法上诉人

---

[7]《行政诉讼法典》第41—43 条，第73/99/M 号法令容许以图文传真递交起诉状，但必须在紧接的第一个工作日向法院办事处补交原文本。

不具正当性;(5)司法上诉人之联合属违法;(6)在指出司法上诉所针对行为之作出者之身份方面有错误,或未有指出对立利害关系人之身份,而该错误或遗漏属明显不可宥恕者;(7)申诉之合并属违法;(8)提起司法上诉之权利已失效。

当起诉状被初端驳回,上诉人可因应不同的驳回理由(见《行政诉讼法典》第 47—50 条的规定),在 5 日或 30 日内递交新的起诉状,而有关起诉状视为于递交首份起诉状之日提交。

若起诉状的不当或缺陷是形式上且可补正的,那法官会作出补正批示,命令上诉人在指定期间内作出适当补正,倘不为之,将导致其司法上诉被驳回[8]。

初端批示第三种可能性是命令传唤,由司法辅助人员执行。传唤时,需告知被诉实体有答辩的权利,其方式和期间,及不答辩之后果——不答辩或不争执视为对上诉人提出事实的自认。此外,还需提醒其将有关的行政卷宗连同答辩状一并移送法院。

司法上诉范畴的独特性在于:法律明确规定了行政卷宗之移送,这是被诉实体的程序责任。立法者之所以要求"必须将行政卷宗的正本及一切与司法上诉之事宜有关之其他文件"移送法院,目的在于防止行政当局从行政卷宗中抽出对其不利的部分。倘不为之,须承担刑事、民事及纪律责任,且引致举证责任倒置。

倘有对立利害关系人,只有在被诉实体已经提交答辩或有关期间过后,才能传唤对立利害关系人。答辩、权利及义务和被诉实体大致相同。

3.取证阶段。在这一阶段,诉讼双方就有争议的事实作出举证,而法官也可依职权命令作出适当之调查取证。取证受调查原则和辩论原则支配,证据可以是书证、物证、技术鉴定或证人的证言。每方证人总数不能超过 6 名,每一事实可询问之证人数目不超过 3 名。

4.陈述词阶段。陈述词即是结案陈词,是任意性质的,所以不提交陈述词不产生消极效果。陈述词的功能是:(1)扩充诉因或诉求,例如扩充诉讼的理由,这种扩充是有条件的,只有在新的诉因是事后知情时,诉讼主体才可能通过陈述词扩充诉因或诉求;(2)明确缩减诉因或诉求;(3)被诉实体或对立利害关系人提出妨碍审理的新问题。

5.检察院之参与。严格来讲,检察院之参与不构成独立的程序阶段。检察院参与司法上诉的作用是辅助法官,所以一般是从属参与,参与的方式是出具建议书以供法官参考。参与的机会一般是初端检阅(在答辩后)和(陈述词后的)最后检阅,但不排除中间检阅或任何时候法官认为有需要听取检察院意见

---

〔8〕 值得注意的是,倘上诉人不理会法官的补正批示而导致其司法上诉被驳回,有关驳回已不是初端驳回。换言之,即使提交新的起诉状也不会被视为于递交首份起诉状之日提交。

而作出检阅。

6.判决。狭义的判决仅是指独任庭法官就提交其审理的主问题作出认定和裁决的司法文书,不过,我们这里所说的判决包括合议庭判决。在第一审级的法院,即行政法院,司法上诉的审判工作由独任庭法官负责。

法官在作出判决时,须按照一定的先后次序审理有关问题。顺序是:首先审理被诉实体或对立利害关系人在抗辩中提出的妨害性问题;在认定主问题时需要优先审理导致行政行为不存在或无效的瑕疵,之后审理仅导致行政行为可撤销的瑕疵。当多个诉讼理由并存时,法官应优先审理对当事人保障最充分的理由,而且,某一项诉讼理由成立不妨碍法官审理其他的诉讼理由。尤其需要明确的是,当事人对事实与瑕疵的错误法律定性不产生败诉,法官对法律定性享有变更权。

在澳门的法律秩序中,判决具有双重效力:首先是优先效力,表现为抵触既判案的行政行为无效;其次是客观效力,亦即,法官撤销被诉之行政行为的判决产生客观效果,不仅对诉讼当事人产生效力,对于拥有之权利或受法律保护之利益被所撤销之行为侵害之任何人也产生效力,即使其未对该行为提起司法上诉。

以下为司法上诉程序流程图:

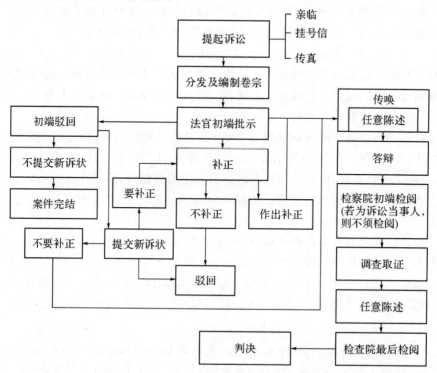

第三节　司法上诉之程序变更及提前终结

一、主体变更

司法上诉在审理过程中,诉讼双方都可能出现变更,比如说上诉人之死亡,由其合法继承人继续诉讼,又或上诉人撤诉、舍弃诉求或与司法上诉人有关之其他因素,例如,因司法上诉人的疏忽或懈怠等过错而产生的诉讼弃置或诉权失效。检察院可取代上诉人成为诉讼主体,并且将诉讼继续进行,目的是维护合法性与公共利益。在被告方面,也可因原被诉机关撤销而引致变更,在此情况下,由继承原被诉机关权限的机关继续诉讼。

二、合并审理

它表现为将若干个诉讼合并为一个单一的程序,统一审理并作出一份判决。显而易见,合并审理是诉讼经济原则的要求和体现,不仅有利于避免浪费和节省司法资源,而且可避免作出相互对立的判决,从而利于法律交易的安全。正因为如此,所以,上诉人或检察院可以申请合并审理,法官也可依职权合并审理。

合并审理与联合起诉的前提是一致的。在诉辩状阶段过后,不得再申请合并审理,其目的是防止因合并而出现程序紊乱。合并的方式是最早立案的程序吸收其后立案的程序。

三、客体变更

客体变更有三种形态:其一,在司法上诉待决期间,被诉行政行为被一个产生追溯效力且对有关状况作出重新调整的行政行为所废止、变更或取代;其二,司法上诉待决期间出现了不产生追溯效力但对有关状况给予重新调整的行政行为所废止、变更或取代;其三,针对默示驳回提起之司法上诉在待决期间,被诉实体作出明示行政行为或将之前作出的明示行政行为送达利害关系人。

在澳门法律秩序中,能够引致诉讼客体变更的行政行为一般都是二级行政行为,常见的法定类型是:确认、核准、认可、追认、纠正、转换、更正、失效宣告、废止、注销及撤职之类的内容相反行为,等等。

如果司法上诉待决期间出现了不产生追溯效力且对有关状况没有给予重新调整的废止、变更或取代,它们不导致诉讼客体的变更,而是诉讼继续进行;

另外需要指出的是,申请诉讼客体变更只是司法上诉人的优惠,不是强制性的,他们可以享用也可以放弃,所以体现了便利诉讼原则。

如果法官接受上诉人的申请,从而将包含重新调整的废止、变更或取代引入正在进行的司法上诉,所产生的结果其实是客体追加。原因在于原来的诉讼客体由于不产生追溯效力,所以仍然存在。如果上诉人不提出申请,不会出现审理提前终结的情况。

司法上诉待决期间出现了产生追溯效力的取代性废止或取代性变更,第二个行政行为所具有的追溯效力和取代效力不仅导致被诉行政行为的消灭,而且消灭它已经产生的效果,所以被诉行政行为等于从来没有出现过。鉴于此,如果上诉人申请诉讼客体变更,司法上诉将以第二个行政行为为客体而继续进行,否则,司法上诉将出现审理提前终结,因为出现嗣后不可能的情况——原客体已消失。

以默示驳回为客体之司法上诉存在三种可能性:其一,如果上诉人在提起诉讼时已经知悉相关明示行政行为的内容,司法上诉将会被初端驳回,原因在于诉讼客体已经不存在;其二,明示行政行为在针对默示驳回提起之司法上诉待决期间作出或送达利害关系人时,上诉人可申请客体变更;其三,如果上诉人不申请客体变更,将出现审理提前终结——不存在默示行为。

四、审理提前终结

审理提前终结的含义是:法官无需审理诉讼主体提请裁决的争端和问题,而宣告程序终结。在司法上诉范畴,导致审理提前终结的原因有:(1)已达成按法律之规定容许作出之仲裁协议;(2)司法上诉之弃置;(3)司法上诉之撤回或请求之舍弃;(4)嗣后出现进行诉讼属不可能或无用之情况。

第三章　对规范提出之争议及选举上之司法争讼

第一节　对规范提出之争议

行政当局享有行政管理权,其行使方式是:制定行政规章、作出行政行为或订立行政合同。英国阿克顿勋爵有句名言:"权力使人腐败,而绝对的权力,则使人绝对腐败。"因此,权力是需要受到制约和监督的。

针对行政权的行使模式,立法者制定了相应的司法监督机制。就行政行为而言,有司法上诉程序;行政规章方面,则有对规范提出之争议;而行政合同,也设立了了关于行政合同之诉。

行政法规是由行政长官制定的规范性文件,具有抽象性和普遍性。在法律规范的等级中,行政法规属于较低层次的规范,以法律为基础,是行政法律的一个组成部分。如果行政法规违反相关的法律规定,这种规范性行为的生效可能已直接影响私人的合法权益。违反法律的情况可以是行政法规没有遵守制定的权限、步骤或形式,以及有关法律的具体内容。面对这种情况,利害关系人可以通过本诉讼形式,由法院宣告有关行政法规的规范违反法律,使它不能再被适用。

对规范提出之争议是指在宣告某行政法规的规范违法,而有关宣告具普遍性约束力。换言之,一经宣告违法,有关规范则不再适用,被其废止的规范重新恢复生效。宣告违法这个概念限定了对规范提出之争议的根据和效力的范围,这种诉讼相当于违法审查。与违宪审查[1]不同的是，作为审查标准的不是宪法性法律或适用的区际法及国际法，而是（形式上的）普通法律，即不是更高层次的法律，否则这种程序的范围就扩大到违宪审查。所以法律对本诉讼的范围作了严格限制，把宪法性法律、适用于特区的全国性法律、区际法和国际法排除在审查标准以外。

1. 诉讼前提。由于对规范提出之争议适用司法上诉的大部分诉讼前提，故在此只论述其独有之诉讼前提。

2. 管辖权。由中级法院作为一审，终审法院作为二审。

3. 积极正当性。私人方面——自认为因有关规范之实施而受侵害或预料即将受侵害之自然人或法人。公诉方面——检察院和廉政专员。

---

[1] 在回归前，澳门法律体制中有对法律规范之抽象合宪性/合法性审查。澳门高等法院的全会（原属葡国宪法法院权限，1999 年 6 月 1 日后下放至澳门高等法院）可抽象地宣告一个法律规范是违宪/违法的。该宣告具有普遍性约束力，被宣告违宪/违法的法律规范不能再产生任何效力，失效日期追溯至其生效日，原先被其所废止的规范自动恢复生效，但已确定的司法判决则不受影响。高等法院并不能自动地去作出宣告；如属立法会所制定的法律，则只有澳督可以提请高等法院作出宣告；如属澳督所制定的法令，则只有立法会可作出同样的要求。这是一个交错式的监管，起着互相制冲的作用。回归后，澳门法院可否抽象地宣告一个法律规范违宪/违法？若可以，那么应由谁提出要求和由哪一级法院宣告？澳门基本法并没有作出有关的规定。我们认为，在提倡法治的精神下，应给予终审法院这项权限。至于谁可以提出要求，按照《基本法》的有关规定，澳门特别行政区实行单轨立法，行政长官再没有立法权，因此上述交错式监管不能再采用。因此，行政长官可通过检察长，向终审法院提出宣告一个法律规范违宪/违法的请求。

假若终审法院真的可以抽象地宣告法律规范违宪/违法，那么它在作出决定前，需否听取全国人大常委会的意见并以其意见为准？我们认为，如果均需听取全国人大常委会的意见，那是不可行的，因这样做会违反"一国两制，高度自治"的原则。因此，有需要区分不同的情况，按"一国两制，高度自治"的精神而作出不同的对待。

首先，要区分是涉及违宪或违法。假如是涉及违宪的，那么终审法院在作出决定时，应听取全国人大常委会的意见并以其意见为准，因按照《中华人民共和国宪法》第 67 条的有关规定，全国人大常委会对宪法具有解释权。

如果是涉及违法的，那么我们便要从来源和内容上区分有关的法律规范。从来源上，可分为：（1）人大所制定的全国性并在澳门特别行政区实施的法律。（2）国际公约。（3）由本地立法机关所制定的法律。内容上，可分为：（1）关于中央管理的事务及/或中央和澳门特别行政区关系的条款。（2）关于澳门特别行政区自治范围内事务的条款。如属第一类（无论来源上或内容上）的法律规范，终审法院在作出决定时，应听取全国人大常委会的意见并以其意见为准，因按照《基本法》的有关规定，这些事项并不属于特别行政区的自治范围。倘属其他类的法律规范，终审法院在作出决定时则无需听取全国人大常委会意见，因属特别行政区自治范围的事项。

4.消极正当性。制定有关规范者。

5.适时性。没有诉权期间限制,但不应在规范失效或废止后提出。

6.特定诉讼前提。要求宣告为违法之规范曾在三个具体案件中被任何法院裁定为违法[2],或属无须通过行政行为或司法行为实施即可立即产生效力之规范。如申请人为检察院,则无须上述前提。

7.对规范提出争议之程序及流程图。经适当配合后,适用司法上诉的程序。有关程序流程见前文司法上诉程序流程图。

第二节　选举上之司法争讼

选举上之司法争讼是解决在选举上出现争议的诉讼手段,作为司法上诉的一个特殊类型,它具有以下特征:

1.法院享有完整审判权,可以作出给付判决,变更被诉的行政行为或命令被诉实体作出某行为。

2.属紧急程序案件,在司法假期期间仍进行,且优先于其他非紧急案件。

3.在采纳证据方面,仅接纳书证。

4.诉权期间缩为 7 日,逾期失效。

5.行政长官和立法会选举中出现的争议由终审法院审理,其他选举争议(例如法官委员会成员选举)由中级法院审理。

适用司法上诉的诉讼前提和经适当配合后的程序。

---

〔2〕　在澳门的诉讼法律中,如法官认为某规范违宪或违法,可宣告其违宪或违法而拒绝适用,有关宣告不具有普遍性约束力,只在个案中产生效力。

第四章　行政之诉

　　这里所说的行政之诉,相当于民事诉讼里的宣告之诉,其区别在于:行政之诉的基础法律关系为行政法律关系。

　　立法者列举了几种主要行政之诉的类别:(1)确认权利或受法律保护之利益;(2)命令作出依法应作之行政行为;(3)提供信息、查阅卷宗或发出证明;(4)行政合同;(5)行政当局或其机关据位人、公务员或服务人员对公共管理行为所造成损失之责任,包括求偿之诉。

　　行政之诉的特征:(1)法院具有完全审判权,可以作出给付判决。(2)经适当配合后,适用民事诉讼普通宣告之诉的诉讼程序和诉讼前提,但法律另有规定者除外。(3)案件利益值超过上诉利益限额之案件的事实审由合议庭负责。(4)如一审法院为行政法院,即使有合议庭参与审判,适用法律之判决由负责有关卷宗之法官作出。鉴于行政之诉补充适用民事诉讼的普通宣告之诉的诉讼程序,因此有必要简单介绍一下该程序的阶段。

　　一个完整的民事普通宣告之诉,其程序包括以下阶段:起诉、初端批示、答辩/反诉、原告就反诉之反驳、被告之再答辩、调解、清理批示、证据提交、审判听证、合议庭(或独任庭)对事实问题的判决、陈述词、合议庭主席按照已审理查明之事实作出适用法律的判决、上诉和执行。

　　由于并非所有行政之诉均适用上述之程序,我们将在以下介绍各类别的行政之诉中再具体解说。

第一节　确认权利或受法律保护之利益之诉

　　此诉讼的目的在于通过法院的介入,把具争议的行政法律关系的内容确定下来,特别是确认私人面对行攻机关所拥有的一个基本权利,或获给付一定金额、交付特定物和作出一事实行为的权利。

属后补性的诉讼手段，因如果私人的权益受到可撤销行政行为的侵害，应对有关行为提起司法上诉，不得以确认权利或受法律保护之利益之诉替代，但如侵权的行政行为是无效或法律上不存在，则不在此限。

在此类诉讼中，法院享有完整审判权。在诉讼请求方面，原告可合并请求损害赔偿和要求法院命令被告在指定期间内作出保护其权益之必要行为或行动。

一、诉讼前提

当事人能力：在确认权利或受法律保护之利益之诉中，不要求被诉方具有法律人格才具有当事人能力，因为法律明确规定被告是具相应权限之机关。至于诉讼能力，与其他诉讼无异。

1. 管辖权。具管辖权之法院为行政法院

2. 积极正当性。在私人提起确认权利或受法律保护之利益之诉时，积极正当性归于声称拥有待确认权益之自然人或法人；在民众提起确认权利或受法律保护之利益之诉时，适用司法上诉的有关规定。

3. 消极正当性。有权限命令作出因确认原告所声称拥有之权益而引致或必须作出之行动之机关。

4. 共同诉讼。适用民事诉讼法的有关规定，分为普通共同诉讼和必要共同诉讼。前者指多个诉讼的简单合并，每一诉讼当事人之地位独立于其他共同当事人；后者则是只有一个诉讼，但具多个主体，欠缺任一方导致不具正当性。

5. 联合诉讼。同样适用《民事诉讼法典》的规定。在同一诉因，或请求之间在审理方面存有先决或依赖关系，则两名或两名以上之原告得联合以不同请求针对一名或数名被告，而原告亦得以不同之请求一并起诉数名被告。诉因虽不同，但主请求理由是否成立根本上取决于对相同事实之认定，或根本上取决于对相同法律规则或完全类似之合同条款之解释及适用时，亦得联合。

6. 辅助人的正当性。也适用《民事诉讼法典》的规定，即拥有与主当事人相同的利益或与该等利益有关联之利益。从属于主当事人，不得作出损害主当事人权利之诉讼行为。

7. 对立人的正当性。同样适用《民事诉讼法典》的规定，第三人可以对立人之身份参与诉讼，与双方当事人对抗，以行使一项与原告或反诉人提出之主张完全或部分不兼容之本身权利，在诉讼中，享有主当事人的地位。

8. 适时性。没有诉权期间限制，但诉讼不可在有关权益依据实体法的规定，失去时效或失效后提起。

二、诉讼程序

起诉、初端批示、答辩、取证、审判听证、陈述词这些诉讼阶段基本上与其他诉讼的性质相同，因此不在此赘述。我们将集中介绍原告之反驳、被告之再答辩、清理批示和事实审与法律审的分别。

1. 原告之反驳。倘被告在答辩中提出抗辩或反诉，原告可于收到答辩书后15日内就抗辩或反诉提出反驳。

2. 被告再答辩。如原告在反驳中改变请求或诉因，又或就反诉提出抗辩，那被告亦可在15日内再答辩。

3. 调解。调解是解决纷争的方法之一。在任何诉讼过程中，诉讼双方均可要求法官作出调解，而法官亦可依职权作出。

4. 清理批示。是澳门诉讼体制中具特色的一个程序。在诉讼书状阶段完结后和审判听证前，负责卷宗之独任庭法官须作出适当清理：审查并确认诉讼前提是否成立、审理由当事人提出之延诉抗辩及诉讼上之无效，或根据卷宗所载资料审理应依职权审理之延诉抗辩、诉讼上之无效及立即审理案件之实体等问题，只要诉讼程序之状况容许无须更多证据已可全部或部分审理诉讼当事人所提出之一个或数个请求，又或任何永久抗辩。

如果不能立即审理案件之实体问题，且被告作出答辩，则法官还须从双方诉状中筛选出对案件审理属重要的事实，将没有争议的事实列为已确定之事实，而有争论的则归入待查证事实表内。对法官就事实事宜之筛选决定不可提出上诉，只可提出声明异议；而就异议的决定，亦不可提出上诉，但可在对终结判决提起之上诉中提出争执。

5. 事实审和法律审。如被告有答辩的情况下，须由合议庭依据清理批示中的待查证事实表作出事实审理。合议庭由合议庭主席、主案法官和一名助审法官组成，以每人一票方式作出决定，且容许作出落败声明；倘被告没有答辩，但案件涉及不可自由处分之权利，则不需作出事实事宜之筛选，且案件交由负责主案法官[1]审理。

合议庭作出事实判决后，诉讼双方可就裁决提出异议，但不可就异议之决定提出上诉。其后，可作出任意性书面结案陈词，最后由负责卷宗之行政法院

---

〔1〕 在民事诉讼中，是交由合议庭主席一人审理的。然而，在行政诉讼中，由于即使有合议庭参与事实审，最终亦是由负责卷宗之行政法院法官作出法律审。因此，似乎应将事实审之权限交予该法官，理由是倘事实审和法律审分别由不同法官负责，在没有事先对事实事宜作出适当筛选的情况下，将对其后的法律审造成难以估计的困难。

法官[2]根据已证之事实作出法律适用的判决。

三、流程图

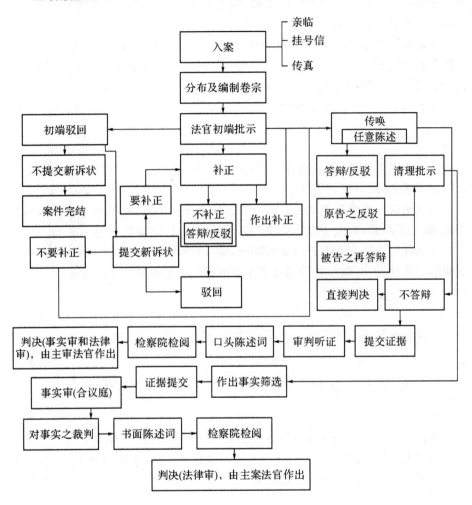

第二节　命令作出依法应作之行政行为之诉

根据《行政程序法典》第 11 条的规定,行政当局有作出决定的义务,如不为之或拒绝作出,立法者赋予市民两种诉讼手段:如行政当局在法定期限不作任

何表示,利害关系人可推定其请求已被默示驳回;在此情况下,可针对默示驳回提出司法上诉或提起命令作出依法应作之行政行为之诉。两者选其一,以保障其合法权益。假设行政当局明示拒绝,利害关系人同样可以选择其中一种诉讼手段来保障自己的合法权益。

如需依法作出之行政行为涉及自由裁量权之行使或涉及对不确定内容之价值判断,法院只可命令行政机关作出明示行为,不定出有关行为之具体内容,以便其有自由判断的空间,但亦可视乎实际情况,给予适当之法律性指引。

此外,也可以合并请求损害赔偿。

一、诉讼前提

由于当事人能力、诉讼能力、诉讼代理、诉之需要和正当性等均适用司法上诉的有关规定,故不在此赘述。

1.管辖权。具管辖权之法院为行政法院或中级法院,视乎被告的行政级别而定,如高于局长,则由中级法院作为一审,反之由行政法院作为一审。

2.适时性。须在 365 日内提出诉讼,逾时失效。明示拒绝行为由收到有关通知后开始计算,而默示驳回则过了作出决定之法定期限后开始计算。

二、诉讼程序

与确认权利或受法律保护之利益之诉相同。

第三节　提供信息、查阅卷宗或发出证明之诉

根据公共行政开放原则和信息权原则,市民有权要求行政当局提供非保密的信息,容许其查阅卷宗或发出有关证明。如行政当局不满足其要求,利害关系人可提出本诉讼以保障其合法权益,而有关程序属紧急程序,在司法假期期间仍继续进行。

一、诉讼前提

1.管辖权。具管辖权之法院为行政法院。
2.适时性。诉权期间为 20 日。
其他诉讼前提与司法上诉无异。

二、诉讼程序及流程图

上述诉讼的程序与司法上诉基本相同,但较为简单,少了检察院初端检阅

和陈述词,而答辩期间亦减为 10 日。

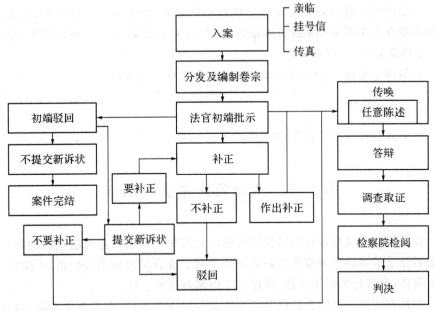

第四节　关于行政合同之诉

行政合同是行政当局行使行政管理权的其中一个模式,行政合同之诉的目的在于解决有关合同之解释,有效性或执行所引起的争议。就合同之形成及执行的行政行为,利害关系人可另外就有关行为提起司法上诉。在适用实体法律方面,视乎情况适用行政法或民法的有关规定。

一、诉讼前提

1. 管辖权。具管辖权之法院为行政法院。

2. 正当性。关于合同解释之诉,在正常情况下只有合同关系之主体可提起有关诉讼。但倘涉及合同之有效性,下列实体亦有正当性提起诉讼:(1)合同关系之主体;(2)检察院;(3)有正当性对涉及合同形成之行政行为提起司法上诉,且已提起该司法上诉之人,但该诉之范围仅限于涉及就该司法上诉作出对其有利内容之判决;(4)拥有或维护之权利或受法律保护之利益会因或预料会因执行被认为非有效之合同而受损害之自然人或法人。

若涉及合同之执行,下列实体亦可提起:(1)合同关系之主体;(2)检察院,如所执行之合同条款系为整体公众利益而订立者;(3)拥有或维护订定合同条款时所基于之权利或受法律保护之利益之自然人或法人。

3. 适时性。就合同关系主体和执行合同之诉，没有诉权期间限制，但有关诉讼不能在有关权利（按照实体法的规定）失效后才提起。其他情况下，须于180日内提起诉讼，逾期失效。

其他诉讼前提与确认权利或受法律保护之利益之诉相同。

二、诉讼程序

与确认权利或受法律保护之利益之诉相同。

第五节　非合同民事责任之诉

针对行政当局在进行公共管理行为时对市民的合法权益可能造成的损害，立法者设立了本诉讼手段作为对市民的保障。非合同民事责任包括：不法行为民事责任，合法行为民事责任，风险责任即客观民事责任。

不具有法律人格的公共机关不承担非合同民事责任，有关责任由澳门特别行政区承担。在公职人员个人责任方面，只有在其超越其职务范围作出之不法行为或在履行职务中以及因履行职务故意作出之不法行为，才须承担非合同民事责任。若有关损害因公职人员的严重过失或公务懈怠造成，则行政当局在支付有关赔偿后对有关公职人员享有求偿权。

一、诉讼前提

1. 当事人能力。诉讼双方必须具有法律人格。
2. 管辖权。具管辖权之法院为行政法院。
3. 适时性。诉权期间一般为3年，逾期失效。

二、诉讼程序

与确认权利或受法律保护之利益之诉相同。

第五章　预防及保全程序

原则上,所有诉讼应在合理期间内获得司法判决,否则"迟来的正义等于无正义",因即使日后胜诉,损害可能因时间的流逝变成难以弥补或不可弥补。然而,由于种种因素,上述目标并不能完全实现,而立法者亦清楚明了这一实况,故在主诉讼种类外,另行设立了预防及保全程序,其目的在于更好地保障市民的权益,不希望其权益因诉讼程序的缓慢而受到损害。

预防及保全程序可分为特定预防及保全程序和非特定预防及保全程序。特定预防及保全程序有行政行为/行政规范效力之中止、勒令作出某一行为和预行调查证据。属紧急程序,在司法假期期间仍需进行。

可在提起主诉讼前申请,或在主诉讼待决期间申请,又或和主诉讼一并提起。无论哪种情况,均须以独立之申请书为之。若已有主诉讼,则以附文方式制作成卷宗,反之则以独立卷宗进行有关程序,直至主诉讼出现。

在预防及保全程序中就事实事宜所作之审判及在该程序中之终局判决,对主诉讼之审判不产生影响。

第一节　行政行为效力之中止

由于行政行为享有先予执行力,故提起司法上诉并不中止其效力。然而,在某些情况下,有关行为的执行将造成难以弥补的损失。基于此,立法者制定行政行为效力之中止这一特定预防及保全程序。

一、诉讼前提

适用司法上诉的诉讼前提,此外,还要求:(1)有关行为的执行将对申请人或其在司法上诉中所维护或将在司法上诉中维护之利益造成难以弥补之损失;

(2)中止有关行为之效力不会严重侵害该行为在具体情况下所谋求之公共利益;(3)无强烈迹象显示司法上诉属违法。

二、诉讼程序及流程图

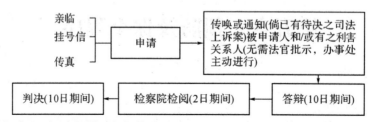

被申请人(行政机关)接获传唤或通知后,不得开始执行或继续执行有关行为,并应尽快阻止有权限部门或利害关系人执行或继续执行有关行为,倘不遵守须承担民事、纪律及刑事责任(违令罪)。

然而,行政机关亦可继续执行有关行为,但须在3日内以书面说明理由并知会法院,指出不立即执行将严重损害公共利益。若法院日后裁定行政机关提出的理由不成立时,有关人士同样须负民事、纪律和刑事责任。

在判决中,法官可设立效力中止之期限或条件;没有明确订定下,效力中止维持至司法上诉判决确定时止。若申请是在司法上诉前提出,如果申请人没有在法定期间内提起有关司法上诉,则中止效力判决即告失效。

关于行政行为效力之中止的所有规定及程序,经适当配合后,适用于规范效力之中止。

第二节　勒令做出某一行为

当行政机关、私人或被特许人违反行政法之规定或违反因行政行为或行政合同而生之义务,或行政机关及被特许人之活动侵犯一项基本权利,又或有理由恐防会出现上述违法情况或侵犯权利之情况,则检察院或利益因受上述行为侵害而应受司法保护之任何人,得请求法院勒令有关行政机关、私人或被特许人作出或不作出特定行为,以确保遵守上述规定或义务,或不妨碍有关权利之行使。

属后补性程序,倘通过效力中止已可保障所请求保护之权益,则不得提起有关程序。

一、诉讼前提

1.管辖权。有管辖权法院为行政法院,不论被申请之行政机关的级别。

2.积极正当性。合法权益可能受有关作为/不作为侵害之法人或自然人。

3.消极正当性。作出有关行为或不作为的行政机关、私人或被特许人。

其他诉讼前提视乎主诉讼种类而作出相应的调整。

二、诉讼程序及流程图

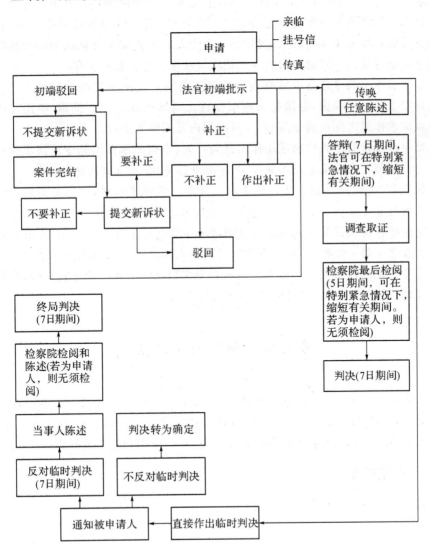

三、勒令之失效

在出现下述情况时,法官发出的勒令失效:(1)申请人在有关期间内未有采用能适当保护要求作出勒令之请求旨在维护之利益之行政程序上之手段或诉讼手段;(2)申请人虽已采用上述手段,但因其过失而未有促进有关程序或诉讼进行,或未有促进使该程序或诉讼得以继续之附随事项进行,以致该程序或诉讼停止进行逾 90 日;(3)在所采用之第 1 点所指程序或诉讼中,作出对申请人之请求不利之决定,且在法定期间内对该决定未有提出申诉或对其不可提出申诉;(4)所采用之第 1 点所指程序或诉讼,因程序或诉讼程序消灭而终结,且在法律容许提起新程序或新诉讼之情况下,申请人在为此定出之期间内亦无提起新程序或新诉讼;(5)要求作出勒令之请求旨在保护之利益不复存在。

如要求作出勒令之请求旨在保护之利益系通过无期限之行政程序上之手段或诉讼手段予以确保,且法院未根据案件之具体情况另定一期限,申请人应自就该请求作出之判决确定时起 30 日期间内采用该等手段。

如申请所针对之人作出或不作出有关行为,以致要求作出勒令之请求旨在保护之利益因获完全满足而不复存在,则勒令亦失效,而无须由法院宣告。

如勒令失效,而申请人曾在缺乏一般应有之谨慎下行事,则须对申请所针对之人所遭受之损害负责。提出要求宣告失效之请求之步骤:(1)勒令之失效系由法院应任何利害关系人或检察院附理由说明之请求而宣告,;(2)要求宣告勒令失效之申请一经提出,法官或判决书制作人须命令通知要求作出勒令之申请人于 7 日期间内答辩;(3)如要求宣告勒令失效之申请非由检察院作出,则在听取其陈述,并完成必需之措施后,法院须作出判决。

第三节　预先调查证据

预先调查证据是一个保全证据的程序,如有理由恐防其后将不可能或难以取得某些人之陈述或证言,或不可能或难以通过鉴定或勘验查核某些事实,得于提起有关诉讼程序前取得该等人之陈述或证言,或进行鉴定或勘验。

一、诉讼前提

视乎主诉讼种类而定。

二、诉讼程序及流程图

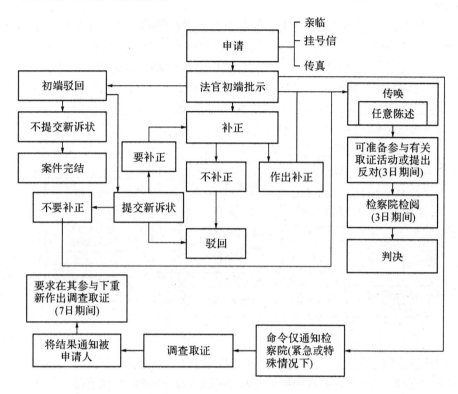

第四节　非特定预防及保全程序

当某一行政活动可能对市民的权益造成严重及难以弥补的侵害,而上述的特定预防及保全程序未能作出有效保障时,利害关系人可按具体情况请求法院作出适当之预防及保全措施。

一、诉讼前提

视乎主诉种类而定。

二、诉讼程序及流程图

补充适用民事诉讼法中普通保全程序的规定。当事人须于指定之询问日期及地点偕同所提出之证人到场;询问不得因证人或诉讼代理人缺席而押后。

倘具管辖权法院为中级法院或终审法院,调查取证仅限于书证和人证,且证人证言须在裁判书制作人（负责卷宗之法官）面前作出，并将之作成书面记录。

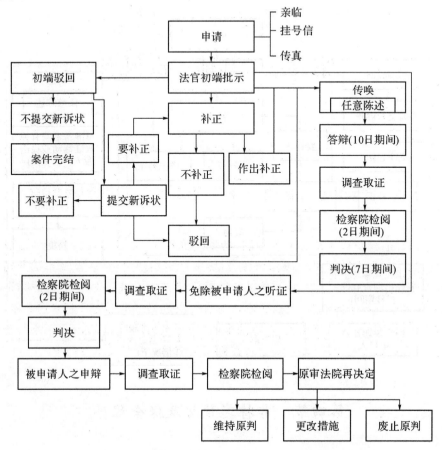

第六章 其他一审程序

第一节 行政违法处罚行为之司法上诉

与普通行政行为司法上诉相同,特别之处在于:即使法院判上诉理由成立但认为上诉人应被判罚时,须为此在判决中订定罚款之金额,以及附加处罚之种类及期间。此外,立法者亦设立了针对已确定行政违法处罚决定的再审程序:倘再审有利于违法者,且自再不可对有关决定提出申诉之日起未逾 2 年,但若罚金低于公职人员薪俸表 30 点的金额(现每点为澳门币 52.5 元),不得进行再审;若再审不利于违法者,而仅旨在因其实施犯罪而对其作出判罪。

一、诉讼前提

1.管辖权。行政法院具专属管辖权。

2.正当性。违法者、作出处罚的行政机关或检察院均可提出。

3.受理前提。(1)曾对该裁判具有决定性之证据被另一确定判决视为虚假;(2)由法官实施且与其在作出该判决之诉讼程序中所担任之职务有关之犯罪,已被另一确定判决视为获证明;(3)曾用作判罪依据之事实与已在另一判决视为获证明之事实不相协调,且两者对比后得出之结论,使人非常怀疑该判罪是否公正;(4)发现新事实或证据,而单凭该等事实或证据本身,或与有关诉讼程序中曾被审查之其他事实或证据相结合后,使人非常怀疑判罪是否公正。

二、诉讼程序及流程图

适用《刑事诉讼法典》中关于再审程序的有关规定。

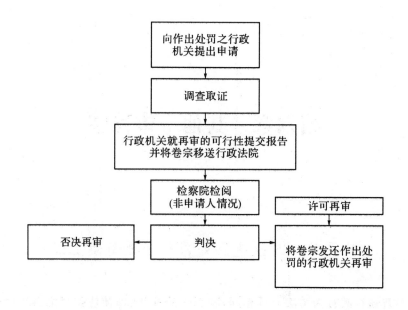

第二节 行政机关职权与法院间管辖权冲突之诉

就性质而言,冲突在澳门法律秩序中的类型有:权限冲突、职责冲突和管辖冲突。权限冲突是同一公法人内部不同机关之间的冲突;职责冲突是发生在不同公法人之间的冲突;管辖冲突存在于司法机关与行政机关之间或不同系统的法院之间。若以内容为标准,冲突分为积极冲突与消极冲突。前者是指卷入冲突的各方都认为自己对特定的事项有权限作出决定;后者则是指卷入冲突的各方都认为自己对特定的事项没有权限作出决定,即是说,各方都认为某个事项超出了自己的势力范围。

职责冲突和管辖冲突均需要通过司法途径来解决,裁决职责冲突是行政法院的权限;权限冲突由对发生冲突各机关行使监管权之上级机关中最低一级之机关来解决。举例言之,同一行政部门内两个处长之间的权限冲突应由厅长裁决。而法院间的管辖权冲突则由上一级法院裁决。

冲突裁决的特殊性表现在裁判制度方面。为避免消极的职责冲突和管辖冲突产生严重损失,法律赋予法官作出临时裁判的权限。显而易见,临时裁判不产生程序外效力,从而不形成实质既判案。

至于终局裁判的内容除须指出享有管辖权的当局外,解决冲突之裁判还要宣告卷入冲突的其他当局所作之行为、决定或裁判无效。这项规定的存在理由之一是:无效属于依职权认定的事项,因此无需任何一方的申请。法官对是否宣告无效享有裁量权,其目的和归宿都是保护特别重要的公共利益,避免引起社会震荡。

一、诉讼前提

1.管辖权。视乎具体情况而定。

2.正当性。利害关系人和检察院均可提起。

3.适时性。适用司法上诉之规定,但如是不同公法人职责之冲突,则有关期间缩短一半。

二、诉讼程序及流程图

适用经适当配合后民事诉讼法关于管辖权冲突的有关规定。

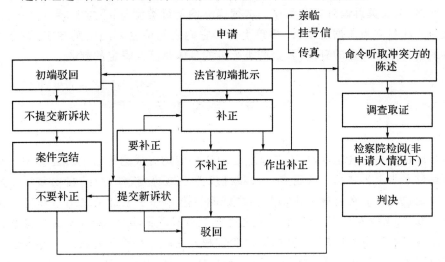

第七章　司法裁判之上诉

　　为了区分司法上诉,我们使用"司法裁判上诉"一词。在此,我们只简单介绍其种类、有关诉讼前提和程序。法律确立的上诉类型有:平常上诉、以合议庭裁判互相对立为依据之上诉、再审上诉。它们之间最主要的区别在于:平常上诉的客体是未确定的判决;其余两类上诉的客体是已经确定的判决。

第一节　平常上诉

　　除法律另有规定外,所有未确定之司法决定均可成为平常上诉之标的。不可提起平常上诉之司法决定有:(1)单纯事务性之决定;(2)行使自由裁量权而作出之决定;(3)在行政之诉中作出之裁判及就合并于主请求之请求作出之裁判,如有关案件利益值不超过法院之法定上诉利益限额[1];(4)解决行政当局各机关与法院间之管辖权、法院间之管辖权及职责之冲突之裁判;(5)终审法院及中级法院作为第二审级所作之合议庭裁判;(6)作出筛选事实之决定。

　　上诉由败方或检察院在原审法院原卷宗中提起,须于收到有关司法决定通知后10日内提出。在司法上诉程序中,胜诉方如在某一依据方面败诉,而该依据一旦成立,将能更有效保护其合法权益,也具正常性提起平常上诉。

　　收到上诉要求后,原审法官将决定是否接纳有关上诉。如不接纳,上诉人可向中级法院院长(或中级法院由三名法官组成之评议会,倘上诉标的为中级法院之裁判)提出声明异议,就声明异议的决定,不可再上诉。如接纳,则须定

---

　　[1]　即使案件利益值超过法院之法定上诉利益限额,若败诉额不超过上述限额之一半,也不得提起平常上诉。

出其效力(移审效力或中止效力)和上呈制度——立即上呈[2]或延迟上呈。

　　收到接纳上诉之决定作出通知后,上诉人须于 30 日内提交上诉陈述词,逾期者会导致上诉被弃置。被上诉方在收到上诉方陈述词通知后 30 日内,可作出适当之书面响应。

　　如被上诉之司法决定并不涉及案件之实体问题审理[3],原审法官须作出批示,维持或改正原有决定。倘改正原有决定,则已提起的上诉出现嗣后无用之情况。就新的决定,可提起新的平常上诉。若维持原有之决定,则移送卷宗给上级法院审理。在终审法院,只审理法律问题,不审理事实问题,而中级法院则可两者兼审。

第二节　以合议庭裁判互相对立为依据之上诉

　　以合议庭裁判互相对立为依据之上诉旨在解决判决对法律之解释和适用的不一致,从而统一司法见解。法院对法律规范的统一理解和适用是保障法律秩序和谐的必要条件。

　　有关上诉可由诉讼当事人或检察院在终审法院提起,受理前提有:(1)在法律规范未有实质变更之情况下,终审法院作为第一审级或第二审级作出之合议庭裁判就同一法律基本问题所采取之解决方法,与该法院作出之另一合议庭裁判所采取之解决方法互相对立;(2)在上项所指之情况下,中级法院作为第二审级作出之合议庭裁判,其所采取之解决方法与该法院或终审法院作出之另一合议庭裁判所采取之解决方法互相对立。

　　统一司法见解之裁判由终审法院全会[4]作出,并须公布于《澳门特别行政区政府公报》。上述裁判对下级法院有普遍约束力,在同类案件中应按统一司法见解的方向作判决,倘不遵守,须详细说明理由,且检察院必须就有关决定上诉到终审法院,以便决定是否有必要改变或维持原有之统一司法见解。

---

　　〔2〕　可细分为原卷宗上呈和分开上呈,后者须在原卷宗中提取适当之证明书组成上诉卷宗,有关费用由上诉人支付。

　　〔3〕　倘法官就案件之实体问题作出审理,其审判权在决定作出随即终止,不能再审有关问题。

　　〔4〕　由五名法官组成:三名终审法院法官和两名年资最久的中级法院法官。

第三节　再审上诉

再审上诉与以合议庭裁判互相对立为依据之上诉的客体都是已经确定和生效的判决,它们的区别在于:再审上诉不以存在相互冲突的判决为前提,它的价值是纠正冤案错案,所以可称之为错案纠正机制。再审上诉也不同于对行政违法处罚决定之再审。再审上诉可由诉讼当事人或检察院在原审法院提起,受理前提有:

1.通过已确定之判决显示出上述裁判系因法官或参与裁判之任一法官渎职、违法收取利益或受贿而作出者。

2.通过已确定之判决确认法院之文件或行为、陈述或证言又或鉴定人之声明出现虚假情况,而该将予再审之裁判可能因此等虚假情况而作出者;但在作出该裁判之诉讼程序中曾就该等虚假问题进行讨论者除外。

3.有人提交当事人不知悉之文件或提交当事人于作出该裁判之诉讼程序中未能加以利用之文件,而单凭该文件足以使该裁判变更成一个对败诉当事人较为有利之裁判。

4.该裁判所依据之认诺、请求之舍弃、诉之撤回或和解,被已确定之判决宣告为无效或予以撤销。

5.认诺、请求之舍弃、诉之撤回或和解因违反法律规定而属无效。

6.显示出未有作出传唤或所作之传唤属无效,以致有关诉讼及执行程序又或仅有关诉讼因被告绝对无参与而在被告不到庭之情况下进行。

7.该裁判与先前作出、对当事人构成裁判已确定之案件之另一裁判有所抵触。

8.须于判决转为确定或自取得作为再审上诉依据之文件或知悉作为再审上诉依据之事实后 90 日内提出,逾期失效。

9.若上诉人为检察院,上述诉权期间为 180 日。

第八章　执行之诉

第一节　执行之诉之前提及类型

　　正义女神像手中所握的利剑所代表的正是执行之诉,其意义在于以强制力,特别是通过公权力(司法权)的介入,令权利相对人履行其义务。由此可见,缺乏"自愿履行"是执行之诉的必然前提。

　　在执行之诉中,我们一般不像宣告之诉那样论证权利是否存在。相反,从开始已推定有关权利存在。因此,提起执行之诉须具备法律认可之执行凭据(título executivo),其界定了执行之目的和范围。

　　法律认可的执行凭证有:(1)给付判决;(2)经公证员作成或认证且导致设定或确认任何权利义务关系之文件;(3)经债务人签名,导致设定或依法可确定其金额之金钱债务之私文书,又或导致设定或确认属交付动产之债或作出事实之债之私文书;(4)按特别法之规定而获赋予执行力之文件,例如支票。

　　执行之诉的种类可分为支付一定金额、交付特定物或作出积极或消极事实之执行。在行政诉讼领域中,执行之诉可针对私人或行政当局而提起。倘被执行方为私人,而执行之目的为交付一定金额,按税务执行程序[1]进行。若执行是为了其他目的,则按民事诉讼法中相应之执行程序进行。

　　而针对行政当局的执行,则按《行政诉讼法典》的有关规定进行,但补充适用《民事诉讼法典》的规定。我们将集中论述针对行政当局之执行,特别是以法

---

　　〔1〕 虽名为税务执行,但其范围并不局限于执行欠交之税款,还包括私人拖欠行政当局(不包括拖欠司法机关之诉讼费用,有关执行由检察院提起,在原卷宗以附文方式进行)的金额,例如土地溢金、罚款,等等。

院判决作为执行凭据的执行[2]。

法院在行政诉讼中的判决确定生效后，行政当局应于 30 日内自发遵守有关判决；但出现缺乏款项、不符合预算中指定款项之情况或有不执行之正当理由者不在此限。

不执行之正当理由分别有不可能履行和履行判决将严重损害公共利益，而后者不得在下列各类请求之判决中提出（因法官在批准有关请求前，已充分考虑其决定会否严重损害公共利益）：(1)要求勒令行政机关提供信息、允许查阅卷宗或发出证明之请求；(2)要求中止行政行为及行政规范之效力之请求；(3)要求为中止行为之效力而宣告不当执行之行为不产生效力之请求；(4)要求勒令行政机关、私人或被特许人作出或不作出特定行为之请求；(5)要求预行调查证据之请求；(6)要求下令采用非特定之预防或保存措施之请求。

此外，在命令支付一定金额的判决中，除因缺乏款项和不符预算规定外，不得以任何理由拒绝履行有关判决。

在履行判决中，行政当局应视乎情况作出一切能有效重建被违反之法律秩序及回复原先出现之状况的行为。

一、支付一定金额之执行

考虑到行政当局可能因缺乏款项或不符合预算中指定款项而不能履行支付一定金额之判决，法律规定在总预算中须每年设定一项用以支付因执行司法判决而应支付之金额之拨款，由司法委员会处置；该拨款之最低金额相当于上一年针对行政机关作出之裁判中所定金额之累计总数与其迟延利息之和。

如须负责之机关提出缺乏款项或不符合预算指定款项而不能命令执行，又或无任何合理解释而不命令执行，利害关系人得于 365 日期间内，请求对执行有管辖权之法院以上述预算拨款作出支付。请求获批准后，法院须将其裁判通知司法委员会；该委员会于 30 日期间内向利害关系人发出相应之付款委托书。

如负责支付因执行司法裁判而应支付之金额之机关属于间接行政当局之公务法人，则按司法委员会命令而支付之金额在翌年度总预算中转移予该机关之款项中予以扣除；如不存在预算之转移，则由负责核准该机关本身预算之监督机关依职权将已支付之金额加载该机关之本身预算内。

如负责支付之机关属于自治行政当局，亦在翌年度预算之转移中作扣除；如不存在预算之转移，则澳门特别行政区应向有管辖法院提起求偿之诉。

---

〔2〕 自 1974 年起，澳门从未出现以其他执行凭据针对行政当局提起执行之诉。即使以判决为执行凭证的，至今仍维持在一位数，总数只有 6 宗。

如拨款不足,司法委员会之主席须立即致公函予立法会主席及行政长官要求追加拨款。如拨款不足,且上述通知作出后 90 日仍维持拨款不足之情况,则利害关系人得提起针对行政机关之执行之诉,以便其支付一定金额;该执行之诉按民事诉讼法中相应之诉之步骤进行[3]。

二、交付特定物或作出一事实之执行

如执行之内容为交付特定物或作出一事实,而行政机关在法定期间内未能完全遵行有关裁判,利害关系人得请求法院执行该判决。申请应于自发遵行裁判之期间结束时起或就提出不执行之正当原因一事作出通知时起 365 日期间内提出;如在该裁判中未定出应予执行之行为及活动,则应在申请书中详细列明利害关系人认为应予执行之行为及活动。

如行政机关提出不执行之正当原因,则利害关系人亦应在申请书中指出不赞同行政机关提出之正当原因之理由,并应附具就行政机关提出不执行之正当原因一事作出通知之副本。如果赞同行政机关所提出之不执行之正当原因,利害关系人得于相同期间内请求定出损害赔偿金额。

收到执行申请书后,如没有任何初端驳回或须补正之情况,法官将命令行政机关在 10 日内履行有关判决或就利害关系人之请求作出其认为适宜之答复;申请须以作出该裁判之诉讼程序之附文方式作成卷宗。

行政机关在其答复中,得首次提出不执行之正当原因;如其欲维持先前已提出之不执行之正当原因,则应在其答复中再次提出。如行政机关在答复中首次提出不执行之正当原因,则法院须通知利害关系人在 8 日期间内提出反驳。如利害关系人赞同所提出之不执行之正当原因,则得于相同期间内请求定出损害赔偿金额。

有关答复及反驳书附入卷宗或有关期间完结后,法院命令作出必需之调查措施。卷宗组成后,须送交检察院,以便在 8 日内作检阅。判决须于 8 日期间内作出。如行政机关提出遵行须予执行之判决将严重损害公共利益,则法院在认定执行之可能性后,须在判决中裁定会否出现该情况。

在法院宣告不存在不执行之正当原因,或行政机关未提出该原因之情况下,如有关判决中未定出应予执行之行为及活动以及有关期间,则法院须将之

---

〔3〕　如不追加拨款,基本上针对行政当局提起执行之诉已无意义,因为按《民事诉讼法典》的有关规定,澳门特别行政区和其他公法人的公产是绝对不可查封的财产,而澳门特别行政区其他公法人、公共工程或公共事业之被特许实体以及公益法人之私产,只要专门用作实现公益目的者,也不可查封,但属交付特定物之执行或清偿没有物之担保之债务之执行除外。

详细列明,并宣告已作出而与先前判决不符之行为无效。如法院宣告存在不执行之正当原因,利害关系人得在作出该宣告之判决确定前,请求定出损害赔偿金额。

以出现不执行之正当原因以致有关判决未能遵行为依据,请求定出损害赔偿金额后,法院命令通知行政机关及利害关系人,以便两者在 15 日期间内就有关金额达成协议。如无协议,则由法院定出。

如果这段时间已提起标的相同之损害赔偿之诉,或法院认为案件之调查具复杂性,而建议当事人提起损害赔偿之诉,则执行程序终结。

若行政机关自作出协议或就确定有关支付之判决作出通知时起 30 日期间内不命令作出应作之支付,则按支付一定金额之执行程序之步骤处理。

第二节 针对违法不执行之保障

法院如通过任何方式知悉有关判决未获自发遵行,得向须负责遵行该判决之行政机关之据位人采用一强制措施。强制措施旨在使其相对人对因迟延遵行判决之每一日而须交付之一定金额承担个人责任,而每日之有关数额相当于公共行政工作人员薪俸表 100 点之相应金额之百分之十至五十。

如须负责遵行判决之行政机关为合议机关,则不对已投票赞成切实遵行判决且其赞成票已记录于会议记录中之成员采用强制措施,亦不对缺席投票但已书面通知主席其赞成遵行判决之意思之成员采用强制措施。

如执行之内容为支付一定金额,且无提出缺乏款项或不符合预算中指定款项,得于自发遵行判决之期间届满时采用强制措施。如执行之内容为交付一定物或作出一事实,得按以下规定采用强制措施:(1)无提出不执行之正当原因者,得于自发遵行判决之期间届满时采用强制措施;(2)不论有否提出不执行之正当原因,只要在执行程序中作出之判决,又或在当事人所选定之诉讼程序或按对执行有管辖权之法院建议而提起之诉讼程序中作出之判决,认定有可能执行先前之判决或已定出损害赔偿金额,则得于该等判决确定时采用强制措施。

如执行之内容为支付一定金额,则强制措施在提出缺乏款项或不符合预算中指定款项时,或司法委员会发出有关付款委托书时终止。如执行之内容为交付一定物或作出一事实,则强制措施按以下规定终止:(1)在提起执行程序前或在其进行期间提出不执行之正当原因者,于提出正当原因时终止;(2)在执行程序中作出之判决,或在当事人所选定之诉讼程序或按对执行有管辖权之法院建议而提起之诉讼程序中作出之判决,宣告不能执行先前之判决且未有定出任何损害赔偿金额者,于该判决确定时终止;(3)认定有可能执行先前之判决或定出损害赔偿金额之判决获遵行时终止;(4)定出损害赔偿金额时终止。

如强制措施之相对人之职务中止或终止,以致其无法命令遵行判决,则强制措施亦终止。在采用强制措施前,法院须听取承担负责之行政机关之据位人于8日期间内作出之陈述。

采用强制措施之判决,须就该措施定出每日金额,指出该措施开始产生效力之日期,并列出其相对人之姓名;须立即将判决通知其相对人。因强制措施名义而应付之金额之总结算,由法院在强制措施终止后作出。

不执行法院在司法争讼程序中作出之确定判决,构成不法事实,并产生以下效力:(1)违反判决之任何行为无效,且执行时会造成相同后果之行为也无效;(2)所涉及之公法人及其因有关事实而可被归责之机关据位人、公务员、服务人员或代表须对利害关系人所遭受之损失负连带责任;(3)对不法事实负责之机关据位人、公务员、服务人员及代表,须依据有关通则承担纪律责任。但出现缺乏款项或不符合预算中指定款项之情况,又或因利害关系人之赞同或法院之宣告而认定存在不执行之正当原因者,不在此限。

拒绝履行判决之下列事实构成违令罪:(1)负责执行有关判决之机关之据位人有意不按法院所定之规定遵行判决,而未有按情况提出缺乏款项或不符合预算中指定款项,又或不存在不执行之正当原因;(2)合议机关之主席未将有关问题列入议程。

第二编

澳门有关行政诉讼的法律法规

行政诉讼法典

（由第 110/99M 号法令核准）

第一章　一般规定

第一条（适用法律）

行政上之司法争讼程序受本法典之规定及关于司法体系组织之法律之规定所规范，且补充适用经作出必要配合之民事诉讼法之规定。

第二条（有效司法保护原则）

就所有公权利或受法律保护之利益，均设有一种或多种旨在对其给予有效司法保护之诉讼手段，亦设有对确保该等手段之有用效果属必需之预防及保存程序。

第三条（对管辖权之审理）

就行政上之司法争讼方面之问题进行审判之管辖权具有公共秩序性质，且对该管辖权之审理须优先于其他事宜进行，但基于第九十九条第一款之规定而适用之民事诉讼法中关于普通宣告诉讼程序步骤之规定，以及行政上之司法争讼范畴内之自愿仲裁制度之规定除外。

第四条（代理）

一、在行政上之司法争讼程序中，私人必须委托律师，但不影响有关在涉及律师本人、其配偶、直系血亲尊亲属或直系血亲卑亲属之案件中担任律师方面之法律规定，或依职权指定律师之法律规定之适用。

二、在行政上之司法争讼程序中，行政机关必须依据以下两款规定被代理。

三、在第二章至第四章、第五章第二节至第四节、第六章及第七章所规范之诉讼手段及程序中，在涉及职责之冲突中，以及在有关对司法裁判之上诉及所有针对公法人之执行程序中，第二款所指之代理须由所委托之律师作出或由为代理之目的而明确指定之担任法律辅助工作之法学士作出。

四、在其他情况下，第二款所指之代理须由检察院作出。

第五条（期间）

凡本法典中未明文订定之期间,均为五日,但涉及办事处行为之期间除外。

第六条（紧急程序）

一、下列程序以及其他被法律定为紧急之程序,在假期期间仍进行,而无须事先作检阅:

a)行政行为涉及公共工程承揽合同之形成、继续供应合同之形成及为直接公益提供劳务之合同之形成时,对该等行政行为提起之司法上诉程序;

b)选举上之司法争讼程序;

c)关于提供信息、查阅卷宗或发出证明之诉之程序;

d)与中止行政行为及规范之效力有关之程序;

e)与勒令作出某一行为有关之程序;

f)与预行调查证据有关之程序;

g)与非特定之预防及保存措施有关之程序。

二、在紧急程序中,检察院检阅卷宗及法院作出裁判之期间分别为五日及七日,但另有特别规定者除外。

三、在紧急程序中,办事处之行为须尽快作出,且优先于其他行为。

第七条（文件及信息）

一、行政当局之机关、公务员与服务人员以及私人,在其参与之程序中,必须适时提供被要求交付之文件,且必须尽早提供被要求提供之信息。

二、法院自由评价违反上款规定之行为在证明力方面所生之效力,但不影响特别为此作出之规定之适用。

第八条（在终审法院之分发）

为着在终审法院进行分发,设有下列类别之程序:

第一,因合议庭裁判互相对立而提起之上诉;

第二,其他对司法裁判之上诉;

第三,司法上诉;

第四,选举上之司法争讼程序;

第五,冲突;

第六,其他紧急程序;

第七,其他程序。

第九条（在中级法院之分发）

为着在中级法院进行分发,设有下列类别之程序:

第一,对司法裁判之上诉;

第二,对仲裁裁决之上诉;

第三,司法上诉;

第四,诉;

第五,对规范提出争议之诉讼程序;

第六,冲突;

第七,紧急程序;

第八,其他程序。

第十条(在行政法院之分发)

为着在行政法院进行分发,设有下列类别之程序:

第一,司法上诉;

第二,选举上之司法争讼程序;

第三,诉;

第四,对规范提出争议之诉讼程序;

第五,其他紧急程序;

第六,其他程序。

第十一条(分发中案件合并之效力)

一、案件一旦合并于已分发予不同法官之另一案件,就前者所作之分发即予取消。

二、为分发案件之效力,合并于另一案件之案件,不算作分发予会接收此案件之法官。

第十二条(选择诉讼手段或程序上之错误)

一、在选择能适当满足所提出之请求之诉讼手段或程序上有错误时,如有关法院本身有管辖权审理该请求,则在初端驳回批示确定后,须依职权命令取消已进行之分发,并重新按程序本身之类别进行分发。

二、在上款所指之情况下,如另一法院有管辖权审理有关之适当诉讼手段或程序,则适用经作出必要配合之第四十九条所定制度,只要行使采用上述诉讼手段或程序之权利受除斥期间约束,而此期间先于该条所指期间终结。

第十三条(对行政机关之传唤)

对行政机关之传唤系以具收件回执之挂号信为之。

第十四条(审理前之先决问题)

一、如对诉讼标的之审理取决于另一法院就其有管辖权审理之问题作出之裁判,法院得在该管辖法院作出裁判前,中止有关诉讼程序,不作裁判。

二、如利害关系人逾九十日不作任何行为,使关于审理前之先决问题之程序未能提起或进行,则行政上之司法争讼程序之中止状况终结,并须就审理前之先决问题作出裁判,而此裁判仅在该程序中产生效力。

第十五条（裁判书制作人之权限）

一、裁判书制作人有下列权限，但不影响关于司法体系组织之法律之规定之适用，亦不影响特别规定须由裁判书制作人作出批示或须由法院作出合议庭裁判之情况：

a)初端驳回司法上诉及其他诉讼手段与程序，或在有关程序其后之阶段中，以命令补正起诉状或申请书之批示未获遵行为依据而驳回之；

b)将有关抗辩或妨碍审理司法上诉之其他问题留待最后审理；

c)命令或要求采取被认为必需之调查措施；

d)依法宣告诉讼程序中止进行，或裁定诉讼程序中止进行；

e)依法命令将案件合并，或裁定将案件合并；

f)因诉讼之弃置或撤回、请求之舍弃，又或嗣后出现进行诉讼属不可能或无用之情况而裁定有关诉讼程序消灭；

g)因申请及附随事项之标的不应予以审理而将之初端驳回；

h)对附随事项作出审判；

i)对诉讼行为之无效及其本身之批示之无效作出审理；

j)终结司法上诉或其他诉讼手段与程序。

二、对裁判书制作人之批示，得向评议会提出异议，但属单纯事务性之批示及受理对法院合议庭裁判提起上诉之批示除外。

第十六条（技术员之参与）

如程序中应解决某些需要专门知识方可解决之问题，法院得依职权或应任一当事人之申请，命令由法院指定之技术员参与该程序，为此该技术员须检阅卷宗；如有关讨论在评议会或合议庭中进行，则讨论中须听取其陈述。

第十七条（检察院于评议会之参与）

驻终审法院及中级法院之检察院代表如非以原诉人或被诉人身份参与有关程序，而其参与仅在于维护合法性者，则其须出席所驻法院之评议会，并于讨论中被听取陈述。

第十八条（日程表上之登录）

在终审法院及中级法院，法院书记长须于每次会议最后阶段，将用作登记被宣告已具条件进行审判之案件之文件载体或信息储存媒体呈交院长，以便院长在听取有关法官意见后，定出纳入下次会议日程之案件。

第十九条（裁判之公开）

一、得将终审法院及中级法院之合议庭裁判之打字副本送交澳门政府印刷署，以便以汇编方式出版。

二、汇编每季公布一次；汇编中须加载在每季所作之裁判并附有裁判书制作人所编制之摘要,且须将终审法院与中级法院之裁判分开归组。

第二章　司法上诉

第一节　一般规定

第二十条(司法上诉之性质及目的)

在司法上诉中仅审理行为之合法性,其目的在于撤销司法上诉所针对之行为,或宣告其无效或法律上不存在;但另有规定者除外。

第二十一条(司法上诉之依据)

一、司法上诉所针对之行为违反适用之法律原则或法律规定,尤其出现下列情况者,构成提起司法上诉之依据:

a)越权;

b)无权限;

c)形式上之瑕疵,包括欠缺理由说明或等同情况;

d)违反法律,包括行使自由裁量权时有明显错误,或绝对不合理行使自由裁量权;

e)权力偏差。

二、导致司法上诉所针对之行为非有效之其他原因,亦构成提起司法上诉之依据,尤其是:

a)欠缺构成该行为之主要要素;

b)作出该行为者之意思欠缺或有瑕疵,且属重大者。

第二十二条(司法上诉之效力)

司法上诉不具中止其所针对行为效力之效果;但如仅涉及不属纪律处分性质之一定金额之支付,且已按税务诉讼法所定之任一方式提供担保,或无税务诉讼法时,已按民事诉讼法就普通保全程序中提供担保所定之方式提供担保者,不在此限。

第二十三条(诉讼权)

司法上诉所针对之实体及司法上诉人具有相同之诉讼权。

第二十四条(请求之合并)

一、不论管辖法院为何,均得在司法上诉中一并提出下列请求:

a)原本不应作出被撤销又或宣告无效或法律上不存在之行政行为,而应作出内容受羁束之另一行政行为者,提出要求命令作出依法应作之行政行为之请求;

b)即使司法上诉理由成立引致回复原会出现之状况,所造成之利益丧失及损害因其性质仍会存在者,提出要求就该利益丧失及损害作出赔偿之请求。

二、在上款所指之情况下,对要求命令作出依法应作之行政行为之请求及要求就利益丧失及损害作出赔偿之请求之提出,以及就该等请求进行之辩论与裁判,适用规范相应之诉之规定中与涉及司法上诉程序之规定不相抵触之部分。

第二节 司法上诉之期间

第二十五条(期间)

一、对无效或在法律上不存在之行为提起司法上诉之权利不会失效,得随时行使。

二、对可撤销之行为提起司法上诉之权利在下列期间经过后即告失效:

a)三十日,如司法上诉人于澳门居住;

b)六十日,如司法上诉人于澳门以外地方居住;

c)三百六十五日,如司法上诉人为检察院,又或属默示驳回之情况。

三、《行政程序法典》之规定,适用于上款所指期间之计算。

第二十六条(司法上诉期间之开始计算)

一、行政行为尚未开始产生效力时,不开始计算提起司法上诉之期间;在公布或通知属强制性之情况下,如未能通过公布或通知使人知悉有关决定之含义、作出决定者及有关决定之日期,亦不开始计算提起司法上诉之期间。

二、对明示行为提起司法上诉之期间,按下列规定起算:

a)如只有公布或通知属强制性,则自该公布或通知作出时起算;

b)如公布及通知两者均属强制性,则自较后作出之公布或通知作出时起算。

三、如就明示行为所作之公布并非强制性,且所作之通知亦非强制性或获法律免除,则对该行为提起司法上诉之期间,按下列规定起算:

a)行为于利害关系人在场时以口头作出者,自作出行为时起算;

b)属其他情况者,自实际知悉或按《行政程序法典》第一百二十一条第二款推定知悉有关行为时起算。

四、对默示驳回提起司法上诉之期间,自《行政程序法典》第一百零二条第二款及第三款,以及第一百六十二条所指之期间届满时起算。

五、如属非强制性公布之行为,检察院提起司法上诉之期间自第一次通知作出时起算。

六、第一款、第二款及第三款之规定不妨碍对已开始执行之行为提起司法上诉。

七、对行政行为之更正以及对行政行为之公布或通知所作之更正,均不导致提起司法上诉之期间另行起算,但更正涉及影响对该等行为可否提起司法上诉之事宜者除外。

第二十七条（司法上诉期间之中止计算）

一、在因行政决定而使行为不生效力之期间，提起司法上诉之期间中止计算。

二、如通知时遗漏指出《行政程序法典》第七十条所指之内容，又或公布时未载有该法典第一百一十三条及第一百二十条第四款所列之事项，利害关系人得于十日内向作出行为之实体申请就所欠缺之内容或事项作出通知，又或发出载有该等内容或事项之证明或经认证之影印本；在此情况下，自提出申请之日至作出上述通知或发出有关证明或经认证之影印本之日止，已开始计算之提起司法上诉之期间中止进行。

第三节　对行为提起司法上诉之可能

第二十八条（必要行政申诉之预先提出）

一、对产生对外效力而不受必要行政申诉约束之行政行为，可提起司法上诉。

二、然而，即使有关行为受必要行政申诉约束，但根据法律或行政决定须立即执行者，对该行为亦可提起司法上诉。

三、对可撤销之行为须预先提出必要行政申诉方可提起司法上诉时，如不遵守《行政程序法典》第一百四十九条、第一百五十五条第一款及第一百五十六条有关必要行政申诉之规定，则不可提起该上诉。

四、不遵守上款所指之规定，除不可提起司法上诉外，利害关系人亦不可推定所提出之行政申诉已被默示驳回。

第二十九条（以立法或行政法规形式作出之行政行为）

一、对行政行为可否提起司法上诉不取决于其形式。

二、即使不对立法性法规或行政法规内所含之行政行为提起司法上诉，仍可对有关之执行行为或实行行为提起司法上诉。

第三十条（执行行为或实行行为）

一、不可对单纯执行或实行行政行为之行为提起司法上诉，但不影响下款之规定之适用。

二、对于上条第二款所指之行为、《行政程序法典》第一百三十八条第三款及第四款所指之行为，以及因未预先作出行政行为而按该法典第一百三十八条第一款之规定不具正当性之行为，均可提起司法上诉。

第三十一条（对单纯确认行为提起之司法上诉）

一、如已将被司法上诉所针对之行为确认之行为通知司法上诉人或依法公布，或司法上诉人就该被确认之行为已提出行政申诉或提起司法争讼，则须以司法上诉所针对之行为具单纯确认行为之性质为依据,拒绝受理有关司法上诉。

二、为着本法典之效力,就必要行政申诉作出决定之行为,不具单纯确认行为之性质。

第三十二条(对默示驳回提起司法上诉之可能)

一、明示行为一经公布或一旦就明示行为向利害关系人作出通知,即不可对默示驳回提起司法上诉。

二、如利害关系人选择依据第一百零三条第二款之规定,提起命令作出依法应作之行政行为之诉,对默示驳回亦不可提起司法上诉。

第四节　正当性

第三十三条(提起司法上诉之正当性)

下列者具有提起司法上诉之正当性:

a)自认拥有被司法上诉所针对之行为侵害之权利或受法律保护之利益之自然人或法人,又或指称在司法上诉理由成立时有直接、个人及正当利益之自然人或法人;

b)拥有民众诉讼权之人;

c)检察院;

d)法人,就侵害其有责任维护之权利或利益之行为亦具有上述正当性;

e)市政机构,就影响其自治范围之行为亦具有上述正当性。

第三十四条(对行为之接受)

一、在行为作出后未经作出完全或部分保留而明示或默示接受该行为之人,不得对该行为提起司法上诉。

二、默示接受系指从自发作出与提起司法上诉之意愿相抵触之事实体现之接受。

三、保留须以书面方式向作出行为者为之。

四、公务员或服务人员执行或遵从以其本人为对象之行为时,不视为默示接受该行为,但属由其选择何时适合作出有关执行者除外。

第三十五条(联合)

数名司法上诉人得联合对同一行为提起司法上诉,或联合以同一事实依据及法律依据,对形式上包含于单一批示中或包含于以批示以外之方式作出决定之单一文件中之各行为提起司法上诉。

第三十六条(民众诉讼)

一、为对损害公共卫生、住屋、教育、文化财产、环境、地区整治、生活质素及任何属公产之财产等基本利益之行为提起司法上诉,澳门居民、有责任维护该等利益之法人以及市政机构,均为拥有民众诉讼权之人。

二、为对市政机关以及其具有法律人格及行政自治权之公共部门所作而损害其他公共利益之行为提起司法上诉,澳门居民亦为拥有民众诉讼权之人。

第三十七条(应诉之正当性)

作出行为之机关,或因法律或规章之修改而继承该机关有关权限之另一机关,视为司法上诉所针对之实体。

第三十八条(权力之授予)

向授权者或转授权者提出之申请被默示批准或默示驳回时,为确定何者具有在有关司法上诉中应诉之正当性,有关默示批准或默示驳回视为由获授权者或获转授权者作出,即使该申请未送交获授权者或获转授权者亦然。

第三十九条(对立利害关系人)

司法上诉理由成立时可能受到直接损害之人,具有正当性作为对立利害关系人参与有关诉讼程序。

第四十条(辅助人)

一、凡证明具有与司法上诉人、司法上诉所针对之实体或对立利害关系人相同之利益,或具有与该利益有联系之利益之自然人或法人,均得作为辅助人参与司法上诉。

二、辅助人得于陈述阶段前参与司法上诉程序,并应接受参与时该程序所处之状况,而其地位从属于被辅助人之地位,且被辅助人自由作出认诺、撤回诉讼或舍弃请求之权利,以及作出该等行为所产生之法律效果不因此而改变。

第五节　诉讼程序之进行

第四十一条(起诉状之提交)

一、提起司法上诉系通过将起诉状提交所致予之法院之办事处为之。

二、起诉状亦得以挂号信寄往其所致予之法院之办事处,而挂号信之日期视为提交起诉状之日。

第四十二条(起诉状之要件)

一、起诉状须以分条缕述方式作成,且司法上诉人在起诉状中应:

a)指出司法上诉所致予之法院;

b)指出其本人及对立利害关系人之身份及居所或住所,并申请传唤该等利害关系人;

c)指明司法上诉所针对之行为及指出作出行为者之身份,如该行为系获授权或转授权而作出,则尚应指明之;

d)清楚阐明作为司法上诉依据之事实及法律理由;

e)以清楚简要之方式作出结论,并准确指出其认为被违反之规定或原则;

f)提出一个或多个请求;

g)指出拟证明之事实;

h)申请采用其认为必需之证据方法,并就所指出之事实逐一列明其所对应之证据方法;

i)指明必须或随个人意愿附于起诉状之文件;

j)起诉状之签署人非为检察院时,指出有关签署人之事务所,以便作出通知。

二、起诉状未有指出司法上诉所致予之法院时,均不予接收。

三、司法上诉人得指明导致撤销司法上诉所针对之行为之各依据间存有补充关系。

第四十三条(起诉状之组成)

一、除特别法要求附同之文件外,起诉状亦必须附具下列文件:

a)证明司法上诉所针对之行为之文件;

b)旨在证明所陈述之事实属实之一切文件,但载于供调查之用之行政卷宗内之文件除外;

c)如申请采用人证,须附具证人名单,当中指出每一证人应陈述之事实;

d)在法院代理之授权书或等同文件;

e)法定复本。

二、如司法上诉之标的为一默示驳回,起诉状应附具未有决定之申请之复本或影印本,该复本或影印本上须具有由接收该申请正本之行政机关所作成之收据;如无该具有收据之申请复本或影印本,则起诉状须附具证明已递交申请之任何文件。

三、如司法上诉之标的为一口头行为,则该行为应通过可从中推断出确有作出该行为之已陈述事实或已附具文件予以证明。

四、如司法上诉之标的为法律上不存在之行为,则只要存证明表面上存在该行为及其损害性后果之文件,司法上诉人应附具之。

五、提起司法上诉前,如已按第二十七条第二款之规定提出要求作出通知又或发出证明或经认证之影印本之请求,不论提出请求后有否提起关于提供信息、查阅卷宗或发出证明之诉,起诉状均应附同证明已提出该等请求之文件。

六、如司法上诉人基于合理理由未能取得应附于起诉状之某些文件,则应详细说明该等文件之性质及内容,并请求定出附具该等文件之合理期间。

第四十四条(申诉之合并)

一、司法上诉人得将对相互间有主从关系或有联系之行为提出之申诉合并。

二、在下列情况下不得合并：

a)以补充或择一方式作出合并；

b)审理各申诉之管辖权属不同法院所有。

第四十五条（初端批示）

就起诉状作成卷宗，且缴纳倘应缴纳之预付金或缴纳期间届满后，须将卷宗送交法官或裁判书制作人，以作出初端批示。

第四十六条（初端驳回）

一、如起诉状属不当，则须初端驳回司法上诉。

二、如明显出现妨碍司法上诉继续进行之情况，尤其是下列者，亦须初端驳回司法上诉：

a)司法上诉人欠缺当事人能力或诉讼能力；

b)司法上诉并无标的；

c)不可就司法上诉所针对之行为提起司法上诉；

d)司法上诉人不具正当性；

e)司法上诉人之联合属违法；

f)在指出司法上诉所针对行为之作出者之身份方面有错误，或未有指出对立利害关系人之身份，而该错误或遗漏属明显不可宥恕者；

g)申诉之合并属违法；

h)提起司法上诉之权利已失效。

第四十七条（因起诉状不当及指出身份方面有错误或遗漏而驳回）

一、因起诉状不当或出现上条第二款f项所指之情况，而初端驳回司法上诉时，自就驳回批示作出通知起五日期间内，司法上诉人得提交新起诉状，如对驳回批示提起上诉但并未胜诉，则自通知司法上诉人卷宗已交回司法上诉所针对之法院起五日期间内，司法上诉人得提交新起诉状。

二、在上述任一情况下，新司法上诉均视为于提交首份起诉状之日提起。

第四十八条（因不当援引授权而驳回）

如以授权或转授权不存在、非有效或不产生效力为依据，或因授权或转授权之范围不包括作出司法上诉所针对之行为，驳回对援引授权或转授权而作出之行为所提起之司法上诉，则自驳回批示确定起三十日期间内，司法上诉人得采用对该行为提起司法上诉属必要之行政手段。

第四十九条（因司法上诉人违法联合而驳回）

因司法上诉人违法联合而驳回司法上诉后，司法上诉人得自有关批示确定起三十日期间内，重新提起司法上诉，而有关起诉状视为于递交首份起诉状之日提交。

第五十条（因违法合并申诉而驳回）

一、申诉之合并仅因违反第四十四条第二款 b 项之规定而违法时,不妨碍司法上诉以有关法院有管辖权审理之申诉为标的继续进行。

二、不论司法上诉被驳回或按上款规定继续进行,司法上诉人均得行使上条所指之权能。

第五十一条（补正批示）

一、如起诉状或其组成方面有形式上之缺陷或不当之处,须通知司法上诉人在法官或裁判书制作人所定之期间内弥补或改正之。

二、如司法上诉人弥补或改正缺陷或不当之处,则司法上诉视为于递交首份起诉状之日提起。

三、如曾申请采用人证之司法上诉人在获告知弥补有关遗漏后,仍不提交证人名单或不指出证人应作证言之事实,则禁止其采用人证。

四、未弥补或改正批示所指之缺陷或不当之处,且就批示未有向评议会提出异议时,又或批示经评议会确认时,须驳回司法上诉,但属上款所指之情况除外。

第五十二条（传唤司法上诉所针对之实体）

一、如司法上诉未被驳回,则须传唤司法上诉所针对之实体,以便其在二十日期间内答辩。

二、传唤时,应载有关于第五十三条至第五十五条所规定事宜之资料。

第五十三条（司法上诉所针对之实体之答辩）

一、在答辩状中,司法上诉所针对之实体应以分条缕述方式提出与防御有关之全部事宜,指出拟证明之事实,附具旨在证明所陈述之事实属实之一切文件,并在有需要时提交证人名单或申请采用其他证据方法。

二、第五十一条第三款之规定,适用于不提交证人名单或不指出证人应作证言之事实之情况。

三、如答辩状由担任法律辅助工作之法学士签名,则须附具司法上诉所针对之实体委任该名学士之批示副本。

第五十四条（不作答辩或不提出争执）

不作答辩或不提出争执,视为自认司法上诉人所陈述之事实;但从所作之防御整体加以考虑,该等事实与所作防御明显对立者,又或该等事实系不可自认或与组成供调查之用之行政卷宗之文件相抵触者除外。

第五十五条（行政卷宗之移送）

一、司法上诉所针对之实体必须将行政卷宗之正本以及一切与司法上诉之事宜有关之其他文件,连同答辩状一并移送法院,或在答辩期间内移送法院,以便该正本及其他文件并附于卷宗内,作为供调查之用之卷宗。

二、如行政卷宗已并附于其他卷宗,司法上诉所针对之实体应将此事告知法院。

三、仅当司法上诉所针对之实体以公共利益受到相当损害为由,作出附理由说明之解释时,行政卷宗之正本方得由经适当排序之经认证影印本所取代。

四、不移送卷宗或以卷宗之影印本取代其正本而不作解释时,法院须勒令司法上诉所针对之实体移送卷宗之正本。

五、不遵守上述勒令而不作任何解释或所作解释被裁定为不可接受者,构成违令罪,司法上诉所针对之实体并须负起其应有之民事及纪律责任,且法院有权采用经作出必要配合之为执行司法裁判所规定之强制措施,而不妨碍司法上诉继续进行。

六、就所提出之解释作出裁判前须取得检察院之意见书。

七、在第五款所指之情况下,对于无行政卷宗即无法证明或相当困难证明之事实,原属司法上诉人之举证责任倒置。

八、举证责任之倒置,不影响就司法上诉进行之调查中法官或裁判书制作人所行使之调查权。

第五十六条(传唤对立利害关系人)

司法上诉所针对之实体之答辩状经附入卷宗或有关期间完结,且将供调查之用之行政卷宗并附或上条所指勒令中订定之期间届满后,须传唤对立利害关系人,以便其在二十日期间内答辩。

第五十七条(对立利害关系人之答辩)

第五十三条及第五十四条之规定,经作出必要配合后,适用于对立利害关系人之答辩。

第五十八条(检察院之初端检阅)

一、第五十五条所指之步骤进行后,或在有对立利害关系人之情况下,将其答辩状附入卷宗或有关期间完结后,须将卷宗送交检察院,以便其在八日内检阅,但由检察院提起之司法上诉除外。

二、检察院在检阅时,仍得指出起诉状须予以补正,并一般得提出影响司法上诉继续进行之所有问题,以及就答辩状所提出之问题发表意见。

第五十九条(涉及起诉状之缺陷或不当之处之问题)

一、法官或裁判书制作人获送交卷宗后,仍得依职权或基于司法上诉所针对实体、对立利害关系人或检察院之陈述,命令通知司法上诉人,以便其在法官或裁判书制作人订定之期间内,弥补或改正起诉状之缺陷或不当之处;为此,须按经作出必要配合之第五十一条规定处理。

二、在指出司法上诉所针对行为之作出者之身份方面有错误,或未有指出对立利害关系人之身份时,只要未以该错误或欠缺为依据初端驳回司法上诉,而真正之作出行为者已提交答辩状或移送供调查之用之行政卷宗,又或其间对立利害关系人已申请参与司法上诉程序,则上述错误或欠缺视为已获补正。

第六十条(利用在程序中已作出之行为)

只要不损害当事人之诉讼权,亦不影响对案件作出公正裁判,法官或裁判书制作人得免除重新实行因弥补或改正起诉状之缺陷或不当之处而须进行之措施。

第六十一条(妨碍审理司法上诉之问题)

一、就依职权提出或在第五十九条第一款所指实体之陈述中提出之妨碍审理司法上诉之其他问题,须听取司法上诉人陈述,陈述期间由法官或裁判书制作人订定。

二、如上款所指之问题非由检察院提出,则其须检阅卷宗以发表意见。

第六十二条(随后之步骤)

一、命令并实行对解决所提出之妨碍审理司法上诉之问题属必需之措施后,法官须于十日期间内作出裁判。

二、在终审法院及中级法院中,裁判书制作人命令将卷宗交予助审法官检阅;为此,须按经作出必要配合之第七十二条及随后数条之规定处理。

三、在以上两款所指之情况下,得将对该问题之裁判留待最后作出。

四、上述问题被裁定理由不成立,并不妨碍在最后基于先前不予接受之同一原因而驳回司法上诉,只要在诉讼程序中能提供审理该问题之新资料。

第六十三条(对请求之审理)

一、妨碍审理司法上诉之问题已解决,且司法上诉程序应继续进行时,如法官或裁判书制作人认为有可能审理司法上诉案件之实体问题而无须调查证据,则在宣告进行审理而无须调查证据之批示中,命令通知司法上诉人、司法上诉所针对之实体及对立利害关系人,以便其欲作出陈述时能为之。

二、第六十八条及随后数条之规定,经作出必要配合后,适用于上述之陈述及随后之步骤。

第六十四条(采用证据之申请之变更)

如无出现上条所指之情况,则命令通知司法上诉人、司法上诉所针对之实体及对立利害关系人,以便其在五日期间内行使变更有关采用证据之申请之权能,只要该变更系基于嗣后知悉重要之事实或文件而作出。

第六十五条(调查证据)

一、申请变更证据或有关期间完结后,须调查证据。

二、收集证据之期间为三十日，可延长十五日。

三、法官或裁判书制作人，仅应针对其认为对案件之裁判属重要，且可通过所申请采用之证据方法予以证明之事实调查证据。

第六十六条（人证及通过当事人陈述之证据）

一、对于证人数目之限制，适用就简易形式之民事普通宣告诉讼程序所定之制度。

二、证人由法官或裁判书制作人询问；《民事诉讼法典》第四百四十七条及第四百四十九条，经作出必要配合后，适用于其所作之证言。

三、不得通过当事人陈述而取得证据。

第六十七条（调查原则）

法官或裁判书制作人得依职权或应检察院之申请，命令采取其认为对案件作出公正裁判属必需之证明措施。

第六十八条（非强制性陈述）

一、调查证据完结后，须通知司法上诉人、司法上诉所针对之实体及对立利害关系人，以便其愿意时作出陈述。

二、陈述期间为二十日；司法上诉人之陈述期间自其获通知时起算；司法上诉所针对之实体之陈述期间自司法上诉人之期间届满时起算，而对立利害关系人之陈述期间自司法上诉所针对之实体之期间届满时起算，且对所有对立利害关系人属同时进行。

三、在陈述中，司法上诉人得就其请求陈述嗣后知悉之有关其请求之新依据，或明确缩减有关其请求之依据。

四、必须就陈述作出结论；在上款所指之情况下，陈述之结论应包括司法上诉人在起诉状中作出而拟维持之结论；《民事诉讼法典》第五百九十八条第四款以及第六百一十九条第一款 b 项及第四款之规定，适用于此情况。

五、司法上诉所针对之实体及对立利害关系人得于陈述中提出妨碍审理司法上诉之新问题。

第六十九条（检察院之最后检阅）

一、作出陈述或在有关期间完结后，须将卷宗送交检察院，以便其在十五日内检阅，但由检察院提起之司法上诉除外。

二、检察院在检阅时，得作出下列行为：

a)提出抗辩或提出妨碍审理司法上诉之新问题；

b)就非由其提出之问题表明立场；

c)在卷宗所载事实限定之范围内，提出司法上诉人未援引之依据，而不论提出依据之权利是否已失效；

d)就将作出之终局裁判发表意见。

第七十条（对辩论之保障）

一、如司法上诉所针对之实体、对立利害关系人在陈述中，或检察院在最后检阅中，提出妨碍审理司法上诉之新问题，则须通知司法上诉人在十日期间内表明立场。

二、在上条第二款 c 项所指之情况下，须通知司法上诉所针对之实体及对立利害关系人在十日期间内表明立场。

第七十一条（送交卷宗予法官或裁判书制作人）

一、法官或裁判书制作人获送交卷宗后，仍得提出妨碍审理司法上诉之问题，或采取其认为必需之措施。

二、在上款第一部分所指之情况下，须依次听取检察院及司法上诉人之陈述。

第七十二条（助审法官之检阅）

一、如未出现第七十条及第七十一条所指之任何情况，或一旦完成有关步骤，裁判书制作人须命令将卷宗送交助审法官检阅。

二、每一助审法官检阅卷宗之期间为十五日。

三、如认为案件简单，裁判书制作人得免除检阅或将检阅期间缩减至最短五日。

四、助审法官在检阅时，得认为有需要采取某一措施，该措施系由裁判书制作人在收回卷宗时命令采取。

五、如裁判书制作人认为无须采取上述措施，则在评议会下次会议中解决有关问题。

第七十三条（已具条件进行审判之案件）

一、在行政法院中，法官须于十五日期间内作出判决。

二、在终审法院及中级法院中，裁判书制作人在下列期间内应宣告有关案件已具条件进行审判：

a)八日，如已免除助审法官之检阅或已缩减检阅期间；

b)十五日，如不属上项之情况。

第七十四条（审理问题之顺序）

一、在判决或合议庭裁判中，法院须首先解决在陈述中提出、检察院在最后检阅时提出或由法官或裁判书制作人提出，且妨碍审理司法上诉之问题，又或留待最后作出裁判之问题。

二、如无任何妨碍对司法上诉进行审判之问题，则法院优先审理会引致司法上诉所针对之行为被宣告无效或法律上不存在之依据，其后审理会引致该行为被撤销之依据。

三、须按下列顺序审查上述两组依据：

a)在第一组中，根据法院之谨慎心证，先审查理由成立时能更稳妥或更有效保护受侵害之权利或利益之依据；

b)在第二组中，如司法上诉人指明其所指出之依据间存有一补充关系，则按司法上诉人指定之顺序审查依据；如无该顺序，则按根据上项规则所定之顺序审查依据。

四、如检察院提出撤销有关行为之新依据，在审查所陈述之依据之顺序上，须遵守上款 a 项所指之规则。

五、如法院基于有可能重新作出司法上诉所针对之行为，而认为为更好保护司法上诉人之权利或利益，有需要审查其他依据，则一项依据理由成立并不影响按所订定之顺序审查其他依据。

六、司法上诉人对司法上诉之依据所作之错误定性，并不妨碍可根据法院认为恰当之定性而判该司法上诉理由成立。

第七十五条（延迟合议庭裁判书之制作）

一、不能在对司法上诉进行审判之会议中制作合议庭裁判书时，须将表决中胜出之结果载于适当之文件载体或信息储存媒体内，并由表决中胜出及落败之法官注明日期及签名。

二、已就合议庭裁判结果作出记录之法官保管有关卷宗，以便制作有关合议庭裁判书，但不影响须立即将有关结果在法院公布；该合议庭裁判书须在评议会下次会议中宣读，并在会议中由出席该次会议且曾参与作出该合议庭裁判之法官注明日期及签名。

三、如参与作出合议庭裁判之部分法官无出席评议会会议，则裁判书制作人须通过亲自签名之声明明确指出该等法官所作之投票。

第七十六条（判决及合议庭裁判之内容）

判决及合议庭裁判应载明司法上诉人、司法上诉所针对之实体及对立利害关系人，并清楚准确概述在起诉状、答辩状或陈述书中之有用依据及有用结论，以及详细列明已获证实之事实，最后作出经适当说明理由之终局裁判。

第七十七条（判决及合议庭裁判之效力）

撤销行政行为之判决及合议庭裁判，惠及拥有之权利或受法律保护之利益被所撤销之行为侵害之任何人，即使其未对该行为提起司法上诉亦然。

第七十八条（裁定理由成立之判决及合议庭裁判之公开）

一、裁定针对经公开之行为提起之司法上诉理由成立之已确定判决及合议庭裁判，须由法院命令以公开该行为之相同方式及语言，在同一地点予以公开。

二、上述公开行为系通过在判决或合议庭裁判确定后八日期间内由办事处送交之摘录作出,摘录内须载明有关法院、司法上诉人、司法上诉所针对之实体、对立利害关系人、司法上诉所针对之行为、公开该行为之地点以及裁判之含义及日期。

第六节　司法上诉程序之变更及消灭

第七十九条(对司法上诉所针对之行为作出具有追溯效力之废止)

一、在司法上诉待决期间,如就司法上诉所针对之行为作出具有追溯效力之废止性行为,且同时对有关情况作出新规范,则司法上诉人得申请司法上诉以该废止性行为为标的继续进行,并有权陈述新依据及提出不同之证据方法,只要:

a)上述申请系在可对该废止性行为提起司法上诉之期间内,且在裁定司法上诉程序消灭之裁判确定前提出;及

b)法院有管辖权审理对该废止性行为提起之司法上诉。

二、如司法上诉所针对之行为被具有追溯效力之另一行为变更或取代,亦适用上款之规定。

三、即使裁定司法上诉程序消灭之裁判已确定,仍可按一般规定对废止性行为提起司法上诉。

第八十条(对司法上诉所针对之行为作出无追溯效力之废止)

一、如对司法上诉所针对之行为之废止无追溯效力,则司法上诉继续进行,以便取得裁判,撤销被废止之行为已产生之效力,只要该已产生之效力,仍继续影响司法上诉人之权利义务,并可在司法上诉理由成立时因回复原会出现之状况而终止者。

二、如废止之同时对有关情况作出新规范,则司法上诉人享有上条所指之权能,而不论针对被废止行为所产生之效力之司法上诉是否继续进行。

三、如司法上诉所针对之行为被无追溯效力之另一行为变更或取代,则以上两款之规定,经作出必要配合后亦适用之。

第八十一条(对默示驳回提起司法上诉后作出或知悉明示行为)

一、在针对默示驳回之司法上诉待决期间,如作出未能满足或未能完全满足司法上诉人利益之明示行为,则司法上诉人得申请司法上诉以该明示行为为标的继续进行,并有权陈述新依据及提出不同之证据方法,只要:

a)上述申请系自该明示行为作出公布或通知时起十五日期间内提出;如先前未有作出通知,则通过司法上诉知悉该明示行为时视为获通知;及

b)法院有管辖权审理对该明示行为提起之司法上诉。

二、如明示行为系在对默示驳回提起司法上诉之日以前作出,且在提起司

法上诉之日以后始就该明示行为作出公布或通知,又或司法上诉人在该日之后始通过任何方式知悉该明示行为,则亦适用上款之规定。

三、即使不提出第一款 a 项所指之申请,仍可按一般规定对明示行为提起司法上诉。

第八十二条(司法上诉之合并)

一、在下列任一情况下,可将司法上诉合并:

a)司法上诉针对同一行为;

b)司法上诉所针对之各行为形式上包含于单一批示或包含于以批示以外之方式作出决定之单一文件中,且以相同之事实依据及法律依据就该等行为提出申诉。

二、仅当就拟合并之各司法上诉提交诉辩书状之阶段尚未结束,且未出现引致不宜合并之特别原因时,方得申请将司法上诉合并。

三、较后提起之司法上诉合并于首先提起之司法上诉,为此,编号较小者视为首先提起者。

第八十三条(应检察院之申请而继续进行司法上诉)

司法上诉人撤回司法上诉或舍弃请求,或基于其他与司法上诉人有关之阻碍审理司法上诉之原因,以致司法上诉被裁定终止,而该裁判尚未确定时,检察院得申请继续进行司法上诉,并由其作为司法上诉人。

第八十四条(司法上诉程序消灭之原因)

司法上诉程序基于下列任一原因而消灭:

a)已作出判决;

b)已达成按法律之规定容许作出之仲裁协议;

c)司法上诉之弃置;

d)司法上诉之撤回或请求之舍弃;

e)嗣后出现进行诉讼属不可能或无用之情况。

第八十五条(司法上诉之弃置)

在下列任一情况下,须裁定司法上诉弃置:

a)因司法上诉人不作任何行为而使司法上诉程序停止进行逾三百六十五日;

b)经过三百六十五日而司法上诉人仍未促使具有中止效力之附随事项程序之进行,但属第十四条第二款所规定之情况除外。

第八十六条(撤回司法上诉或舍弃请求之形式)

撤回司法上诉或舍弃请求得以申请书或公文书作出,或在司法上诉程序中以书录作出。

第八十七条（嗣后出现进行诉讼属不可能或无用之情况）

在下列任一情况下，司法上诉程序因嗣后出现进行诉讼属不可能或无用之情况而消灭：

a)司法上诉所针对之行为被废止，且不适用第七十九条及第八十条之规定；

b)对默示驳回提起司法上诉后作出明示行为或知悉该行为，且不适用第八十一条之规定。

第三章　对规范提出之争议

第一节　一般规定

第八十八条（对规范提出争议之性质及目的）

一、对规范提出争议系旨在宣告载于行政法规之规范违法，而该宣告具普遍约束力。

二、本章所规范之可对规范提出争议之制度，不适用于载于行政法规之下列规范：

a)违反根本法律所载规范或从该法律所体现之原则之规范；

b)违反由澳门以外有专属权限制定适用于澳门之立法文件或等同文件之机关所制定之该等立法文件或等同文件中所载规范之规范；

c)违反经正式通过之与澳门以外地方订立之协议或协约所载规范之规范；

d)违反以上各项所指规范或原则之由澳门以外之机关制定而适用于澳门之规范。

第八十九条（宣告规范违法之效力）

一、宣告一项规范违法，自该规范开始生效时起产生效力。

二、基于衡平或格外重要之公共利益之原因而属合理时，法院经适当说明理由，得指定有关宣告之效力在有关裁判确定之日或裁判确定前之某一日产生。

三、宣告一项规范违法，引致其所废止之规范恢复生效；但在宣告前已出现使被废止规范之效力终止之另一原因者除外。

四、因第一款及第二款规定而产生之追溯效力，不影响裁判已确定之案件以及在法律秩序中已确立之行政行为；但法院以有关规范涉及处罚事宜且其内容对私人较不利为依据而作相反裁判者除外。

第二节　诉讼前提

第九十条（违法规范）

一、对在三个具体案件中被任何法院裁定为违法之某项规范，又或属无须通过行政行为或司法行为实施即可立即产生效力之规范,得请求宣告其违法。

二、如申请人为检察院,得请求宣告该等规范违法而无须符合上款所指之要件。

第九十一条(正当性及期间)

一、检察院、自认为因有关规范之实施而受侵害或预料即将受侵害之人,或反贪污暨反行政违法性高级专员,均得随时请求宣告有关规范违法;如检察院知悉任何法院已作出三个已确定之裁判,内容为基于有关规范违法而拒绝实施该规范者,则必须请求宣告该规范违法。

二、作出上款所指裁判之法院须通过送交裁判证明,将该等裁判告知驻有关管辖法院之检察院代表。

第三节 诉讼程序之进行

第九十二条(步骤)

一、对规范提出争议之程序按照对行政行为提起之司法上诉程序之步骤进行。

二、如在另一程序中已就相同依据听取制定有关规范者之陈述,法官或裁判书制作人得免除对其之传唤。

三、在命令或免除传唤制定有关规范者之批示中,法官或裁判书制作人须命令以公开该规范时所采用之方式及语言,在同一地点将关于要求宣告该规范违法之请求之公告予以公开,以便倘有之利害关系人能参与有关诉讼程序。

四、上款所指之参与可于陈述阶段开始前为之。

五、须命令将针对同一规范之案件合并,但基于有关诉讼程序所处之状况或其他特别原因而不宜合并者除外。

第九十三条(裁判)

一、法院得以违反有别于所指被违反之法律原则或法律规范为依据,作出裁判。

二、法院须命令以公开被争议之规范时所采用之相同方式及语言,在同一地点将裁定该争议理由成立之裁判全文公开。

三、第七十八条第二款之规定,经作出必要配合后,适用于裁判之公开。

第四章 选举上之司法争讼

第九十四条(选举上之司法争讼之性质)

法院对选举上之司法争讼有完全审判权。

第九十五条(前提及期间)

一、在选举上之司法争讼方面之上诉得由有关选举中之选举人或可当选之人提起；如有选举簿册或名单而在其上出现遗漏，则登记被遗漏之人亦得就有关遗漏提起该上诉。

二、提起上述上诉之期间为七日，自有可能知悉有关行为或遗漏之日起算；但另有特别规定者除外。

三、有关对行政行为提起司法上诉之规定，适用于提起上述上诉之其他前提。

第九十六条（步骤）

一、有关对行政行为提起司法上诉之规定，适用于在选举上之司法争讼方面之上诉，但须遵守以下各款之规定。

二、仅得采纳书证。

三、仅在答辩时有申请采取证明措施或有提供证据，方可作出陈述。

四、应遵守下列期间：

a）答辩及陈述之期间为七日，该期间对全部上诉人或全部上诉所针对之人均属同时进行；

b）法官或裁判书制作人作出裁判，或后者宣告案件具条件进行审判之期间为五日；

c）属其他情况者，期间为三日。

五、在终审法院有管辖权审理之诉讼程序中，须就参与该诉讼程序之人所提供之诉讼文书制作与助审法官数目相同之副本，并立即将之送交各助审法官，而送交时须在卷宗内作书录或由该等法官签收。

六、如裁判书制作人对案件未有作出裁判，须在宣告具条件对案件进行审判后之首次会议中对该案件进行审判，而无须作出检阅。

第五章　诉

第一节　共同规定

第九十七条（诉之类别）

诉之目的尤其在于就涉及下列内容之问题作出审判：

a）确认权利或受法律保护之利益；

b）命令作出依法应作之行政行为；

c）提供信息、查阅卷宗或发出证明；

d）行政合同；

e）行政当局或其机关据位人、公务员或服务人员对公共管理行为所造成损失之责任，包括求偿之诉；

f）特别法规定出现争议时须提起行政上之司法争讼中之诉之行政法律

关系。

第九十八条（期间）

各诉得随时提起，但属第一百零五条、第一百零九条、第一百一十五条及特别法所规定之情况除外。

第九十九条（步骤）

一、各诉须按通常形式之民事普通宣告诉讼程序之步骤进行，但第五款、第四节及特别法所规定之情况除外；同时，各诉须遵守第二款至第四款所定之特别规定。

二、由检察院作最后检阅，以便在十四日期间内就将作出之裁判发表意见；但检察院以原诉人身份参与诉讼，或代理一方当事人者除外。

三、在向行政法院提起之诉中出现之事实问题，须由合议庭审判；但属民事诉讼法规定无须有合议庭参与之情况，以及旨在获得数额不超过法院法定上诉利益限额之赔偿之诉除外。

四、在行政法院中，即使合议庭有参与审判，判决均由负责有关卷宗之法官作出。

五、在第一百一十三条第三款所指之情况下，对于提出要求撤销某行为或宣告某行为无效或法律上不存在之请求，或就该请求进行辩论及作出裁判，适用规范司法上诉之规定，但以该等规定与适用于各诉之步骤之规定不相抵触为限。

第二节　确认权利或受法律保护之利益之诉

第一百条（前提及目的）

一、如未有作出行政行为，亦无默示驳回之情况，且诉之目的在于宣告出现争议之行政法律关系之内容，而不欲法院命令作出任何行政行为，则得提起确认权利或受法律保护之利益之诉，尤其是确认下列权利：

a）一项针对行政当局行使之基本权利；

b）要求支付一定金额之金钱之权利；

c）要求交付一物之权利；

d）要求作出事实之权利。

二、对已作出之事实行动或已作出而属无效或法律上不存在之行政行为未有提起司法上诉时，亦得提起上款所指之诉。

第一百零一条（正当性）

本节所指之诉得由指称拥有待确认之权利或利益之人，或第三十六条所订明之拥有民众诉讼权之人提起，且应针对有权限命令作出因确认原告所指称拥有之权利或利益而引致或必须作出之行动之机关。

第一百零二条（请求之合并）

不论管辖法院为何，下列请求均得与要求确认权利或受法律保护之利益之请求合并：

a)要求判处有关之人须履行应作之给付之请求，或要求判处有关之人须在裁判所定之期间内作出对保护有关权利或利益属必需之行为或行动之请求；

b)要求赔偿因有关权利或利益受侵犯或不被承认而造成之利益丧失及损害之请求。

第三节　命令作出依法应作之行政行为之诉

第一百零三条（前提）

一、在下列任一情况下，得提起命令作出依法应作之行政行为之诉：

a)出现默示驳回之情况；

b)已通过一行政行为拒绝作出内容受羁束之某一行为；

c)已通过一行政行为拒绝就有关要求作出判断，而就该要求作出之决定原系涉及自由裁量权之行使，或涉及对内容不确定之法律概念作价值判断。

二、仅当对默示驳回或已作出之行政行为未有提起司法上诉时，方得提起上款所指之诉。

第一百零四条（目的）

一、命令作出依法应作之行政行为之诉，目的在于判处行政当局须作出其未作出或拒绝作出之行为。

二、如默示驳回一要求或拒绝就一要求作出判断，而就该要求作出决定原系涉及自由裁量权之行使或涉及对内容不确定之法律概念作价值判断，则上款所指之诉之目的仅限于判处行政当局须作出明示行为，以便其有自由判断有关要求之空间。

三、然而，在上款所指之情况下，按有关情况属合理时，法院在裁判中得订定有助于作出行政行为之价值判断及认知之过程方面之法律性指引，而不定出行政行为之具体内容。

第一百零五条（期间）

一、如属默示驳回之情况，且预料有关之诉理由成立时第三人将直接遭受损失，则诉权自《行政程序法典》第一百零二条第二款及第三款以及第一百六十二条所指期间届满时起经过三百六十五日失效。

二、如已通过一行政行为拒绝作出私人所要求之行为，则诉权按照对默示驳回提起司法上诉之有关规定失效，而行使该诉权之期间按照对明示行为提起司法上诉之有关规定开始计算。

第一百零六条（正当性）

对于命令作出依法应作之行政行为之诉中关于正当性之事宜，适用经作出必要配合之第三十三条至第四十条之规定,而在上条所指之情况下,适用经作出必要配合之第四十六条第二款 f 项及第四十七条之规定。

第一百零七条(请求之合并)

不论管辖法院为何,要求赔偿因未及时作出应作出而未作出或拒绝作出之行为所造成之利益丧失及损害之请求,得与要求命令作出依法应作之行政行为之请求合并。

第四节　提供信息、查阅卷宗或发出证明之诉

第一百零八条(前提)

一、如私人根据《行政程序法典》第六十三条至第六十七条或有关信息权、查阅卷宗权或获发证明权之特别法之规定作出之要求未能获满足,则利害关系人或检察院得按本节之规定请求法院勒令有权限之行政机关作出有关行为,且该请求具有本节规定所规定之效力。

二、在第二十七条第二款所指之情况下,亦得提出要求作出勒令之请求。

三、对于提供信息、查阅卷宗或发出证明之诉中关于正当性之事宜,适用经作出必要配合之第四十六条第二款 f 项及第四十七条之规定。

第一百零九条(期间)

要求作出勒令之请求应于发生下列首先出现之事实时起二十日期间内提出:

a)自向行政机关提出要求之日起开始计算之有关期间届满后,行政机关仍未满足该要求;

b)明示拒绝满足有关要求;

c)部分满足有关要求。

第一百一十条(期间之中止)

一、向行政机关提出之提供信息、查阅卷宗或发出证明之请求,如旨在使利害关系人能采用行政程序上之手段或诉讼手段,则自提出该请求之日起,中止计算有关该等手段之期间。

二、利害关系人随后提出要求作出勒令之请求者,中止计算期间之效力,包括第二十七条第二款最后部分所指之效力,仍予维持,而在出现下列情况之时终止:

a)在批准要求作出勒令之请求之裁判遵行或不批准该请求之裁判确定之时;

b)在因向行政机关提出之要求于要求作出勒令之请求待决期间已获满足而消灭诉讼程序之裁判确定之时。

三、如有管辖权审理利害关系人所采用之诉讼手段之法院,裁定提出要求

作出勒令之请求明显为一拖延措施,则不产生中止计算期间之效力。

第一百一十一条(步骤)

一、起诉状提交后,法官命令传唤行政机关,以便其于十日期间内答辩。

二、如检察院非为申请人,则答辩状提交后,或提交答辩状之期间届满后,须听取检察院陈述;法官须于必需之措施完成后作出裁判。

第一百一十二条(裁判)

一、法官须于裁判中定出应遵从有关勒令之期限。

二、就有关请求作出之裁判,仅得基于按照《行政程序法典》或特别法之规定,行政机关系有理由拒绝或不完全满足利害关系人之要求,而驳回该请求。

第五节 关于行政合同之诉

第一百一十三条(目的及请求之合并)

一、关于行政合同之诉之目的在于解决与该等合同之解释、有效性或执行有关之争议,包括实际履行合同民事责任。

二、对关于行政合同之诉之审理,不影响对涉及该合同之形成及执行之行政行为提起司法上诉。

三、要求撤销涉及合同之形成及执行之行政行为,或要求宣告该行为无效或法律上不存在之请求,得于提起关于行政合同之诉之同时一并提出或其后在该诉中提出,只要该请求与依据第一款规定作出之请求之间存有先决或依赖关系,或全部请求理由是否成立,根本上取决于对相同事实之认定或对相同法律规范或合同条款之解释及适用。

第一百一十四条(正当性)

一、关于解释合同之诉,得由合同关系之主体,及以下两款所指之实体提起,但后指实体所提起之关于解释合同之诉仅得涉及合同之有效性或执行。

二、关于合同之全部或部分有效性之诉,得由下列实体提起:

a)合同关系之主体;

b)检察院;

c)有正当性对涉及合同之形成之行政行为提起司法上诉,且已提起该司法上诉之人,但该诉之范围仅限于涉及就该司法上诉作出对其有利之内容之裁判;

d)拥有或维护之权利或受法律保护之利益会因或预料会因执行被认为非有效之合同而受损害之自然人或法人。

三、关于执行合同之诉,得由下列实体提起:

a)合同关系之主体;

b)检察院,如所执行之合同条款系为整体公众利益而订立者;

c)拥有或维护订定合同条款时所基于之权利或受法律保护之利益之自然人或法人。

第一百一十五条（期间）

一、上条第二款 b 项至 d 项所指有正当性提起关于合同之有效性之诉之实体,其诉权于下列期间经过后失效:

a)属 b 项及 d 项所指情况者,自知悉合同内容时起一百八十日,但绝不得在订立合同满三年后行使该诉权;

b)属 c 项所指情况者,自撤销涉及合同之形成之行政行为之裁判或宣告该行为无效或法律上不存在之裁判确定时起一百八十日。

二、第二十五条第二款及第三款,以及第二十六条及第二十七条之规定,适用于第一百一十三条第三款所指之要求撤销之请求。

第六节 实际履行非合同民事责任之诉

第一百一十六条（前提）

如对不法行政行为已提起司法上诉,则在有关裁判确定前,不得提起实际履行因该行为所造成之损害而产生之非合同民事责任之诉;但在第二十四条第一款 b 项所指之权能未经行使之情况下,如司法上诉理由成立引致回复原会出现之状况时,所造成之利益丧失及损害因其性质仍会存在者除外。

第一百一十七条（正当性）

实际履行非合同民事责任之诉得由认为因公共管理行为而遭受损失之人提起。

第六章 涉及行政上之违法行为之诉讼手段

第一百一十八条（上诉）

一、对在行政上之违法行为之程序中由行政机关作出之科处罚款及附加处罚之行为或法律订定之其他行为提起上诉,须按照对行政行为提起之司法上诉程序之步骤处理,但须遵守下款之特别规定。

二、法院虽判上诉理由成立,但认为上诉人应被判罚时,须为此在判决中订定罚款之金额,以及附加处罚之种类及期间。

第一百一十九条（对决定之再审）

一、《刑事诉讼法典》之规定经作出必要配合后,适用于要求对在行政上之违法行为之程序中由行政机关作出之科处罚款及附加处罚之决定进行再审之请求。

二、仅得在下列情况下进行再审:

a)再审有利于违法者,且自再不可对有关决定提出申诉之日起未逾两年;

b)再审不利于违法者,而仅旨在因其实施犯罪而对其作出判罪。

三、在上款 a 项所指之情况下,如所科罚款之金额低于公共行政工作人员薪俸表三十点之相应款项,或因附加处罚而遭受之损失不超过该限额,则不得进行再审。

四、再审程序属行政法院之专属管辖范围。

五、再审之请求得由违法者、行政机关或检察院提出。

第七章　预防及保存程序

第一节　效力之中止

第一百二十条(行政行为效力之中止)

在下列情况下,得中止行政行为之效力:

a)有关行为有积极内容;

b)有关行为有消极内容,但亦有部分积极内容,而中止效力仅限于有积极内容之部分。

第一百二十一条(正当性及要件)

一、同时具备下列要件时,法院须准许中止行政行为之效力,而中止效力之请求得由有正当性对该等行为提起司法上诉之人提出:

a)预料执行有关行为,将对申请人或其在司法上诉中所维护或将在司法上诉中维护之利益造成难以弥补之损失;

b)中止行政行为之效力不会严重侵害该行为在具体情况下所谋求之公共利益;

c)卷宗内无强烈迹象显示司法上诉属违法。

二、如有关行为被判决或合议庭裁判宣告无效或法律上不存在,而该判决或合议庭裁判正被提起上诉,则只要具备上款 a 项所指之要件,即可中止该行为之效力。

三、对于属纪律处分性质之行为,无须具备第一款 a 项所指之要件,即可准许中止其效力。

四、即使法院不认为已具备第一款 b 项所指之要件,如符合其余要件,且立即执行有关行为会对申请人造成较严重而不成比例之损失,则仍得准许中止该行为之效力。

五、第一款所指之要件虽已具备,或出现上款所指之情况,但对立利害关系人证明中止有关行为之效力对其所造成之损失,较执行该行为时对申请人所造成之损失更难以弥补,则不准许中止该行为之效力。

第一百二十二条(已被执行之行为)

一、行为之执行并不影响中止该行为之效力,只要此种中止会在该行为仍产生或将产生之效力方面,为申请人或其在司法上诉中所维护或将在司法上诉中维护之利益带来重大好处。

二、如已准许中止已被执行之行为之效力或以上条第五款之规定为依据拒绝中止其效力,司法上诉人及对立利害关系人得申请对司法上诉进行紧急审判,而有关期间缩短一半。

第一百二十三条(提出请求之时刻及形式)

一、提出有关中止效力之请求须通过于下列时刻提交专门申请书为之,并以一次为限:

a)提起司法上诉前;

b)与司法上诉之起诉状一并提交;

c)在司法上诉待决期间。

二、申请书按情况提交予有管辖权审理有关司法上诉之法院,或有管辖权审理对已作之判决或合议庭裁判提起之上诉之法院。

三、申请人应于申请书中指出其本身以及因中止有关行为效力而可能直接遭受损失之对立利害关系人之身份、居所或住所,指明有关行为及指出作出行为者之身份,并以分条缕述方式详细列明请求之依据,以及附具其认为必需之文件;如请求中止有关行政行为之效力系在提起司法上诉前提出,须依据第四十三条之规定证明该行为已作出,以及证明已就该行为作出公布或通知;如未作出公布或通知,则须证明提起司法上诉之期间之起算日。

四、如在司法上诉待决期间提交申请书,申请人亦应指明有关诉讼程序。

五、如有对立利害关系人,申请人应附具申请书复本,数目为对立利害关系人人数再加一。

第一百二十四条(指出对立利害关系人之身份)

一、如申请人不知悉对立利害关系人之身份、居所或住所,应预先申请取得载有该等身份资料之行政卷宗之证明。

二、上款所指之证明应由行政机关于二十四小时内发出。

三、如未有发出证明,则申请人须致予行政机关之申请之复本及表明已递交该申请之收据附于要求中止行为效力之申请书一并提交,且须指出其所知悉之对立利害关系人之身份、居所或住所。

四、如适用上款之规定,则办事处须于就申请书之提交作出登记后,立即将申请书提交法官或裁判书制作人,以便命令通知行政机关在两日内送交所申请之证明。

五、对未履行上款最后部分所指通知内之要求之情况,适用经作出必要配合之第五十五条第五款及第六款之规定。

第一百二十五条（作成卷宗、驳回及传唤）

一、如要求中止行为效力之请求系在提起司法上诉前提出,则于就中止所作之裁判确定后,须立即将有关卷宗并附于正待决或将待决之司法上诉之卷宗内;在其他情况下,有关申请系以附文方式作成卷宗。

二、如申请书本身或其组成方面存有形式上之缺陷或不当之处,则适用经作出必要配合之第五十一条规定。

三、在就申请书之提交作出登记后,不论有否预先作出批示,办事处须立即同时传唤行政机关及倘有之对立利害关系人,以便其于十日期间内答辩,并向其送交申请人所附具之复本;但不影响上款规定之适用。

四、如适用上条第四款之规定,办事处仅在行政机关作出答复或作出答复期间届满后,方作出传唤。

五、如行政机关不作答复,办事处须传唤申请人所指出之对立利害关系人。

六、对尤其因行政机关不作答复而不能确定身份之对立利害关系人,或对居所或住所不为人知悉之对立利害关系人作出传唤,系通过告示及刊登公告为之,该告示须于作出其余传唤之日张贴于法院。

七、如要求中止行为效力之请求系在司法上诉待决期间提出,则以通知方式召唤已被传唤参与司法上诉之行政机关及对立利害关系人参与有关程序。

八、任何未获传唤之利害关系人,只有在卷宗送交法官以作裁判或送交裁判书制作人以便交予评议会前,方得参与有关程序。

第一百二十六条（暂时中止）

一、行政机关接获传唤或通知后,不得开始执行或继续执行有关行为,并应尽快阻止有权限部门或利害关系人执行或继续执行有关行为。

二、如行政机关于三日期间内以书面说明理由,认定不立即执行有关行为将严重损害公共利益者,则不适用上款之规定;但属第一百二十一条第二款所指之情况除外。

三、作出上款所指之认定时,须立即告知法院。

第一百二十七条（不当执行）

一、不依据上条第二款及第三款之规定说明理由及作出告知而开始执行或继续执行有关行为,或已作之执行被法院裁定所依据之理由不成立时,均视为不当执行。

二、在关于中止行为效力之裁判确定前,申请人得请求该待决程序所在之法院,为中止行为之效力而宣告不当执行之行为不产生效力。

三、上述附随事项须于中止行为效力之卷宗内进行。

四、请求宣告不当执行之行为不产生效力后,法院须听取行政机关陈述,而陈述期间为五日,如检察院非为申请人,则陈述期间为三日。

五、在终审法院及中级法院中,有关裁判由裁判书制作人作出。

第一百二十八条(机关、其据位人、公务员或服务人员之责任)

机关、其据位人、公务员或服务人员须按第一百八十七条之规定对不当执行承担民事、纪律及刑事责任。

第一百二十九条(程序随后之步骤)

一、如行政机关不作答辩,或无人陈述中止行为效力将严重侵害公共利益,则法院须视第一百二十一条第一款 b 项所规定之要件已具备;但根据案件之具体情况,认为该严重侵害属明显或显而易见者除外。

二、附具答辩状或有关期间届满后,将卷宗送交检察院,以便其在两日内作出检阅,其后将卷宗送交法官以作裁判,或送交裁判书制作人以便其在评议会下次会议中将之提交而无须作检阅;仅当任一助审法官提出请求时,方须作出检阅,在此情况下,在该次会议后举行之下次会议中作出裁判。

第一百三十条(裁判及其制度)

一、如裁判书制作人认为明显出现妨碍审理请求之情况,则其得独自作出有关裁判。

二、得设定中止行为效力之期限或条件。

三、中止行为效力之裁判,须尽快通知行政机关,以便予以遵行。

四、中止行为效力之裁判应立即遵行。

五、为上款规定之目的,有权限之行政机关不得开始执行或继续执行有关行为,并应尽快阻止有关部门或利害关系人执行或继续执行该行为,且有义务采取必需之措施,消除已作出之执行及消除已产生之效力。

六、行为效力之中止维持至司法上诉之裁判确定时止,但另有订定者除外。

七、如要求中止行为效力之请求系在提起司法上诉前提出,而申请人在其对可撤销之行为可提起司法上诉之期间届满时仍未提起有关司法上诉,则有关中止即告失效。

第一百三十一条(中止规范之效力)

一、可依据本法典之规定对载于行政法规之规范提出争议时,得中止该等规范之效力。

二、本节之规定经作出必要配合,尤其是下列配合后,适用于上款所指之效力中止:

a)提及司法上诉时,视为指对规范提出争议;

b)提及宣告行政行为无效或法律上不存在时,视为指宣告规范违法;

c)提及行政机关时,视为指制定规范者;

d)须依据第九十二条第三款之规定传唤对立利害关系人,不论有否预先作批示,答辩期间自公开有关规范之日起算。

三、如要求中止规范效力之请求系在要求宣告有关规范违法之请求前提出,而中止效力之裁判确定时起三十日期间届满时仍未提出要求宣告违法之请求,则有关中止即告失效。

第二节 勒令作出某一行为

第一百三十二条(前提)

一、如行政机关、私人或被特许人违反行政法之规定或违反因行政行为或行政合同而生之义务,或行政机关及被特许人之活动侵犯一项基本权利,又或有理由恐防会出现上述违反情况或侵犯权利之情况,则检察院或利益因受上述行为侵害而应受司法保护之任何人,得请求法院勒令有关行政机关、私人或被特许人作出或不作出特定行为,以确保遵守上述规定或义务,或不妨碍有关权利之行使。

二、上述请求得在采用能适当保护勒令旨在维护之利益之行政程序上之手段或诉讼手段前提出,或在采用该手段期间提出;如所采用之手段具有诉讼性质,则该请求构成附随事项。

三、如通过中止效力之途径即可确实维护欲以要求作出勒令之请求保护之利益,则不得提出该请求。

第一百三十三条(步骤)

一、申请一经提出,法官或裁判书制作人须命令传唤申请所针对之人,以便其于七日期间内答辩。

二、如有关请求系在诉讼待决期间提出,而该申请所针对之人在该诉讼中已被传唤者,则以通知方式召唤其参与有关附随事项。

三、如检察院非为申请人,则其后须听取其陈述,并在完成必需之措施后,适用第一百二十九条第二款之规定。

四、在特别紧急之情况下,法官或裁判书制作人得以附理由说明之批示,缩短申请所针对之人之答辩期间及检察院之检阅期间,或免除对该人之听证。

五、基于出现争议事宜之复杂性,法官或裁判书制作人得随时命令改为按照对行政行为提起司法上诉之规定处理有关勒令之程序,但该程序仍具有紧急性质。

第一百三十四条(临时裁判)

一、如免除对申请所针对之人之听证,则法院之裁判属临时性;如无以下各款所指之反对,则临时裁判转为确定性裁判。

二、申请所针对之人得自通知时起七日期间内对临时裁判提出反对,但须提交有关复本,以交予申请人。

三、反对具有中止勒令之效力,但临时裁判之标的在于使一基本权利得以行使者除外。

四、经听取申请人在按案件之紧急性而定出之期间内作出之陈述,及检察院非为申请人时,亦听取其在该期间内作出之陈述后,以及完成必需之措施后,法院审理有关反对之依据,并就要求作出勒令之请求作出终局裁判。

第一百三十五条(裁判)

法院须于裁判中详细列明应作出或不应作出之行为,以及应履行该义务之人,并在应定出期限时,定出履行期限。

第一百三十六条(勒令之失效)

一、勒令在下列情况下失效:

a)申请人在有关期间内未有采用能适当保护要求作出勒令之请求旨在维护之利益之行政程序上之手段或诉讼手段;

b)申请人虽已采用上述手段,但因其过失而未有促进有关程序或诉讼进行,或未有促进使该程序或诉讼得以继续之附随事项进行,以致该程序或诉讼停止进行逾九十日;

c)在所采用之 a 项所指程序或诉讼中,作出对申请人之请求不利之决定,且在法定期间内对该决定未有提出申诉,或对其不可提出申诉;

d)所采用之 a 项所指程序或诉讼,因程序或诉讼程序消灭而终结,且在法律容许提起新程序或新诉讼之情况下,申请人在为此定出之期间内亦无提起新程序或新诉讼;

e)要求作出勒令之请求旨在保护之利益不复存在。

二、如要求作出勒令之请求旨在保护之利益系通过无期限之行政程序上之手段或诉讼手段予以确保,且法院未根据案件之具体情况另定一期限,则为着上款 a 项规定之效力,申请人应自就该请求作出之裁判确定时起三十日期间内采用该等手段。

三、如申请所针对之人作出或不作出有关行为,以致要求作出勒令之请求旨在保护之利益因获完全满足而不复存在,则勒令亦失效,而无须由法院宣告。

四、如勒令失效,而申请人曾在缺乏一般应有之谨慎下行事,则须对申请所针对之人所遭受之损害负责。

第一百三十七条(提出要求宣告失效之请求之步骤)

一、勒令之失效系由法院应任何利害关系人或检察院附理由说明之请求而宣告,但属上条第三款所指之情况除外。

二、要求宣告勒令失效之申请一经提出,法官或裁判书制作人须命令通知要求作出勒令之申请人于七日期间内答辩。

三、如要求宣告勒令失效之申请非由检察院作出，则在听取其陈述，并完成必需之措施后，法院须作出裁判。

第三节　预行调查证据

第一百三十八条（前提）

如有理由恐防其后将不可能或难以取得某些人之陈述或证言，或不可能或难以通过鉴定或勘验查核某些事实，得于提起有关诉讼程序前取得该等人之陈述或证言，或进行鉴定或勘验。

第一百三十九条（步骤）

一、申请书中应扼要说明需预行调查证据之理由，准确载明应预行证明之事实，详细列明拟采用之证据方法，以及在须听取任何人陈述时指出该等人之身份，此外应尽量明确指出其将提起之诉讼程序之请求及依据，并指出欲采用有关证据所针对之人或机关；提交申请书时，须按拟通知之人之数目附具相应数目之申请书复本。

二、须向申请书中指出之人或机关作出通知，以便其参与有关准备行为及调查证据之行为，或在三日期间内提出反对。

三、如属无行为能力人、不确定人或失踪人，则须向检察院作出通知。

四、如无通知检察院，则须听取其于三日期间内作出之陈述，其后法院在同等期间内作出裁判。

五、如作出第二款所指之通知极有可能引致无法及时实行所请求之措施，则仅须通知检察院。

六、在上款所指之情况下，须就已实行有关措施一事立即通知在申请书中指出之人或机关，而其有权于七日内申请在有可能时重新实行有关措施。

第一百四十条（待决诉讼程序中之请求）

本节之规定，经作出必要配合后，适用于在已提起之诉讼程序中提出之要求预行调查证据之请求。

第四节　非特定之预防及保存措施

第一百四十一条（前提）

一、私人有理由恐防某一行政活动对其权利或受法律保护之利益造成严重且难以弥补之侵害时，得申请采取按具体情况系适当之预防或保存措施，以确保其受威胁之权利或利益得到保护。

二、对用于涉及重要公共利益之服务之动产或不动产，所申请采取之措施不得针对该动产或不动产之不可处分性。

三、如通过本章所规范之其余程序，即可确实维护藉提出要求采取措施之请求而欲保护之权利或利益,则不得提出该请求。

第一百四十二条(步骤)

一、民事诉讼法关于非特定之保存及预行措施之规定,经作出必要配合后,适用于非特定之预防及保存措施,但不影响以下各款规定之适用。

二、当事人须于指定之询问日期及地点偕同所提出之证人到场;询问不得因证人或诉讼代理人缺席而押后。

三、在终审法院及中级法院:

a)仅得采纳书证及人证;

b)证言须在裁判书制作人面前作出,并将之作成书面记录。

四、调查证据后,适用第一百二十九条第二款之规定。

五、第一百三十条第三款至第六款之规定,经作出必要配合后,适用于命令采取措施之裁判。

六、命令采取之措施不得以担保代替。

第八章　行政当局各机关与法院间之管辖权、法院间之管辖权及职责之冲突

第一百四十三条(适用于行政当局各机关与法院间之管辖权冲突及法院间之管辖权冲突之法律)

民事诉讼法关于管辖权冲突之规定,经作出必要配合后,适用于行政当局各机关与法院间之管辖权及法院间之管辖权之衡突,但不影响以下数条规定之适用。

第一百四十四条(前提)

任何利害关系人或检察院得于就提起司法上诉所定之同等期间内,请求解决行政当局各机关与法院间之管辖权及法院间之管辖权之冲突;该期间自最后一个决定成为不可上诉之决定时起算。

第一百四十五条(临时裁判)

如冲突涉及之当局不作任何行为会导致严重损失,则在无须作检阅下,裁判书制作人须于评议会首次会议中提出有关问题,以便法院指定在一切紧急事宜上应暂时行使有关管辖权之当局。

第一百四十六条(裁判)

一、解决冲突之裁判中,除须指出应行使有关管辖权之当局,尚须宣告冲突涉及之另一当局所作之行为无效或所作之决定或裁判无效。

二、如基于衡平或特别重要之公共利益之原因系有理由不宣告有关准备行为无效,且经说明理由,则裁判中得不作出该宣告。

第一百四十七条（职责之冲突）

用以解决不同公法人之机关间职责冲突之司法上诉,受该诉讼手段之专有规定规范,且须遵守下列特别规定:

a)期间缩短一半,不足一日者不予计算;

b)在司法上诉所针对之实体之答辩阶段,召唤首个行为之作出者参与有关诉讼程序,以便其于该期间内表明立场;

c)仅得采纳书证;

d)不得作出陈述。

第九章　对司法裁判之上诉

第一节　一般规定

第一百四十八条（一般原则）

对于法院在行政上之司法争讼程序中作出之裁判,包括在执行程序中作出之裁判,可依据本章规定通过上诉提出争议。

第一百四十九条（上诉之类别及适用制度）

一、平常上诉按民事诉讼程序中向中级法院提起平常上诉之规定受理及进行,但不影响本章第二节规定之适用。

二、以合议庭裁判互相对立为依据提起之上诉按本章第三节之规定受理及进行,且补充适用就平常上诉所作之规定。

三、再审上诉按民事诉讼程序中提起再审上诉之规定受理及进行,但不影响本章第四节规定之适用。

第二节　平常上诉

第一百五十条（平常上诉之可受理性）

一、对下列裁判不得提起平常上诉:

a)在行政之诉中作出之裁判及就合并于主请求之请求作出之裁判,如有关案件利益值不超过法院之法定上诉利益限额;

b)解决行政当局各机关与法院间之管辖权、法院间之管辖权及职责之冲突之裁判;

c)终审法院及中级法院作为第二审级所作之合议庭裁判。

二、属《民事诉讼法典》第五百八十三条第二款及第三款所规定之可受理平常上诉之情况时,不适用上款 a 项及 b 项之规定。

三、如基于第一款 a 项之规定而仅针对就主请求所作之裁判提起平常上诉,则就合并于主请求之请求所作之裁判予以中止,直至卷宗下送予被上诉法院,以便其按照上诉法院所作之裁判作出处理为止。

四、卷宗下送后,法院须按照就主请求所作之裁判,维持或重新作出有关合并于主请求之请求之裁判。

第一百五十一条（正当性）

一、上诉得由诉讼程序中败诉之当事人或参与人、因裁判而直接及实际遭受损失之人以及检察院提起。

二、在司法上诉程序中,如作出裁定该司法上诉理由成立之终局裁判,但司法上诉人在某一依据方面败诉,而该依据一旦理由成立,将能更有效保护受司法上诉所针对之行为侵害之权利或利益者,该司法上诉人亦有正当性对该裁判提出争议。

第一百五十二条（对中级法院以合议庭裁判提起之上诉）

对中级法院之合议庭裁判提起之上诉,仅得以违反或错误适用实体法或诉讼法,或以被争议之裁判无效为依据。

第一百五十三条（上诉之驳回或留置）

一、就法官作出之决定不受理或留置对行政法院所作裁判提起之上诉之批示,得向有管辖权审理该上诉之法院之院长提出异议。

二、就裁判书制作人作出之决定不受理或留置对中级法院所作裁判提起之上诉之批示,得向评议会提出异议。

第一百五十四条（陈述书）

提交陈述书之期间为三十日;对上诉人而言,该期间自就受理上诉之批示作出通知时起算,对所有被上诉人而言,则自给予上诉人之期间届满时起算;但就紧急程序方面之上诉所作之规定除外。

第一百五十五条（上呈之效力及制度）

一、立即上呈之上诉具中止有关裁判之效力,但不影响下款规定之适用。

二、对中止行政行为或规范之效力之裁判或对采用强制措施之裁判提起之上诉仅具移审效力。

三、对于紧急程序,如其在被上诉之法院内已终结,则上诉须立即连同本案卷宗上呈;反之,上诉须立即分开上呈。

第一百五十六条（被争议裁判之打字副本）

除其他文件外,上呈上诉时亦须附同被争议裁判经校对后之打字副本。

第一百五十七条（检察院之检阅）

一、在存放倘应缴付之预付金及由裁判书制作人依据民事诉讼法之规定就先前问题作出裁判后,由检察院在十四日期间内作出检阅,但就紧急程序方面之上诉所作之规定除外。

二、如检察院以上诉人或被上诉人之身份参与该诉讼程序,则其不作出检阅。

三、检察院在检阅时,得就上诉所作之裁判表明立场,并提出须依职权审理而未经作出确定裁判之先前问题。

第一百五十八条(先前问题)

须将检察院在其检阅时提出之须依职权审理之先前问题通知上诉人,以便其就该等问题表明立场。

第一百五十九条(上诉法院之审理权)

一、如上诉法院裁定在被争议裁判中导致有关请求不获审理之依据属理由不成立,且无其他原因妨碍对案件之实体问题作出裁判,则将卷宗下送予被上诉之法院,以便其作出裁判。

二、如被争议之裁判属无效,则被上诉之法院有权限按照就上诉所作之裁判重新作出裁判。

三、以上两款之规定不适用于对紧急程序中作出之裁判提起之上诉,有关上诉法院应尽量审理案件之实体问题。

第一百六十条(紧急程序上之上诉之步骤)

一、对紧急程序中作出之裁判提起上诉系通过申请书为之,申请书中须包括有关之陈述或附具有关之陈述书。

二、在上款所指之上诉中,被上诉人须于给予上诉人之同等期间内作出陈述,该期间自就受理上诉之批示作出通知时起算。

三、在上诉法院中,卷宗须送交检察院,以便其在两日内作检阅,以及送交助审法官,以便其在七日内作检阅,并须在评议会之下次会议中将之提交。

第三节 以合议庭裁判互相对立为依据提起之上诉

第一百六十一条(前提)

一、得以合议庭裁判互相对立为依据对下列合议庭裁判提起上诉,但有合议庭裁判所采取之解决方法符合具强制性之司法见解者除外:

a)在法律规范未有实质变更之情况下,终审法院作为第一审级或第二审级作出之合议庭裁判,就同一法律基本问题所采取之解决方法,与该法院作出之另一合议庭裁判所采取之解决方法互相对立;

b)在上项所指之情况下,中级法院作为第二审级作出之合议庭裁判,其所采取之解决方法与该法院或终审法院作出之另一合议庭裁判所采取之解决方法互相对立。

二、在法律规范未有实质变更亦无具强制性之司法见解之情况下,中级法院或行政法院作为第一审级作出之裁判,就同一法律基本问题所采取之解决方法,与终审法院或中级法院作出之另一合议庭裁判所采取之解决方法互相对立,且基于第一百五十条第一款 a 项及 b 项之规定对前者不得提起平常上诉时,亦得对其提起上款所指之上诉。

第一百六十二条(陈述)

在提起上诉之申请书中,上诉人须指明其指称与被争议裁判互相对立之合议庭裁判,并附具证明该合议庭裁判之内容及该裁判已属确定之文件,此外亦须在所附具之上诉之陈述中说明存在所指之对立情况及案件之实体问题;须按被上诉人之数目提交相应数目之复本。

第一百六十三条(初端批示)

如申请书不符合上条之规定或未具备其他诉讼前提,则以批示初端驳回上诉。

第一百六十四条(其后之步骤)

一、如上诉须继续进行,则须通知被上诉人于十日期间内提交陈述书;该期间对所有被上诉人属同时进行。

二、附具被上诉人之陈述书或陈述期间完结后,须将不在终审法院之卷宗移交该法院。

三、终审法院所作之任何对立合议庭裁判之裁判书制作人,在扩大审判中无须回避担任助审法官之职务,但不得担任裁判书制作人之职务。

第一百六十五条(检察院之检阅)

依据关于司法体系组织之法律分发卷宗以进行扩大审判后,由检察院作出检阅,以便在七日内发表意见,尤其是就陈述中所提出之问题发表意见。

第一百六十六条(对互相对立情况之审定)

一、裁判书制作人须于十日期间内,就所指称之裁判互相对立情况是否存在作出裁判;如审定不存在互相对立情况,则裁定上诉终结。

二、对裁判书制作人裁定上诉终结之批示,得向扩大评议会提出异议。

三、裁定存在互相对立情况之批示,对扩大评议会无约束力。

第一百六十七条(终局裁判)

一、法定检阅完结后,须就案件之实体问题作出裁判。

二、如上条第二款所指之异议获接纳,则扩大评议会立即审理案件之实体问题。

三、每一法官,包括终审法院院长,均可投一票,而裁判以多数票决定。

四、统一司法见解之裁判须公布于《政府公报》,且自公布时起构成对澳门法院具强制性之司法见解。

五、如新裁判所采取之解决方法与先前具强制性之司法见解所定者不同,则新裁判废止先前之裁判,且代之而成为具强制性之司法见解。

六、对于已提起上诉之案件,统一司法见解之裁判自作出时起产生效力,终审法院应按照该裁判所定之司法见解审判上诉之标的。

七、未出现第五款所指情况时,对于已提起上诉之案件,须按照已定出之具强制性之司法见解审判上诉之标的。

第一百六十八条（因表决中胜出而产生之裁判书制作人）

如裁判书制作人在表决中落败,则自胜出之法官中以抽签方式选定制作有关合议庭裁判之法官,但不影响第一百六十四条第三款规定之适用。

第四节　再审上诉

第一百六十九条（提起再审上诉之期间）

一、提起再审上诉之权利,视乎情况,自再审请求所依据之裁判确定时,或自取得作为再审上诉依据之文件或知悉作为再审上诉依据之事实时起,经过九十日而失效。

二、如再审之请求系由检察院提出,则上款所指之期间为一百八十日。

第一百七十条（正当性）

就将行再审之裁判之已进行或将进行之执行所针对之人、在作出该裁判之程序中曾参与或具备正当性参与之人,以及检察院,均有正当性请求再审。

第一百七十一条（申请书之形式及组成）

所作成之申请书须具备对行政行为提起司法上诉之起诉状所规定之要件及复本,而亦须附同将行再审之裁判之有关内容之证明,以及说明请求属合理所需之其他文件。

第一百七十二条（步骤）

一、申请须以有关诉讼程序卷宗之附文方式作成卷宗;须将申请书送交上诉所致予之法院时,须连同有关诉讼程序之卷宗一并送交。

二、法院经听取检察院陈述,并分析上诉是否符合有关规定,尤其是否符合第一百六十九条至第一百七十一条之规定后,就上诉应否继续进行作出裁判。

三、如上诉应继续进行,则须命令传唤在作出将行再审之裁判之诉讼程序中按有关情况已被传唤或应被传唤之实体及有利害关系之私人。

四、其后,再审程序须按照就作出将行再审之裁判之诉讼程序所规定之步骤进行。

第一百七十三条（审判）

一、就有关问题重新进行审判后,须维持或废止被争议之裁判。

二、对再审后之裁判,得提起对被争议之裁判可提起之上诉。

第十章　执行程序

第一节　一般规定

第一百七十四条（自发遵行）

一、本法典无特别规定时，行政机关应于三十日期间内自发遵行法院在行政上之司法争讼程序中作出之确定裁判；但出现缺乏款项、不符合预算中指定款项之情况或有不执行裁判之正当原因者，不在此限。

二、无特别规定时，应由作出司法上诉所针对行为之机关命令遵行裁判，如属行政之诉或其他诉讼手段或程序，则应由有关公法人之主要领导机关或由在具体情况中有义务遵行该裁判之机关，命令遵行裁判。

三、遵行裁判系指视乎情况作出一切对有效重建被违反之法律秩序，及对回复原会出现之状况属必需之法律上之行为及事实行动。

四、如司法上诉所针对之实体通过所作之在法律上不存在之行为，已造成侵害司法上诉人之权利或受法律保护之利益之后果，则宣告该行为在法律上不存在之裁判须依据上款之规定予以遵行。

第一百七十五条（不执行之正当原因）

一、只有绝对及最终不能执行，以及遵行裁判将严重损害公共利益，方可成为不执行之正当原因。

二、不执行之正当原因得涉及整个裁判或部分裁判。

三、提出不执行之正当原因时应说明其依据，并将此事及其依据在就遵行裁判所规定之期间内通知利害关系人。

四、执行命令支付一定金额之裁判时，不得提出不执行之正当原因；遵行批准下列各类请求之裁判时，亦不得提出遵行裁判将严重损害公共利益：

a)要求勒令行政机关提供信息、允许查阅卷宗或发出证明之请求；

b)要求中止行政行为及规范之效力之请求；

c)要求为中止行为之效力而宣告不当执行之行为不产生效力之请求；

d)要求勒令行政机关、私人或被特许人作出或不作出特定行为之请求；

e)要求预行调查证据之请求；

f)要求下令采用非特定之预防或保存措施之请求。

第一百七十六条（针对私人之执行）

一、针对私人之支付一定金额之执行，须按税务执行程序之步骤进行。

二、针对私人之有别于上款所指目的之执行，按民事诉讼法中相应执行程序之步骤进行。

第一百七十七条（针对公法人之执行）

针对一个或多个公法人之执行，受以下各节之规定规范。

第二节　支付一定金额之执行

第一百七十八条（引则）

一、如执行之内容为支付一定金额,则须负责之机关仅在就遵行裁判所规定之期间内,提出缺乏款项或不符合预算中指定款项且说明其理由时,方得不命令执行。

二、如行政机关所承担之债务仍未确定、不可要求履行或未确切定出,则民事诉讼法关于执行之初步阶段之规定,经作出必要配合后适用之。

第一百七十九条（缺乏款项或不符合预算中指定款项）

一、总预算中须每年设定一项用以支付因执行司法裁判而应支付之金额之拨款,由司法委员会处置;该拨款之最低金额相等于上一年针对行政机关作出之裁判中所定金额之累计总数与其迟延利息之和。

二、如须负责之机关提出缺乏款项或不符合预算指定款项而不能命令执行,又或无任何合理解释而不命令执行,利害关系人得于三百六十五日期间内,请求对执行有管辖权之法院以上款所指之预算拨款作出支付。

三、请求获批准后,法院须将其裁判通知司法委员会;该委员会于三十日期间内向利害关系人发出相应之付款委托书。

四、如负责支付因执行司法裁判而应支付之金额之机关,为属于间接行政当局之公法人,则按司法委员会命令而支付之金额,在翌年度总预算中转移予该机关之款项中予以扣除;如不存在预算之转移,则由负责核准该机关本身预算之监督机关,依职权将已支付之金额加载该机关之本身预算内。

五、如负责支付之机关属于自治行政当局,亦在翌年度预算之转移中作扣除;如不存在预算之转移,则本地区应向管辖法院提起求偿之诉。

六、如拨款不足,司法委员会之主席须立即致公函予立法会主席及总督要求促使追加拨款。

七、如拨款不足,且第三款所指之通知作出后九十日仍维持拨款不足之情况,则利害关系人得向对执行有管辖权之法院,提起针对行政机关之执行之诉,以便其支付一定金额;该执行之诉按民事诉讼法中相应之诉之步骤进行。

第三节　交付一定物或作出一事实之执行

第一百八十条（申请）

一、如执行之内容为交付一定物或作出一事实,而行政机关在法定期间内未能完全遵行有关裁判,利害关系人得请求有管辖权之法院执行该裁判。

二、申请应于自发遵行裁判之期间结束时起或就提出不执行之正当原因一事作出通知时起三百六十五日期间内提出;如在该裁判中未定出应予执行之行为及活动,则应在申请书中详细列明利害关系人认为应予执行之行为及活动。

三、如行政机关提出不执行之正当原因,则利害关系人亦应在申请书中指出不赞同行政机关提出之正当原因之理由,并应附具就行政机关提出不执行之正当原因一事作出之通知之副本。

四、如利害关系人赞同行政机关所提出之不执行之正当原因,得于相同期间内请求定出损害赔偿金额,在此情况下,须立即按第一百八十五条所规定之步骤处理。

第一百八十一条(答复)

一、提交申请书及缴纳应付之预付金后,须命令通知行政机关在十日内遵行有关裁判或就利害关系人之请求作出其认为适宜之答复;申请须以作出该裁判之诉讼程序之卷宗附文方式作成卷宗。

二、行政机关在其答复中,得首次提出不执行之正当原因;如其欲维持先前已提出之不执行之正当原因,则应在其答复中再次提出。

第一百八十二条(反驳)

一、如行政机关在答复中首次提出不执行之正当原因,则法院须通知利害关系人在八日期间内提出反驳。

二、如利害关系人赞同所提出之不执行之正当原因,则得于相同期间内请求定出损害赔偿金额,在此情况下,须立即按第一百八十五条所规定之步骤处理。

第一百八十三条(随后之步骤)

一、有关答复及反驳书附入卷宗或有关期间完结后,法院命令作出必需之调查措施。

二、卷宗组成后,须送交检察院,以便在八日内作检阅。

三、裁判须于八日期间内作出。

第一百八十四条(裁判)

一、如行政机关提出遵行须予执行之裁判将严重损害公共利益,则法院在认定执行之可能性后,须在裁判中裁定会否出现该情况。

二、在法院宣告不存在不执行之正当原因,或行政机关未提出该原因之情况下,如有关裁判中未定出应予执行之行为及活动以及有关期间,则法院须将之详细列明,并宣告已作出而与先前裁判不符之行为无效。

三、如对上款最后部分所指之行为提起之司法上诉正待决,为宣告该等行为无效,须于作出裁判前将司法上诉之卷宗与执行程序之卷宗合并。

四、如法院宣告存在不执行之正当原因,利害关系人得在作出该宣告之裁判确定前,请求定出损害赔偿金额。

第一百八十五条(出现不执行之正当原因时定出损害赔偿金额)

一、以出现不执行之正当原因以致有关裁判未能遵行为依据,请求定出损害赔偿金额后,法院命令通知行政机关及利害关系人,以便两者在十五日期间内,就有关金额达成协议。

二、如有理由预料协议即将达成,上款所指之期间得予延长。

三、如无协议,则适用经作出必要配合之第一百八十三条之规定。

四、如其间已提起标的相同之损害赔偿之诉,或法院认为案件之调查具复杂性,而建议当事人提起损害赔偿之诉,则执行程序终结。

五、如行政机关自作出协议或就确定有关支付之裁判作出通知时起三十日期间内不命令作出应作之支付,则按支付一定金额之执行程序之步骤处理。

第四节　针对违法不执行之保障

第一百八十六条(旨在落实执行之强制措施)

一、对执行有管辖权之法院,如通过任何方式知悉有关裁判未获自发遵行,得向须负责命令遵行该裁判之行政机关之据位人采用一强制措施。

二、强制措施旨在使其相对人对因迟延遵行裁判之每一日而须交付之一定金额承担个人责任,而每日之有关数额为相当于公共行政工作人员薪俸表一百点之相应金额之百分之十至五十。

三、如须负责命令遵行裁判之行政机关为合议机关,则不对已投票赞成切实遵行裁判,且其赞成票已记录于会议记录中之成员,亦不对缺席投票,但已书面通知主席其赞成遵行裁判之意思之成员采用强制措施。

四、如执行之内容为支付一定金额,且无提出缺乏款项或不符合预算中指定款项,得于自发遵行裁判之期间届满时采用强制措施。

五、如执行之内容为交付一定物或作出一事实,得按以下规定采用强制措施:

a)无提出不执行之正当原因者,得于自发遵行裁判之期间届满时采用强制措施;及

b)不论有否提出不执行之正当原因,只要在执行程序中作出之裁判,又或在当事人所选定之诉讼程序或按对执行有管辖权之法院建议而提起之诉讼程序中作出之裁判,认定有可能执行先前之裁判或已定出损害赔偿金额,则得于该等裁判确定时采用强制措施。

六、如执行之内容为支付一定金额,则强制措施在提出缺乏款项或不符合预算中指定款项时,或司法委员会发出有关付款委托书时终止。

七、如执行之内容为交付一定物或作出一事实,则强制措施按以下规定终止:

a)在提起执行程序前或在其进行期间提出不执行之正当原因者,于提出正当原因时终止;

b)在执行程序中作出之裁判或在当事人所选定之诉讼程序或按对执行有管辖权之法院建议而提起之诉讼程序中作出之裁判,宣告不能执行先前之裁判且未有定出任何损害赔偿金额者,于该裁判确定时终止;

c)认定有可能执行先前之裁判或定出损害赔偿金额之裁判获遵行时终止;或

d)b项所指之裁判以上款所指之依据定出损害赔偿金额时终止。

八、如强制措施之相对人之职务中止或终止,以致其无法命令遵行裁判,则强制措施亦终止。

九、在采用强制措施前,法院须听取须负责之行政机关之据位人于八日期间内作出之陈述。

十、裁定采用强制措施之裁判,须就该措施定出每日金额,指出该措施开始产生效力之日期,并列出其相对人之姓名;须立即将裁判通知其相对人。

十一、因强制措施名义而应付之金额之总结算,由法院在强制措施终止后作出。

十二、因强制措施名义而应付之金额,构成指定用于第一百七十九条第一款所指年度拨款之收入。

第一百八十七条(违法不执行法院在行政上之司法争讼程序中作出之裁判)

一、不执行法院在行政上之司法争讼程序中作出之确定裁判,构成不法事实,并产生以下效力;但出现缺乏款项或不符合预算中指定款项之情况,又或因利害关系人之赞同或法院之宣告而认定存在不执行之正当原因者,不在此限:

a)任何违反裁判之行为无效或被执行时会造成相同后果之行为无效;

b)所涉及之公法人及其因有关事实而可被归责之机关据位人、公务员、服务人员或代表,须对利害关系人所遭受之损失负连带责任;

c)须对不法事实负责之机关据位人、公务员、服务人员及代表,须依据有关通则承担纪律责任。

二、下列事实构成违令罪:

a)负责执行有关裁判之机关之据位人有意不按法院所定之规定遵行裁判,而未有按情况提出缺乏款项或不符合预算中指定款项,又或不执行之正当原因;

b)合议机关之主席未将有关问题列入议程。

三、第一百八十五条所订定之制度,适用于为第一款 b 项规定之效力定出损害赔偿金额之情况。

行政程序法典

（由第 57/99/M 号法令核准，第 110/99/M 号法令修改）

第一部分 一般原则

第一章 引 则

第一条（定义）

一、行政程序，系指为形成与表示公共行政当局意思，或为执行该意思而进行之一连串有序之行为及手续。

二、行政卷宗，系指体现组成行政程序之行为及手续之文件整体。

第二条（适用范围）

一、本法典之规定，适用于从事公共管理行政活动时与私人建立关系之公共行政当局所有机关，亦适用于不属公共行政当局之本地区机关在执行实质上之行政职务时所作属行政事宜之行为。

二、本法典之规定，亦适用于被特许实体在行使当局权力时所作之行为。

三、通过法律，得将本法典之规定适用于谋求公益之私人机构之机关所实行之活动。

四、本法典所订定之行政活动之一般原则，适用于行政当局实行之所有活动，即使所实行之活动仅属技术性或仅属私法上之管理亦然。

五、本法典有关行政组织及行政活动之规定，适用于行政当局在公共管理领域内之所有活动。

六、本法典之规定，只要不致减少对私人之保障，亦候补适用于特别程序。

第二章 一般原则

第三条（合法性原则）

一、公共行政当局机关之活动，应遵从法律及法规在该机关获赋予之权力范围内进行,并应符合将该等权力赋予该机关所拟达致之目的。

二、在紧急避险时未依本法典所定之规则而作出之行政行为,只要其结果不能以他法达致,均为有效;但受害人有权依据有关行政当局责任之一般规定,获损害赔偿。

第四条(谋求公共利益原则及保护居民权益原则)

行政机关有权限在尊重居民之权利及受法律保护之利益下,谋求公共利益。

第五条(平等原则及适度原则)

一、与私人产生关系时,公共行政当局应遵循平等原则,不得因被管理者之血统、性别、种族、语言、原居地、宗教、政治信仰、意识形态信仰、教育、经济状况或社会地位,而使之享有特权、受惠、受损害,或剥夺其任何权利或免除其任何义务。

二、行政当局之决定与私人之权利或受法律保护之利益有冲突时,仅得在对所拟达致之目的属适当及适度下,损害该等权利或利益。

第六条(使用正式语文原则)

公共行政当局之机关从事活动时,应使用澳门之正式语文。

第七条(公正原则及无私原则)

公共行政当局从事活动时,应以公正及无私方式,对待所有与其产生关系者。

第八条(善意原则)

一、在任何形式之行政活动中,以及在行政活动之任何阶段,公共行政当局与私人均应依善意规则行事及建立关系。

二、遵守上款规定时,应考虑在具体情况下需重视之法律基本价值,尤应考虑:

a)有关活动使相对人产生之信赖;

b)已实行之活动所拟达致之目的。

第九条(行政当局与私人合作原则)

一、公共行政当局之机关应与私人相互紧密合作,尤应:

a)提供被要求之信息及解释,只要该等信息及解释不属机密或不涉及个人隐私者;

b)支持与鼓励对社会有益之一切活动。

二、公共行政当局须对以书面方式提供予私人之信息负责,即使该等信息非属强制性提供亦然。

第十条(参与原则)

公共行政当局之机关,在形成与私人及以维护其利益为宗旨之团体有关之决定时,应确保私人及该等团体之参与,尤应通过本法典所规定之有关听证确保之。

第十一条(作出决定原则)

一、行政机关对于私人向其提出属其权限之所有事项,有作出决定之义务,尤其对于:

a)与行政机关直接有关之事项;

b)为维护合法性或总体利益而提出之任何请愿、申述、投诉、声明异议或上诉。

二、如有权限之机关对一私人提出之请求曾作出一行政行为,而该私人自该行政行为作出之日起两年内以相同依据提出同一请求,则该机关无作出决定之义务。

第十二条(非官僚化原则及效率原则)

公共行政当局应以使部门亲民为目的,且以非官僚化之方式,建立架构及运作,藉此确保其能以快捷、经济及有效率之方式作出决定。

第十三条(无偿原则)

一、行政程序为无偿,但特别法就该程序之某部分规定须支付费用或行政当局所作开支者除外。

二、经证明利害关系人之经济能力不足,行政当局须豁免其支付上款所指之费用或开支。

三、经济能力不足得以任何适当方式予以证明,尤其得以下列方式为之:

a)澳门社会工作司发出之经济状况证明;

b)申请人正接受公共救济之证明。

四、上款所指文件内应指明该等文件系用作申请豁免支付费用或行政开支。

第十四条(诉诸司法机关原则)

保障私人得诉诸具有行政审判权之法院,藉此在依据规范行政上之司法争讼之法例下,得到对行政当局之行为之司法监察,以及维护私人之权利或受法律保护之利益。

第二部分 主 体

第一章 公共行政当局之机关

第一节 一般性规定

第十五条(公共行政当局之机关)

为着本法典之效力,公共行政当局之机关系指:

a)行使行政职能之机关；

b)公务法人之机关及公共团体之机关。

第二节　合议机关

第十六条（主席及秘书）

一、每一合议行政机关须设一名主席及一名秘书，其系由组成该机关之成员选出；但法律另有规定者除外。

二、合议机关之主席有权宣布会议开始与结束，领导各项工作，确保遵守法律及使决议合乎规则，并担任其他获赋予之职务。

三、因出现特殊情况而有需要时，主席亦得通过附理由说明之决定，中止或提前结束会议，而有关决定须于会议记录内载明。

第十七条（主席及秘书之代任）

一、任何合议机关之主席及秘书须分别由担任委员时间最长及时间最短之委员代任，但法律另有规定者除外。

二、如出现若干委员担任委员时间相同之情况，则主席及秘书分别由其中最年长及最年轻之委员代任。

第十八条（平常会议）

一、如无法律之规定或机关之决议，平常会议之日期及时间由主席定出。

二、如定出之会议日期及时间有任何更改，应告知合议机关所有成员，确保其能稳妥及适时知悉。

第十九条（特别会议）

一、特别会议通过主席之召集而举行，但有特别规定者除外。

二、经至少三分之一委员以书面向主席要求召集，并指出欲讨论之事项时，主席必须作出召集。

三、会议应在提出要求后十五日内举行，而有关召集最迟须在开会前四十八小时为之。

四、召集书内应明确及详细列明将于会议上讨论之事项。

第二十条（议事日程）

一、每次会议之议事日程由主席定出，除有特别规定外，主席应将任何委员为列入议事日程而向其提出之事项，列入议事日程；但该等事项须属该合议机关之权限，且有关请求最迟须在开会前五日以书面提出。

二、议事日程最迟应在开会前四十八小时交予所有成员。

第二十一条（决议之标的）

列入会议议事日程内之事项，方得成为决议之标的；但属平常会议，且至少有三分之二成员认定对其他事项有立即作出决议之急切性者，不在此限。

第二十二条（公开会议）

一、行政机关之会议并不公开，但法律另有规定者除外。

二、会议必须公开时，应将举行会议之日期、时间及地点公开，确保利害关系人最迟能在开会前四十八小时知悉。

第二十三条（不遵守关于召集会议之规定）

因不遵守关于召集会议之规定而产生之违法性，仅在有关机关之所有成员均出席该会议，且不反对举行会议时，方视为获补正。

第二十四条（法定人数）

一、在第一次召集之情况下，必须有过半数法律规定有表决权之成员出席会议，合议机关方得运作并作出决议。

二、在法律无其他规定之情况下，如出席成员人数未及所要求之数目，则须召集另一次会议，但最少应相隔二十四小时方得为之；此时仅需三分之一有表决权之成员出席，且人数不少于三名，即可运作并作出决议，而此情况应在召集书内明确载明。

第二十五条（表决之义务性）

如法律并无规定，所有出席会议且不属须回避参与表决之合议咨询机关成员，均禁止在表决时弃权。

第二十六条（表决方式）

一、除法律另有规定外，所有决议均以记名表决方式作出，而表决时应先由委员投票，最后由主席投票。

二、涉及审议任何人之行为或资格之决议，均以秘密投票方式作出。

三、如对上款所指决议之属性存有疑问，则合议机关须对表决方式作出决议。

四、如有人要求对以秘密投票方式作出之决议说明理由，合议机关之主席应在表决结束后，按先前进行之讨论作出说明。

五、须回避或自认须回避之合议机关成员，在讨论及表决时均不得在场。

第二十七条（决议所要求之多数）

一、决议取决于出席会议之成员之绝对多数票；但法律规定须有特定多数，或规定相对多数已足够者，不在此限。

二、如要求绝对多数而未能达至，且未出现票数相同之情况，须立即进行另一次表决；如该情况仍维持，则将决议押后至下次会议作出；在该次会议上，获相对多数已足够。

第二十八条（表决时票数相同）

一、如表决时票数相同，则主席之投票具有决定性；但表决系以秘密投票方式进行者除外。

二、以秘密投票方式进行表决时票数相同,须立即进行另一次表决;如票数相同之情况仍维持,则将决议押后至下次会议;在该次会议第一次表决时,如票数相同之情况依然维持,则进行记名表决。

第二十九条(会议记录)

一、每次会议均须缮立会议记录,其内应载有会议中发生之所有情事之摘要,尤应指出会议日期与地点、出席成员、所审议之事项、所作之决议及有关表决之方式与结果。

二、会议记录由秘书缮立,并交由所有成员在是次会议之最后阶段或下次会议开始时通过,通过后由主席及秘书签署。

三、如合议机关议决以拟本方式通过会议记录,则须在是次会议内实时以拟本方式通过有关会议记录。

四、合议机关之决议,在通过有关会议记录后或在签署上款所指之拟本后,方产生效力。

第三十条(将落败票记录于会议记录)

一、合议机关之成员得要求将其落败票,以及解释投该票之理由,载于会议记录内。

二、在决议中落败且要求将有关对投票之解释性声明记录于会议记录内之人,免负因该决议而可能产生之责任。

三、如属向其他行政机关提供意见之情况,则对投票所作之解释性声明必须附于决议内。

第三节　权　限

第三十一条(不可放弃性及不可转让性)

一、权限系由法律或规章规定,不可放弃且不可转让,但不影响有关授权及代任之规定之适用。

二、所有以放弃拥有或放弃行使赋予行政机关之权限为标的之行为或合同,均属无效,但不影响授权及类似情况。

第三十二条(权限之确定)

一、权限在程序开始时确定,而无须理会以后发生之事实变更;但第三款规定之情况除外。

二、对法律变更同样无须理会;但受理该程序之机关取消,或不再具有该权限,又或该机关起初未被赋予处理该程序之权限而其后被赋予者,不在此限。

三、另一机关转为在区域上具有权限时,应将上述程序之卷宗送交该机关。

第三十三条(审理前之先决问题)

一、如最终决定之作出取决于对某一问题之决定,而作出此决定之权限属另一行政机关或属法院,则有权限作出该最终决定之机关,应在该有权限之行政机关或法院作出决定前,中止行政程序;但不立即解决该事项将导致严重损失者除外。

二、在下列情况下,该中止即行终结:

a)对审理前之先决问题作出决定取决于利害关系人作出请求,而该利害关系人在获通知中止行政程序后三十日内,未向有权限之行政机关或法院提出请求;

b)为审理该先决问题而提起之程序或诉讼程序,因利害关系人之过错而停止进行逾三十日;

c)基于嗣后发生之情节,如不立即解决该事项将导致严重损失。

三、如未有宣告中止行政程序,又或中止已终结,则行政机关须审理该等先决问题;但在该程序内所作之有关决定,将不在该程序外产生任何效力。

第三十四条(区域权限之冲突)

就区域权限有疑问时,对冲突作出决定之实体须指定涉及冲突之其中一机关为有权限之机关,而此机关之所在地须对妥善解决有关事项较为有利。

第三十五条(权限之检查)

一、行政机关作出任何决定前,应先肯定其本身有权限审理有关问题。

二、行政机关应依职权提出其本身无权限;利害关系人亦得提出争辩,指该机关无权限。

第三十六条(向无权限之机关提出申请)

一、私人因可宥恕之错误,在定出之期间内,向无权限之机关提出申请、请愿、声明异议或上诉时,机关应依职权将有关文件送交有权限之机关,并将此事通知私人。

二、如属不可宥恕之错误,则对有关申请、请愿、声明异议或上诉不予审理,并在四十八小时内将此事通知私人。

三、对错误之定性,可按一般规定提出声明异议及上诉。

第四节　授权及代任

第三十七条(授权)

一、通常有权限对某项事宜作出决定之行政机关,得通过一授权行为,容许另一机关或行政当局人员作出关于该事宜之行政行为,但以法律赋予该行政机关有此资格者为限。

二、不论有否赋予资格之法律,有权限对某项事宜作出决定之行政机关得随时藉一授权行为,容许其直接下级、助理或代任人作出关于该事宜之一般管理行为。

三、上款之规定亦适用于合议机关授权予其主席之情况,但赋予资格之专门法律对各机关间之权限另有特别分配者除外。

第三十八条(转授权)

授权者得许可获授权者将权力转授,但法律另有规定者除外。

第三十九条(授权行为之要件)

一、在授权行为或转授权行为中,授权机关或转授权机关应详细指明其所授予或转授予之权力,又或获授权者或获转授权者可作出之行为。

二、授权行为或转授权行为须公布于《澳门政府公报》;如属市政机关,尚应将之张贴于常贴告示处。

第四十条(获授权者或获转授权者资格之提及)

获授权机关或获转授权机关行使获授予或获转授予之权力时,应提及其系获授权机关或获转授权机关。

第四十一条(授权者或转授权者之权力)

一、授权机关或转授权机关,得发出指令或对获授权者或获转授权者有约束力之指示,说明其应如何行使获授予或获转授予之权力。

二、授权机关或转授权机关有收回权,且有权依据第一百三十一条第二款之规定废止获授权者或获转授权者所作之行为。

第四十二条(授权或转授权之消灭)

下列事由导致授权或转授权消灭:

a)授权行为或转授权行为之废止;

b)因授权行为或转授权行为之效果已完尽而导致之失效,或因授权机关、获授权机关、转授权机关或获转授权机关之据位人有所变动而导致之失效。

第四十三条(代任)

一、职务之担任人不在、出缺或因故不能视事时,由法定代任人代替之;如无法定代任人,则由被代任人指定之机关或行政当局人员代替之。但特别法就上述情况另有规定者除外。

二、在代任情况下执行职务,包括行使被代任人获授予或获转授予之权力在内。

第五节　管辖权、职责及权限之冲突

第四十四条(解决冲突之权限)

一、行政当局各机关与法院间之管辖权冲突,依法由有权限之法院解决之。

二、如职责之冲突涉及不同法人之机关,则藉司法上诉,由行政法院解决之。

三、权限之冲突,由对发生冲突之各机关行使监管权之上级机关中最低一

级之机关解决之。

第四十五条(冲突之行政解决)

一、对于权限之冲突,任何利害关系人得向有权限对有关程序作决定之实体提出附理由说明之申请,而请求解决之;发生冲突之机关在知悉该冲突后,应立即依职权要求解决之。

二、如发生冲突之机关仍未表明立场,则有权限解决冲突之机关应听取该等机关之意见,并在三十日期间内作出决定。

第六节 无私之保障

第四十六条(回避之情况)

一、在下列情况下,公共行政当局之机关据位人或人员,不得参与行政程序,亦不得参与行政当局之公法上或私法上之行为或合同:

a)其本人,或因身为他人之代理人或无因管理人,就上述程序、行为或合同有利害关系;

b)其配偶、任一直系血亲或姻亲、二亲等内之旁系血亲或姻亲、任何与其在共同经济下生活之人等本人,或因身为他人之代理人,就上述程序、行为或合同有利害关系;

c)其本人,或因身为他人之代理人,就与应作出决定之问题类似之问题有利害关系,或此情况发生于上项所包括之人身上;

d)曾以鉴定人或受任人之身份参与该程序,又或曾对拟解决之问题作出意见书;

e)其配偶、直系血亲或姻亲、二亲等内之旁系血亲或姻亲、任何与其在共同经济下生活之人,曾以鉴定人或受任人之身份参与该程序;

f)利害关系人或其配偶提起司法诉讼,针对该机关据位人或人员、其配偶或直系血亲;

g)属针对由该机关据位人或人员,又或 b 项所指之任一人作出或参与作出之决定之上诉;

h)有关问题涉及身为维护经济利益或相类利益团体之成员之私人,而该机关据位人或人员亦为该团体之成员。

二、如有关参与仅涉及单纯事务处理之行为,尤其是发出证明之行为,则不适用上款之规定。

第四十七条(回避之争辩及宣告)

一、出现引致行政当局之任何机关据位人或人员须回避之事由时,视乎情况,该机关据位人或人员应将该事实立即告知有关上级或有领导权之合议机关主席。

二、在确定性决定作出前或行为作出前,任何利害关系人得申请回避之宣告,而申请时应详细说明构成回避事由之事实情节。

三、上级及合议机关主席有权限审理是否存在须回避之情况,且有权限作出回避之宣告;如其认为有需要,则应听取有关机关据位人或人员之意见。

四、就合议机关主席是否须回避之情事,该机关本身有权限在无主席参与下对此附随事项作出决定。

第四十八条(争辩回避之效力)

一、机关据位人或行政当局人员作出上条第一款所指告知后,或在知悉该条第二款所指申请后,应立即中止其在程序中所进行之活动,直至就此附随事项有所决定时止;但其上级作出相反命令者除外。

二、依据第四十六条第一款之规定有回避事由之人,在紧急或危险情况下应采取不可延迟作出之措施,但该等措施应由代替该人之实体追认。

第四十九条(宣告回避之效力)

一、宣告机关据位人或行政当局人员须回避后,在程序内须由有关之法定代任人代替该机关据位人或人员;但其上级决定收回有关问题亲自处理者除外。

二、如属合议机关,而无代任人或不可指定代任人,则该机关在无该须回避之成员参与下运作。

第五十条(自行回避及申请回避之依据)

一、如出现可令人有理由怀疑机关据位人或行政当局人员之无私或其行为之正直之情节,尤其是以下情节,则该机关据位人或人员应请求免除参与有关程序:

a)其直系血亲或姻亲、三亲等内之旁系血亲或姻亲、该机关据位人或人员所监护或保佐之人、其配偶所监护或保佐之人等本人,或因身为他人之代理人,就该程序有利害关系;

b)该机关据位人或人员,又或其配偶或任一直系血亲或姻亲,系就该程序、行为或合同有直接利害关系之自然人或法人之债权人或债务人;

c)在程序开始之前或之后,该机关据位人或人员,又或其配偶、直系血亲或姻亲曾收受馈赠;

d)如该机关据位人或人员,又或其配偶,与就该程序、行为或合同有直接利害关系之人严重交恶或存有极亲密之关系。

二、任何利害关系人得以类似之依据,在确定性决定作出前,针对参与该程序、行为或合同之机关据位人或人员,提出申请回避。

第五十一条(请求之作出)

一、在上条所指之情况下,应向有权限审理有关请求之实体提出请求,并准确指出能证明该请求为合理之事实。

二、仅在受请求之实体决定请求应以书面作出时,机关据位人或行政当局人员之请求方以书面作出。

三、请求由就程序、行为或合同有利害关系之人作出时,必须听取请求所针对之机关据位人或行政当局人员之意见。

第五十二条(对自行回避或申请回避之决定)

一、对自行回避或申请回避作出决定之权限,系依据第四十七条第三款及第四款之规定定出。

二、该决定须在三日期间内作出。

三、认为有关请求之理由成立后,须遵照第四十八条及第四十九条之规定为之。

第五十三条(制裁)

一、须回避之机关据位人或行政当局人员曾参与之行为或合同,可依据一般规定撤销;但特别规定其他制裁者除外。

二、有第四十七条第一款所指之告知义务而不为告知者,构成严重纪律违犯。

第二章　利害关系人

第五十四条(行政程序之参与)

一、所有私人均有权亲身参与行政程序,或在行政程序中由包括律师或法律代办在内之人代理或辅助。

二、参与程序之能力以民法所规定之行为能力为基础及尺度,且民法亦适用于无参与程序能力之补充;但有特别规定者除外。

第五十五条(正当性)

一、权利或受法律保护之利益被行政活动侵害之人,以及以维护该等利益为宗旨之团体,均具有开展及参与行政程序之正当性。

二、为保护大众利益,下列之人亦具有开展及参与行政程序之正当性:

a)在诸如公共卫生、住屋、教育、文化财产、环境、地区整治以及生活质素等基本利益方面因行政活动而受到或预计将受到严重损害之公民;

b)所居住区域内之某些属公产之财产受行政当局活动影响之居民。

三、为维护居住在特定区域之居民之大众利益,致力于维护该等利益之团体以及该区域之市政机关,具有开展及参与行政程序之正当性。

第三部分 行政程序

第一章 一般原则

第五十六条(程序中使用之语文)

一、行政程序中得使用任一正式语文。

二、保障拟开展或参与程序之利害关系人有权通过口头或书面,使用其所选择之正式语文表达意思,亦有权获得以该语文作出之答复,取得其可查阅之文件以该语文制作之文本,以及就程序中作出之行为获得以该语文作出之通知。

三、上款规定未予遵守时,如利害关系人已清楚理解上款所指行为及手续之含义,则程序中最终决定之有效性或效力不受影响。

第五十七条(发起)

行政程序由行政当局主动开展,或应利害关系人之申请而开展。

第五十八条(告知利害关系人)

一、行政当局主动开展程序时,如在该程序中将作出之行为可能损害某人之权利或受法律保护之利益,且实时可从姓名上认别出该人,则须将该程序之开展告知该人。

二、如法律免除上款规定之告知,或该告知可能损害有关事宜依法具有之机密性或秘密性,又或有关程序系为适时采取措施而进行,而该告知可能妨碍适时采取该等措施者,则无须作出该告知。

三、在告知时应指出命令开展程序之实体、程序之开始日期、进行程序之部门及程序之标的。

第五十九条(行政当局之权力)

不论程序是否由利害关系人主动提起,行政机关均得采取其认为有助于调查之措施,即使该等措施涉及利害关系人申请或答复内未提及之事宜亦然;基于公共利益,行政机关得对非为所请求之事,或对较所请求之事之范围更广泛之事作出决定。

第六十条(快捷之义务)

行政机关应采取措施使程序能迅速及有效进行,并拒绝作出及避免出现一切无关或拖延程序进行之情事,以及命令与促成一切对继续进行程序及作出公正与适时之决定属必需之情事。

第六十一条(完成程序之一般期间)

一、程序应在九十日期间内完成;但法律另定期间,或因特殊情节而须另定期间者,不在此限。

二、部门之最高领导人或有权限之合议机关,尤其在考虑程序之复杂性或其他实体参与之必要性后,得许可将第一款所规定之期间延长一次或多次,但最多延长九十日。

三、对不遵守以上两款所指期间一事,负责之机关应在上述期间届满后五日内,向部门之最高领导人或向有权限之合议机关作出合理解释。

四、应在十日期间内向利害关系人解释未于法定期间内完成程序之原因,并在可预计作出确定性决定之日期时,将该日期通知利害关系人。

第六十二条(利害关系人之一般义务)

一、利害关系人有义务不提出违法要求,不陈述与真相不符之事实,以及不申请采取纯为拖延之措施。

二、利害关系人亦有义务为适当澄清事实及为发现真相而提供协助。

第二章 信息权

第六十三条(利害关系人之信息权)

一、私人有权在提出要求后获行政当局提供与其有直接利害关系之程序进行情况之信息,并有权获知对该等程序作出之确定性决定。

二、须提供之信息之内容,包括指出卷宗所在之部门、已作出之行为与措施、须由利害关系人补正之缺陷、已作之决定及要求提供之其他资料。

三、不得提供与下列程序上之文书或资料有关之信息:

a)依法列为机密或秘密之文书或资料,而该项归类尚未为有权限之实体撤除者;

b)某些程序上之文书或资料,如其为利害关系人所知悉,系可能影响有关程序之主要目的或损害他人之基本权利者。

四、根据本条规定要求之信息,最迟应在十个工作日内提供。

五、拒绝提供信息时,必须说明理由;如利害关系人要求该拒绝以书面作出,则必须以书面为之。

第六十四条(卷宗之查阅及证明之发出)

一、卷宗未附有保密文件,又或未附有涉及商业秘密、工业秘密或与文学、艺术或科学产权有关之秘密之文件时,利害关系人有权查阅之。

二、利害关系人藉支付应缴金额,有权获发证明,或获发其可查阅之卷宗所附文件之复制本或经认证之声明书。

第六十五条(非取决于批示之证明)

一、不论有否批示,有权限之公务员均有义务在有关申请提出时起十个工

作日内,向利害关系人发出证明、复制本或经认证之声明书,并按所作之请求,将下列所有或若干资料加载该等文件:

a)提出申请或呈交类似文件之日期;

b)该等文件之内容,或在其内所作之要求;

c)申请或类似文件之进展情况,或其所处之情况;

d)已作出之决定,或未作出决定。

二、上款所定之义务不包括保密文件,亦不包括涉及商业秘密、工业秘密或与文学、艺术或科学产权有关之秘密之文件。

第六十六条(接收信息权之延伸)

一、在第六十三条至第六十五条中所承认之权利,延伸至任何能证明本身有正当利益知悉其所要求之资料之人。

二、行使上款所指之权利,取决于部门领导人之批示;该批示须在申请书上作成,而申请书须附具证明申请人具有其所提出之正当利益之文件。

第六十七条(开放行政原则)

一、私人有权查阅行政档案及记录,而不论是否正在进行任何与其直接有关之程序。

二、对于载有个人资料之文件,仅该等资料所涉之人以及证明有直接及个人利益之第三人方有权查阅。

三、通过附理由说明之决定,得拒绝私人查阅与本地区安全、刑事调查、个人隐私等事宜有关之行政档案及记录。

四、查阅行政档案及记录,一般系通过发出证明,或发出组成该等档案及记录之资料经认证之影印本而为之;法律容许或有权限之机关许可时,亦可直接查阅存盘文件或存入记录之文件。

五、容许或许可直接查阅有关文件或发出证明或影印本时,应确保最迟在十个工作日内,让利害关系人直接查阅或向其发出证明或影印本。

第三章　通　知

第六十八条(通知义务)

应将下列行政行为通知利害关系人:

a)对利害关系人提出之任何要求作出决定之行政行为;

b)课予义务、拘束或处罚,又或造成损失之行政行为;

c)创设、消灭、增加或减少权利或受法律保护之利益之行政行为,又或损害行使该等权利或利益之条件之行政行为。

第六十九条(通知之免除)

一、在下列情况下,免除就行为作出通知:

a)有关行为系以口头当面向利害关系人作出者；

b)通过利害关系人在程序上之任何参与,显示其已完全知悉有关行为之内容。

二、在上款所指之情况下,原应自通知时起计之期间,于以口头作出行为之翌日,或于利害关系人参与程序之翌日,开始进行。

第七十条（通知之内容）

通知内应包括下列内容：

a)行政行为之全文；

b)行政程序之认别资料,包括作出该行为者及作出行为之日期；

c)有权限审查对该行为提出之申诉之机关,以及提出申诉之期间；

d)指出可否对该行为提起司法上诉。

第七十一条（通知之期间）

未有特别定出期间时,行政行为之通知应在八日期间内作出。

第七十二条（通知之方式）

一、按可能性及适当性而定,通知应直接向本人为之,或以公函、电报、专线电报、图文传真或电话为之。

二、如不能采用上述直接通知本人之任何方式,或不知应被通知之利害关系人为何人,又或基于利害关系人之人数采用该等通知方式为不可行者,则作出公示通知,为此须张贴告示于常贴告示处,并须刊登公告于本地区较多人阅读之两份报章上,其中一份为葡文报章,另一份为中文报章。

三、如以电话作出通知,须在紧接之工作日以第一款所定之其他任一方式予以核实,但通知仍视为在首次通知之日作出。

第四章 期间及延期

第七十三条（一般期间）

一、如无特别规定,或行政当局无定出期间,行政机关作出行为之期间为十五日。

二、利害关系人申请任何行为或作出任何行为、促成采取措施、对于其应表明意见之事项作出答复,或在程序中行使其他权力之期间,亦为十五日。

第七十四条（期间之计算）

期间之计算适用下列规则：

a)期间自某事件发生之日起开始进行者,该日不计算在内；

b)期间连续进行,且不论有否任何手续,期间均开始进行；

c)如期间届满之日部门不向公众开放,或属正常工作期间而部门不运作者,则其后第一个工作日方为期间届满之日。

第七十五条（延期）

如利害关系人居住在外地或身处外地,则法律在未考虑此情节下所定之期间,在下列期间经过后方开始进行:

a)十日,如利害关系人居住在或身处中华人民共和国之其他地区;

b)二十日,如利害关系人居住在或身处亚洲其他国家;

c)三十日,如利害关系人居住在或身处亚洲以外之国家。

第五章 程序之进行

第一节 开 始

第七十六条（最初申请）

一、除法律容许以口头提出请求之情况外,利害关系人之最初申请应以书面作出,并载有下列内容:

a)受申请之行政机关之名称;

b)申请人之身份资料,包括姓名、婚姻状况、职业及居所;

c)阐述请求所依据之事实;如属可能,申请人亦阐述有关法律依据;

d)清楚及明确指出其请求;

e)日期及申请人之签名,或申请人不懂或不能签名时他人之代签。

二、每一申请内不得作出一个以上之请求,但属择一请求或补充请求者除外。

第七十七条（以口头作出申请）

法律容许以口头作出申请时,须为此缮立书录,其内应载有上条第一款 a 项至 d 项所指之事项,且在注明日期后由申请人及接收该请求之行政当局人员签名。

第七十八条（最初申请之缺陷）

一、如最初申请不符合第七十六条之规定,则须请申请人将行政机关指出之在最初申请内所存有之缺陷补正。

二、如利害关系人所作之请求仅为不合程序或不尽完善,则为避免其因此而遭受损失,行政当局之机关及人员应设法补正申请内之各种缺陷,但不影响上款规定之适用。

三、申请内未载有申请人之身份资料,或请利害关系人澄清后仍不可理解申请内之请求时,须初端驳回该申请。

第七十九条（申请之提出）

一、申请应向受申请之机关所属之部门提出。

二、向行政机关提出之申请得以邮寄方式送交，但另有规定者除外。

第八十条（提出申请之登记）

一、不论申请以何种方式提出，均须就申请之提出作登记；登记内应提及有关编号、日期、申请之标的、附具文件之数目及申请人之姓名。

二、申请须按提出次序予以登记；通过邮寄而在同一次派发中收到之申请，视为同时提出。

三、须藉载明有关编号及日期，将该登记注录于申请内，并由作出登记之行政当局人员简签之。

第八十一条（递交申请之收据）

一、利害关系人得要求发给证明已递交所提出之申请之收据。

二、收据得在申请之复本或影印本上作成，该复本或影印本系由申请人为获得此种收据而呈交者。

第八十二条（损害程序进行之问题）

一、一经查明必需之资料，行政机关得立即审理任何损害程序正常进行之问题，或阻碍对程序之标的作出决定之问题，尤其下列问题：

a) 行政机关无权限；

b) 申请人欲行使之权利失效；

c) 申请人不具正当性；

d) 请求不按时提出。

二、如行政机关认为上款所指任一问题可能妨碍对程序标的之审理，应将预计会作出之决定及决定之依据通知利害关系人，而其得在十日期间内就有关问题表明意见。

第二节　临时措施

第八十三条（临时措施之采取）

一、如有理由恐防不采取临时措施将对有关之公共利益造成严重或难以弥补之损害，有权限作出最终决定之机关得主动或应利害关系人之申请，在程序中之任何阶段命令采取必要之临时措施。

二、命令采取或更改任何临时措施之决定，应说明理由，并定出该措施之有效期间。

三、废止临时措施，亦应说明理由。

四、对命令采取任何临时措施之决定提起之必要诉愿，不中止该措施之效力，但有权限之机关决定中止者除外。

第八十四条（临时措施之失效）

除有特别规定外，临时措施在下列情况下失效：

a)一经在程序中作出确定性决定；

b)对临时措施所定之期间或延长之期间届满；

c)法律对作出最终决定所定之期间届满；

d)如无定出作出最终决定之期间，而程序开始后六个月内仍未作出最终决定。

第三节　调　查

第一分节　一般规定

第八十五条（调查之领导）

一、有权限作出决定之机关负责领导调查之进行；但公共部门之组织法规内另有规定，又或另有特别规定者，不在此限。

二、有权限作出决定之机关，得将领导调查之权限授予其下属；但法律规定须由其亲自领导者除外。

三、有权限领导调查之机关，得交由其下属采取特定之调查措施。

四、在合议机关内，得向该机关之成员或从属于该机关之人员作出第二款所指之授权。

第八十六条（要证事实）

一、如知悉某些事实有助于对程序作出公正及迅速之决定，则有权限之机关应设法调查所有此等事实；为调查该等事实，得使用法律容许之一切证据方法。

二、明显之事实及有权限之机关因执行职务而知悉之事实，无须证明，亦不须陈述。

三、有权限之机关应在程序上提及因行使其权限而知悉之事实。

第八十七条（举证责任）

一、利害关系人负证明其陈述之事实之责任，但不影响依据上条第一款之规定课予有权限机关之义务。

二、利害关系人得附具文件及意见书，或申请采取有用之证明措施，以澄清有利于作出决定之事实。

第八十八条（要求利害关系人提出证据）

一、领导调查之机关，得命令利害关系人提供资料，以及就其他证据方法给予协助。

二、有必要由利害关系人提供资料或提出证据时，须通知利害关系人，以便其以书面或口头方式，按照所定之期间及条件，提供资料或提出证据。

三、如服从上款所指之命令即会导致出现下列情况，则拒绝该命令属正当：

a)违反职业保密；

b)澄清法律禁止透露或免除透露之事实；

c)透露利害关系人本人、其配偶、直系血亲尊亲属或直系血亲卑亲属、兄弟姊妹，又或相同亲等之姻亲所作之可被处罚之事实；

d)有可能对利害关系人本人或上项所指任一人造成精神上或物质上之损害。

第八十九条（预行调查证据）

一、如有理由恐防不能或难以在将来调查有利于作出决定之任何证据，有权限之机关得依职权或应利害关系人附理由说明之请求，预先收集证据。

二、预行调查证据得在提起程序前进行。

第九十条（检查及其他措施之进行）

一、如有必要进行检查、查验或其他类似措施，而其属公共部门不能直接进行者，则领导调查之机关得任命鉴定人为之。

二、如依据上款之规定任命鉴定人，利害关系人亦得指定其鉴定人，数目与行政当局所任命者相同，且得提出疑问或指出要点，由该等鉴定人表明意见。

三、如利害关系人提出之疑问或指出之要点对作出决定非属必要，或属机密或秘密事宜者，则领导调查之机关得不就该等疑问或要点采取任何措施。

第二分节　意见书

第九十一条（意见书之种类）

一、法律要求之意见书为必需意见书，反之为任意意见书；有权限作出决定之机关必须遵从意见书之结论时，该意见书为有约束力之意见书，反之为无约束力之意见书。

二、法律所提及之意见书视为必需且无约束力之意见书，但另有明文规定者除外。

第九十二条（意见书之方式及期间）

一、意见书内应说明理由，并应以明确及清楚之方式对咨询中所指出之所有问题作出结论。

二、如无特别规定，意见书须在三十日期间内发出；但有权限进行调查之机关经说明理由而另定期间者除外。

三、必需且无约束力之意见书未在上款规定之期间内发出时，程序得继续进行，且得在无该意见书下对程序作出决定；但法律另有明文规定者除外。

第三分节　对利害关系人之听证

第九十三条（对利害关系人之听证）

一、调查完结后，利害关系人有权于最终决定作出前在程序中陈述意见，并尤其应获通知可能作出之最终决定；但第九十六条及第九十七条规定之情况除外。

二、负责调查之机关须就每一具体情况,决定以书面或以口头方式对利害关系人进行听证。

三、在任何行政程序中,对利害关系人进行听证即中止期间之计算。

第九十四条(书面听证)

一、如负责调查之机关选择书面听证,须通知利害关系人表明意见,而为此定出之期间不得少于十日。

二、通知利害关系人时,须提供必需之资料,以便其知悉所有对作出决定属重要之事实上或法律上之事宜,并须指出可查阅卷宗之时间及地点。

三、在答复时,利害关系人得对构成有关程序之标的之问题表明意见,亦得申请采取补足措施,并附具文件。

第九十五条(口头听证)

一、如负责调查之机关选择口头听证,则最迟须提前八日命令传召利害关系人。

二、进行口头听证时,得审查一切有利于作出决定而属事实上及法律上事宜之问题。

三、利害关系人不到场,不构成将听证押后之理由;但在为进行听证所定之时间届至前就缺席提出合理解释者,应将听证押后。

四、须缮立听证记录,其内摘录利害关系人所作之陈述;在进行听证之时或之后,利害关系人得附具任何书面陈述。

第九十六条(不进行对利害关系人之听证)

在下列情况下,不进行对利害关系人之听证:

a)须紧急作出决定;

b)有理由预料听证可能影响决定之执行或效用;

c)因待听证之利害关系人人数过多,以致不适宜进行听证;在此情况下,应尽可能以最合适之方式对该等利害关系人进行公开咨询。

第九十七条(免除对利害关系人之听证)

在下列情况下,负责调查之机关得免除对利害关系人之听证:

a)利害关系人就对决定属重要之问题及就所提出之证据,已在程序中表明意见;

b)根据在程序中获得之资料,将作出对利害关系人有利之决定。

第九十八条(调查员之报告书)

如负责调查之机关非为有权限作出最终决定之机关,则须编制报告书,其内指出利害关系人之请求及载有该程序内容之摘要,并对决定作出建议,且扼要说明支持该建议之事实上及法律上之理由。

第四节　决定及其他消灭原因

第九十九条（消灭原因）

程序因最终决定之作出或因本节内规定之其他任一事实而消灭。

第一百条（明示之最终决定）

在明示之最终决定中，有权限之机关应解决在程序中出现而先前未作决定之一切有关问题。

第一百零一条（默示批准）

一、如在法律所定期间内就要求给予之许可或核准未作出决定，则仅在特别法规定于有关情况下给予默示批准时，方视为已给予许可或核准。

二、如法律未定出特别期间，则自提出请求或提交卷宗之日起九十日后视为获默示批准。

三、如程序因可归责于利害关系人之理由而停止，则中止以上两款所指之期间。

第一百零二条（默示驳回）

一、在为作出决定而定之期间内，如有权限之行政机关未对向其提出之要求作出最终决定，则赋予利害关系人推定该要求被驳回之权能，以便其得使用有关之法定申诉方法，但另有规定者除外；本款规定并不影响上条规定之适用。

二、上款所指之期间为九十日，但特别法另有规定者除外。

三、如无特别规定，上款所指之期间自以下所定之日起计：

a)法律并未为决定之准备阶段规定特别手续时，自有权限之部门收到申请或请愿之日起计；

b)自法律为完成上述手续而定之期间届满时起计；如无定出该期间，则自提出要求后满三个月起计；

c)如该等手续在按照上项之规定而适用之期间届满前完成，则自知悉该等手续完成之日起计。

第一百零三条（消灭程序之其他原因）

一、如利害关系人通过书面申请，撤回程序或舍弃所作之某些请求，又或放弃其权利或受法律保护之利益，则该程序消灭；但法律不容许撤回、舍弃或放弃者，或行政当局认为基于公共利益须继续进行程序者，不在此限。

二、在下列情况下，有权限作出决定之机关得宣告程序消灭：

a)程序因可归责于利害关系人之理由而停止进行逾六个月；

b)显示程序所拟达致之目的或决定之标的属不能或无用。

第一百零四条（不支付费用或开支）

一、如法律规定，进行程序上之行为取决于支付费用或开支，而在应当支付之期间内未支付该等费用或开支,则该程序亦消灭。

二、如利害关系人在为支付该等费用或开支所定之期间届满后十日内双倍支付欠缴金额,则可使该程序不消灭。

第四部分　行政活动

第一章　规　章

第一百零五条(适用范围)

本章之规定,适用于公共行政当局之所有规章。

第一百零六条(请求)

利害关系人得向有权限之机关提出请求,要求制定、变更或废止规章;请求时应说明理由,否则行政当局将不予受理。

第一百零七条(规章草案)

所有规章草案须附有理由阐述,其内必须指出正在生效且与该事宜有关之法律规定及规章之规定,以及指出制定该规章草案所依据之研究、意见书、报告及其他资料。

第一百零八条(公开评议)

一、如规章草案所涉事宜之性质容许,有权限之机关原则上应将该草案交由公众评议,以收集意见;为此,须将规章草案公布于《澳门政府公报》。

二、利害关系人应在规章草案公布后三十日期间内,将书面意见送交有权限制定规章之机关。

三、如对规章草案曾进行公开评议,须在规章序言内提及此事。

第一百零九条(执行性规章及废止性规章)

一、对执行现行法律所必需之规章中规定之事宜未作出新规范时,不得将该规章整体废止。

二、在废止性规章内必须详细载明被废止之规定。

第二章　行政行为

第一节　行政行为之有效

第一百一十条(行政行为之概念)

为着本法之效力,行政行为系指行政当局之机关之决定,其目的为在一个别具体情况中,依据公法之规定产生法律效果。

第一百一十一条(条件、期限或负担)

行政行为得附条件、期限或负担,只要该等条件、期限或负担不违反法律或不违背该行为所拟达致之目的。

第一百一十二条(行为之方式)

一、行政行为应以书面作出,只要法律并未规定以其他方式为之,或基于该行为之性质及作出该行为时之情节,不要求以其他方式为之。

二、法律有明文规定时,合议机关之行为方须以书面作出;但此等行为必须在会议记录内载明,否则不产生效果。

第一百一十三条(必须指出之事项)

一、行政行为内必须提及下列内容,但不影响提及其他特别要求指出之事项:

a)作出该行为之当局;

b)有授权或转授权时,指出之;

c)相对人或各相对人之适当认别资料;

d)引起该行政行为之重要事实或行为;

e)被要求说明理由时,须为之;

f)决定之内容或含义以及有关标的;

g)作出该行为之日期;

h)作出该行为者之签名,或作出该行为之合议机关之主席之签名。

二、指出上款所规定之事项时,应采用清楚、准确及完整之方式,以便明确界定其含义及范围,以及行政行为之法律效果。

三、在《澳门政府公报》公布总督将权限授予政务司之法规时,免除指出第一款 b 项所规定之事项。

第一百一十四条(说明理由之义务)

一、除法律特别要求说明理由之行政行为外,对下列行政行为亦应说明理由:

a)以任何方式全部或部分否认、消灭、限制或损害权利或受法律保护之利益,又或课予或加重义务、负担或处罚之行政行为;

b)就声明异议或上诉作出全部或部分决定之行政行为;

c)作出与利害关系人所提出之要求或反对全部或部分相反之决定之行政行为;

d)作出与意见书、报告或官方建议之内容全部或部分相反之决定之行政行为;

e)在解决类似情况时,或在解释或适用相同之原则或法律规定时,以有别于惯常采取之做法,作出全部或部分决定之行政行为;

f)将先前之行政行为全部或部分废止、变更或中止之行政行为。

二、对典试委员会所作决议之认可行为，以及上级就工作事宜按法定方式对其下级所作之命令，无须说明理由；但法律另有规定者除外。

第一百一十五条（说明理由之要件）

一、说明理由应通过扼要阐述有关决定之事实依据及法律依据，以明示方式作出；说明理由亦得仅通过表示赞成先前所作之意见书、报告或建议之依据而作出，在此情况下，该意见书、报告或建议成为有关行为之组成部分。

二、采纳含糊、矛盾或不充分之依据，而未能具体解释作出该行为之理由，等同于无说明理由。

三、在解决相同性质之事项时，只要不致减少对被管理人之保障，得使用复制有关决定之依据之任何机械方法。

第一百一十六条（对以口头作出之行为说明理由）

一、对第一百一十四条第一款所指而未载于会议记录之以口头作出之行为，应利害关系人之申请，且为申诉目的，应在十日期间内以书面说明理由，且应在此期间内通过以挂号方式邮寄公函或向利害关系人本人直接递交通知，将全部内容告知利害关系人。

二、利害关系人不行使上款赋予之权能，并不损害未说明作出该行为之理由时所产生之效果。

第二节　行政行为之效力

第一百一十七条（一般规则）

一、行政行为自作出日起产生效果；但法律赋予其追溯效力或延迟效力，又或行政行为赋予其本身追溯效力或延迟效力者，不在此限。

二、为着上款之效力，行政行为一旦具备各要素，即视为已作出；为使行政行为自作出日起产生效果，任何导致可撤销行政行为之原因，均不妨碍该行政行为之完整性。

第一百一十八条（追溯效力）

一、下列行政行为具有追溯效力：

a）仅用以解释先前行为之行政行为；

b）执行法院撤销行政行为之裁判之行政行为，但属可重新作出之行为者除外；

c）获法律赋予追溯效力之行政行为。

二、如不属上款所规定之情况，则作出行政行为者仅在下列情况下，方得赋予行政行为追溯效力：

a）赋予追溯效力对利害关系人有利，且不损害第三人之权利或受法律保护之利益，但在该行为之效力拟溯及之日必须已存在证明赋予追溯效力为合理之

前提;

b)涉及废止行政行为之决定,而此等决定系由作出该等行政行为之机关或人员在声明异议或诉愿提出后所作出者;

c)法律容许赋予追溯效力。

第一百一十九条(延迟效力)

在下列情况下,行政行为延迟产生效力:

a)行政行为须经核准;

b)行政行为之效果受停止条件或停止期限拘束;

c)基于行政行为之性质或因法律之规定,必须符合与行为本身之有效无关之任何要件时,该行为方产生效果。

第一百二十条(强制性公开)

一、法律要求公开时,方须将行政行为公开。

二、上款所指之行政行为须以两种正式语文公布。

三、法律要求将行政行为公开而未公开时,该等行政行为不产生效力。

四、如法律规定须将行政行为公布,但未规范公布之方式,则应在三十日期间内将之公布于《澳门政府公报》,而公布时应载有第一百一十三条第一款所指之各项资料,且尽可能载明决定之依据,即使以摘要方式载明亦可。

第一百二十一条(设定义务或负担之行为之效力)

一、向私人设定义务或负担而无须公布之行为,自将该行为通知相对人时起,或自以其他方式使相对人正式知悉该行为时起,又或自开始执行该行为时起,开始产生效果。

二、如利害关系人参与行政程序,且在该程序内显示其已完全知悉该行为之内容,则推定其已正式知悉。

第三节　行政行为之非有效

第一百二十二条(无效行为)

一、无效之行政行为,系指欠缺任何主要要素之行政行为,或法律明文规定属无效之行政行为。

二、下列行为尤属无效行为:

a)有越权瑕疵之行为;

b)不属作出行为者所属法人之职责范围之行为;

c)标的属不能、不可理解或构成犯罪之行为;

d)侵犯一基本权利之根本内容之行为;

e)受胁迫而作出之行为;

f)绝对不依法定方式作出之行为;

g)在不守秩序下作出之合议机关决议,又或在未具法定人数或未达法律要求之多数而作出之合议机关决议;

h)与裁判已确定之案件相抵触之行为;

i)随先前已被撤销或废止之行政行为而发生之行为,只要就维持该随后发生之行为并不存在有正当利益之对立利害关系人。

第一百二十三条(无效之制度)

一、不论有否宣告无效,无效行为均不产生任何法律效果。

二、任何利害关系人得随时主张行政行为无效;任何行政机关或法院亦得随时宣告行政行为无效。

三、以上两款之规定,不妨碍因时间经过及按法律一般原则,而可能对从无效行为中衍生之事实情况赋予某些法律效果。

第一百二十四条(可撤销之行为)

如作出之行政行为违反适用之原则或法律规定,而对此未规定撤销以外之其他制裁,则该等行政行为均为可撤销者。

第一百二十五条(可撤销性之制度)

一、得依据第一百三十条之规定将可撤销之行为废止。

二、对可撤销之行为,得依据规范行政上之司法争讼之法例向法院上诉。

第一百二十六条(追认、纠正及转换)

一、不可追认、纠正及转换无效行为。

二、规范废止非有效行为之权限之规定,以及规范作出废止之期限之规定,适用于对可撤销之行为之追认、纠正及转换。

三、如属无权限之情况,则有权限作出有关行为之机关有追认该行为之权力。

四、只要法定制度无任何变更,则追认、纠正及转换之效力,溯及被追认、纠正及转换之行为作出之日。

第四节　行政行为之废止

第一百二十七条(废止之发起)

行政行为之废止,得由有权限之机关主动为之,或应利害关系人请求,藉声明异议或行政上诉为之。

第一百二十八条(不可废止之行为)

一、不可废止下列行为:

a)无效行为;

b)经司法争讼而撤销之行为;

c)被具有追溯效力之行为所废止之行为。

二、已失效或效果已完尽之行为，得成为具有追溯效力之废止之对象。

第一百二十九条（有效行为之可废止性）

一、除下列情况外，有效之行政行为可自由废止：

a）因受法律拘束而不可将行政行为废止；

b）行政行为系设定权利或受法律保护之利益者；

c）行政行为使行政当局负有法定义务或具有不可放弃之权利。

二、然而，在下列情况下，可废止设定权利或受法律保护利益之行为：

a）废止仅涉及该行为内不利于相对人利益之部分；

b）所有利害关系人赞同废止该行为，且该行为不涉及不可处分之权利或利益。

第一百三十条（可撤销行为之可废止性）

一、仅得以可撤销行政行为之非有效作为依据，在可提起有关司法上诉之期间内，或在司法上诉所针对之实体作出答复前，将可撤销之行政行为废止。

二、如就司法上诉规定不同期间，则以最后届满之期间为准。

第一百三十一条（废止之权限）

一、除作出行政行为者外，有关上级亦有权限废止行政行为，只要该行为不属其下级之专属权限；但就上述情况有特别规定者除外。

二、获授权或获转授权而作出之行政行为，授权机关或转授权机关得废止之；在该授权或转授权仍生效期间，获授权者或获转授权者亦得废止之。

三、受行政监督之机关所作之行政行为，仅在法律明文容许之情况下，监督机关方得废止之。

第一百三十二条（废止行为之方式）

一、应采用法律对被废止之行为所规定之方式，作出废止行为；但有特别规定者除外。

二、然而，如法律并无对被废止之行为规定任何方式，或被废止之行为在作出时所采用之方式较法律所定方式更为庄严，则作出废止行为之方式，应与作出被废止之行为时所使用之方式相同。

三、在废止时，应遵守作出被废止之行为所需之手续；但法律另有规定者除外。

第一百三十三条（废止之效力）

一、行政行为之废止仅对将来产生效果，但以下两款所规定之情况除外。

二、如废止系以被废止行为之非有效作为依据，则该废止具有追溯效力。

三、在下列情况下，作出废止行为者得在该行为内赋予该废止追溯效力：

a）赋予追溯效力对利害关系人有利；

b)所有利害关系人明确表示赞同该废止具有追溯效力,且该追溯效力并不牵涉不可处分之权利或利益。

第一百三十四条(废止之恢复生效之效果)

如一废止性行为被另一行为废止,则仅在法律明文规定或后者明文规定曾被前者所废止之行为恢复生效时,方产生此种效果。

第一百三十五条(行政行为之更正)

一、如计算上出现明显错误或行政机关在表达意思时有明显错漏,则有权限废止有关行为之机关得随时更正之。

二、更正得由有权限之机关主动作出,或应利害关系人之请求而作出;更正具有追溯效力,且应以作出被更正行为时所采用之方式及公开之方法为之。

第五节　行政行为之执行

第一百三十六条(执行力)

一、行政行为在产生效力后即具有执行力。

二、对于因一行政行为而产生之义务及限制,行政当局得强制要求履行该等义务及遵守该等限制而无须事先求助于法院,但该要求必须以法律容许之方式及方法为之。

三、行政当局得依据第一百四十二条之规定,要求履行因行政行为而生之金钱债务。

第一百三十七条(不具执行力之行为)

一、下列行为不具执行力:

a)效力被中止之行为;

b)被已提起且具有中止效力之上诉所针对之行为;

c)须经核准之行为;

d)对具有执行力之行为加以确认之行为。

二、有权限废止行政行为之机关,以及获法律赋予中止行政行为效力之权力之监督机关,得中止行为之效力;有管辖权之法院依据行政上之司法争讼法例之规定,亦得中止行为之效力。

第一百三十八条(执行之合法性)

一、除非公共行政当局之机关预先作出行政行为,使得引致私人之权利或受法律保护之利益受限制之事实行为或事实行动具有正当性,否则不得作出任何该等事实行为或事实行动,但紧急避险之情况除外。

二、在执行行政行为时,应尽可能使用能确保完全实现行政行为之目的,以及对私人之权利与利益造成较少损失之方法。

三、对超越正被执行之行政行为界限之执行上之行为或行动,利害关系人得提出行政申诉及司法申诉。

四、对被提出属违法之执行上之行为或行动,亦得提起司法上诉,只要此违法性并非因正被执行之行政行为违法而引致。

第一百三十九条(执行之通知)

一、进行行政执行之决定,必须在开始执行前通知其相对人。

二、行政机关就确定且具执行力之行为作出通知时,得一并就该行为之执行作出通知。

三、通知内应载明被通知人不遵从藉通知所传达之命令时将受之不利后果。

第一百四十条(禁制之禁止)

不容许对行政行为之强制执行作出行政上或司法上之禁制,但不影响有关中止行政行为效力之法律规定之适用。

第一百四十一条(执行之目的)

执行得以支付一定金额、交付一定之物或作出一事实为目的。

第一百四十二条(支付一定金额之执行)

一、如基于一行政行为之效力或因一公法人之命令而应向一公法人作金钱给付,但在所定期间未自愿缴纳者,须进行税务执行程序。

二、为此目的,有权限之行政机关须依法发出一份用作执行名义之证明,并将该证明连同有关行政卷宗送交财政司。

三、如执行可代为作出之行为,而此等行为系由非为义务人之人所实行者,须进行第一款所指之程序。

四、如属上款所指之情况,行政当局须选择由其本身直接实行该等执行上之行为,或交由第三人作出该等行为;一切开支、损害赔偿及金钱上之处罚,均由义务人负责。

第一百四十三条(交付一定之物之执行)

如义务人不向行政当局交付行政当局应接收之物,则有权限之机关须采取必需之措施,使行政当局能占有该物。

第一百四十四条(作出事实之执行)

一、如属作出可由他人代为作出之事实之执行,行政当局须通知义务人,以便其作出应作出之行为,并在通知时为其履行该义务定出合理期间。

二、如义务人未在所定期间内履行义务,则行政当局须选择由其本身直接进行该执行,或通过第三人进行该执行;在此情况下,一切开支、损害赔偿及金钱上之处罚,均由义务人负责。

三、仅在法律明文规定之情况下,且必须在尊重公民之基本权利及尊重个人下,方得直接强制义务人履行作出不可由他人代为作出之事实之作为义务。

第三章　声明异议及行政上诉

第一节　一般规定

第一百四十五条(一般原则)

一、私人有权请求依据本法典之规定废止或变更行政行为。

二、上款所承认之权利,按照情况,得藉下列方式行使:

a)向作出行为者提出声明异议;

b)向作出行为者之上级、向作出行为者所属之合议机关,又或向授权者或转授权者提起上诉;

c)向对作出行为者行使监督权或监管权之机关提起上诉。

第一百四十六条(申诉之依据)

声明异议及上诉得以被申诉之行政行为违法或不当为依据,但另有规定者除外。

第一百四十七条(正当性)

一、拥有权利及受法律保护之利益之人,认为被行政行为侵害者,具有对行政行为提出声明异议或上诉之正当性。

二、第五十五条第二款及第三款之规定,适用于声明异议及行政上诉。

三、行政行为作出后,毫无保留而明示或默示接受该行为之人,不得提出声明异议及上诉。

第二节　声明异议

第一百四十八条(一般原则)

一、得对任何行政行为提出声明异议,但法律另有规定者除外。

二、不得对就先前之声明异议或行政上诉作出决定之行为提出声明异议,但以有义务作出决定而不作出决定为依据提出声明异议者除外。

第一百四十九条(声明异议之期间)

声明异议应自下列时间起十五日内提出:

a)有关行为必须公布于《澳门政府公报》者,自公布之时起;

b)有关行为无须公布而就该行为已作出通知者,自通知之时起;

c)属其他情况者,自利害关系人知悉该行为之日起。

第一百五十条(声明异议之效力)

一、对不可径行提起司法上诉之行为所提出之声明异议,具有中止该行为之效力;但法律另有规定,或作出该行为者认为不立即执行该行为,将严重损害公共利益者,不在此限。

二、对可径行提起司法上诉之行为所提出之声明异议,不具中止该行为之效力;但法律另有规定,或作出该行为者依职权或应利害关系人之请求,认为立即执行该行为,将对该行为之相对人造成不可弥补或难以弥补之损害者,不在此限。

三、如利害关系人请求中止执行,应向有权限之实体提出申请,以便其在收到有关卷宗之日起五日内作出决定。

四、在审查该请求时,应查核是否有证据显示利害关系人所陈述之事实极有可能属实;如有此等证据,则应命令中止有关行为之效力。

五、以上各款之规定,并不妨碍请求行政法院依据适用法例之规定,中止有关行为之效力。

第一百五十一条（上诉之期间）

一、对不可径行提起司法上诉之行为提出之声明异议,中止提起必要诉愿之期间。

二、对其他行为所提出之声明异议,不中止亦不中断上诉之期间。

第一百五十二条（作出决定之期间）

有权限之机关对声明异议作出审查及决定之期间为十五日。

第三节　诉　愿

第一百五十三条（标的）

受其他机关之等级权力拘束之机关所作出之一切行政行为,如法律不排除对此等行政行为提起诉愿之可能,均得成为诉愿之标的。

第一百五十四条（种类及范围）

一、诉愿按对欲申诉之行为是否不可径行提起司法上诉,而属必要诉愿或任意诉愿。

二、即使对被提起之诉愿所针对之行为可径行提起司法上诉,仍得在诉愿中审查该行为是否违法及不当。

第一百五十五条（提起之期间）

一、如法律未另定期间,则提起必要诉愿之期间为三十日。

二、任意诉愿应在为有关行为提起司法上诉所定之期间内提起。

第一百五十六条（提起）

一、提起诉愿须以申请书为之,而诉愿人应在该申请书内陈述诉愿之所有依据,并得将其认为适当之文件附于该申请书。

二、诉愿须向作出行为者之最高上级提出,但作出决定之权限已授予或转授予另一机关者除外。

三、提起诉愿之申请书,得呈交作出行为者或受诉愿之当局。

第一百五十七条（效力）

一、必要诉愿中止被诉愿所针对之行为之效力；但法律另有规定，或作出该行为者认为不立即执行该行为，将严重损害公共利益者，不在此限。

二、有权限审查诉愿之机关，得废止上款所指之决定；作出行为者不作出该决定时，该机关得作出决定。

三、任意诉愿不中止被诉愿所针对之行为之效力。

第一百五十八条（对立利害关系人之通知）

诉愿提起后，有权限审理该诉愿之机关应通知该诉愿理由成立时可能受损害之人，以便其在十五日期间内，就该请求及请求之依据陈述其认为适当之事宜。

第一百五十九条（作出行为者之参与）

一、在作出上条所指通知后，或如无须作出通知，则在提起诉愿后，为期十五日之期间即开始进行，而在该期间内，作出被诉愿所针对之行为者应就该诉愿表明意见，并将该诉愿移送有权限对此作审理之机关，且将送交卷宗一事通知诉愿人。

二、对立利害关系人无提出反对，且该程序内所提及之资料充分证明该诉愿理由成立时，作出被诉愿所针对之行为者得按照诉愿人之请求，废止或变更被诉愿所针对之行为，或以另一行为代替该行为，并须将其决定通知有权限审理诉愿之机关。

第一百六十条（对诉愿之拒绝受理）

在下列情况下，应拒绝受理诉愿：

a)诉愿系向无权限之机关提起；

b)对不可提起诉愿之行为提出申诉；

c)诉愿人不具正当性；

d)逾期提起诉愿；

e)出现其他阻碍对诉愿作出审理之事由。

第一百六十一条（决定）

一、有权限审理诉愿之机关，得不受诉愿人之请求拘束而确认或废止被诉愿所针对之行为，但法律规定之例外情况除外；如作出被诉愿所针对之行为者之权限非为专属权限，则有权限审理诉愿之机关亦得将该行为变更，或以另一行为代替之。

二、可将行政程序撤销时，有权限就诉愿作出决定之机关得全部或部分撤销该行政程序，并决定重新进行调查或采取补足措施。

第一百六十二条（作出决定之期间）

一、法律未另定期间时，应自将有关卷宗送交有权限审理诉愿之机关之时起三十日内,就诉愿作出决定。

二、如须重新进行调查或采取补足措施,则上款所指之期间最多延长至九十日。

三、经过以上两款所指之期间仍未作出决定时,诉愿视为被默示驳回。

第四节 不真正诉愿及监督上诉

第一百六十三条(不真正诉愿)

一、一机关对属同一法人之另一机关行使监管权,而两者并无行政等级关系时,向行使监管权之机关所提起之诉愿,视为不真正诉愿。

二、在法律明文规定之情况下,亦得就合议机关之任何成员所作之行政行为,向该合议机关提起不真正诉愿。

三、规范诉愿之规定,经作出必要配合后,适用于不真正诉愿。

第一百六十四条(监督上诉)

一、监督上诉之标的为受监督或监管之公法人所作之行政行为。

二、仅在法律明文规定之情况下,方可提起监督上诉;监督上诉具任意性,但另有规定者除外。

三、如法律对行政行为之恰当性设立一监督,则仅得以被上诉所针对之行为之不当为监督上诉之依据。

四、仅在法律赋予有代替权之监督权力时,且在该权力范围内,方得变更或代替被上诉所针对之行为。

五、在规范诉愿之规定中与监督上诉本身性质无抵触,且与被监督实体之自主应受之尊重无抵触之部分,适用于监督上诉。

第四章 行政合同

第一百六十五条(行政合同之概念)

一、行政合同为一合意,基于此合意而设定、变更或消灭一行政法律关系。

二、行政合同尤其包括下列者:

a)公共工程承揽合同;

b)公共工程特许合同;

c)公共事业特许合同;

d)博彩经营特许合同;

e)继续供应合同;

f)为直接公益提供劳务之合同。

第一百六十六条(行政合同之使用)

行政机关在履行其所属法人之职责时,得订立行政合同;但因法律规定或因拟建立之关系之性质,而不得订立行政合同者,不在此限。

第一百六十七条(行政当局之权力)

除因法律规定或因合同之性质而不得作出下列行为外,公共行政当局得:

a)单方变更给付之内容,只要符合合同标的及维持其财政平衡;

b)指挥履行给付之方式;

c)基于公共利益且经适当说明理由,单方解除合同,但不影响支付合理之损害赔偿;

d)监察履行合同之方式;

e)科处为不履行合同而定之处罚。

第一百六十八条(合同之形成)

本法典关于行政程序之规定,经作出必要配合后,适用于行政合同之形成。

第一百六十九条(共同订立合同人之选择)

一、就旨在联同私人持续履行行政职责之合同,应通过公开竞投、限制性竞投或直接磋商,而选择共同订立合同人;但有特别制度者除外。

二、符合法律所定一般要件之所有实体,均应获接纳参与公开竞投。

三、符合行政当局为每一情况而特别订定之要件之实体,或经订立合同之公共实体邀请参与限制性竞投之实体,方得获接纳参与限制性竞投。

四、在直接磋商前,一般应先向至少三个实体进行查询。

第一百七十条(公开竞投之必要性)

一、行政合同一般应先经公开竞投后方订立,但有关作出公共开支之规定或特别法例另有规定者除外。

二、在下列情况下,得免除公开竞投:

a)合同之价额低于法律所定之限额时,有权限之机关作出附适当理由说明之决定;

b)合同之价额高于法律所定之限额时,有权限之机关作出附理由说明之建议,且该建议获上级机关或监督机关明确赞同。

三、如免除公开竞投,应进行限制性竞投;限制性竞投亦免除时,应遵照上条第四款之规定为之。

第一百七十一条(合同之方式)

行政合同必须以书面订立,但法律另定其他方式者除外。

第一百七十二条(合同之非有效制度)

一、订立行政合同所取决之行政行为为无效或可撤销时,该行政合同亦为无效或可撤销,且适用本法典之规定。

二、《民法典》有关意思欠缺及瑕疵之规定,适用于任何行政合同。

三、下列规定适用于行政合同之非有效，但不影响第一款规定之适用：

a)对标的可成为行政行为标的之行政合同，适用本法典所定行政行为非有效之制度；

b)对标的可成为私法上之合同标的之行政合同，适用《民法典》所定法律行为非有效之制度。

第一百七十三条（表示意见之行为）

一、解释合同条款或就合同条款是否有效表明意见之行政行为，属不确定且不具执行力之行政行为；因此，如未经共同订立合同人同意，行政当局须通过向有管辖权之法院提起诉讼，方获得其所主张之效果。

二、上款之规定不影响民法中关于双务合同之一般规定之适用，但各订立合同人已明确表示不适用该等规定者除外。

第一百七十四条（给付之强制执行）

一、通过行政法院，方得强制执行未履行之合同上之给付；但法律另有规定者除外。

二、如因不履行合同上之给付，法院判处共同订立合同之私人须作出一事实或交付一定之物者，则行政当局得作出一确定且具执行力之行政行为，促成以行政途径强制执行该判决。

第一百七十五条（自愿仲裁）

容许依据法律规定采用仲裁。

第一百七十六条（补充法例）

本法典未有明文规定者，行政法之一般原则适用于行政合同，而规范公共开支之法律规定，以及规范订立公法上之合同之特定方式之规定，经作出必要配合后，亦适用于行政合同。

司法组织纲要法

（由第 9/1999 号法律核准，第 9/2004 号法律修订）

立法会根据《澳门特别行政区基本法》第七十一条（一）项项，制定本法律。

第一章　一般规定

第一条（管辖权）

一、澳门特别行政区享有独立的司法权和终审权。

二、除《澳门特别行政区基本法》所规定的情况外，澳门特别行政区法院对澳门特别行政区所有的案件均有管辖权。

第二条（司法机关）

司法机关指法院及检察院。

第二章　法院的组织

第一节　一般规定

第三条（定义）

法院为唯一有权限行使审判职能的机关。

第四条（职责）

法院有职责确保维护权利及受法律保护的利益，遏止对法律的违反，以及解决公、私利益冲突。

第五条（独立性）

一、法院是独立的，根据法律对属其专属审判权范围的问题作出裁判，不受其他权力干涉，亦不听从任何命令或指示。

二、上款规定不包括《澳门特别行政区基本法》所规定的情况及有义务遵守上级法院在上诉中所作裁判的情况。

三、法院的独立性按《司法官通则》所作的规定，通过法官的不可移调及无须负责，以及设有一个独立的管理及纪律机关予以保障。

第六条（诉诸法院）

一、确保任何人均有权诉诸法院，以维护其权利及受法律保护的利益；不得以其缺乏经济能力而拒绝公正。

二、有关在缺乏经济能力下诉诸法院的情况，由独立法规规范。

三、任何人均有权在合理期间内，获得一个通过公正程序对其参与的案件作出的裁判。

第七条（辅助）

法院在履行职责时，有权获其他当局辅助。

第八条（裁判）

一、非属单纯事务性的法院裁判，须依据诉讼法律的规定说明其理由。

二、法院的裁判对所有公共实体及私人实体均具有强制性，且优于其他当局的决定。

三、诉讼法律就任何当局如何执行法院的裁判作出规范，并对不执行法院裁判而须负责任的人订定应予科处的制裁。

第九条（听证）

法院的听证是公开的，但因涉及公共秩序、法院正常运作、善良风俗或私人生活隐私，法院本身依据诉讼法律的规定以附理由说明的批示作出相反决定者除外。

第十条（法院的种类）

一、设有第一审法院、中级法院及终审法院。

二、第一审法院包括初级法院和行政法院。

第十一条（司法年度）

一、司法年度自每年九月一日开始。

二、每一司法年度之始，由行政长官主持庄严仪式昭示之，而行政长官、终审法院院长、检察长及澳门律师的代表得在仪式中致辞。

第十二条（司法假期）

十二月二十二日至一月三日、农历年最后一日至农历新年第六日、复活节前的星期日至复活节后的星期一，以及八月一日至八月三十一日为司法假期。

第十三条（紧急工作）

一、在法院须安排轮值，以应付假期期间应予进行的工作。

二、在法院亦得安排轮值，以应付在星期六、星期日及公众假期应予进行的法律规定的紧急工作。

三、安排轮值属有关法院院长的权限，经听取相关法官的意见后，有关安排应最迟提前九十日作出。

第十四条（兼任职务）

一、基于第一审法院工作所需，法官委员会得指定属本地编制的法官在另一初级法院或法庭以兼任方式担任职务。

二、上述法官按法官委员会的决定，在该法院或法庭有管辖权审理的各类诉讼程序中或某类上述诉讼程序中担任所兼任的职务。

第十五条（订正）

一、已完结的卷宗、簿册及其他文件在归档前须经检察院检阅，且在有需要时由法官订正，以便查明是否存有不当情事以及对之作出弥补。

二、"订正检阅"的注记应在记载最后一项笔录或书录之页上作出，并应由法官注明日期及签署。

三、发现任何不当情事时，如法律容许对之作出弥补，法官须命令弥补该不当情事；在作出弥补及重新检查后方得作确定性注记。

四、如法律不容许作出弥补，法官须在注记上载明所发现的不当情事。

五、在上级法院，上述订正属有关法院院长的权限。

第二节　管辖权及运作

第十六条（管辖权的赋予）

一、法院对整个澳门特别行政区具有管辖权，但不影响第一条第二款规定的适用。

二、法院根据《澳门特别行政区基本法》第一百四十三条解释该法。

三、诉讼法律规定澳门各级法院在何种情况下获赋予管辖权及行使《澳门特别行政区基本法》的解释权。

第十七条（等级）

一、为着对法院裁判提起上诉之目的，法院分为若干等级。

二、在上诉时，利益值超过第一审法院法定上诉利益限额的案件，由中级法院审理，而利益值超过中级法院法定上诉利益限额的案件，尚得由终审法院审理；但诉讼法律及本法另有规定者除外。

第十八条（法定上诉利益限额）

一、在民事及劳动法上的民事方面，第一审法院及中级法院的法定上诉利益限额分别为澳门币五万元及一百万元。

二、在行政上的司法争讼方面的诉讼及请求，如案件或请求的利益值系可确定者，第一审法院的法定上诉利益限额为澳门币五万元，中级法院的法定上诉利益限额为澳门币一百万元。

三、在税务及海关上的司法争讼方面，如案件的利益值系可确定者，第一审法院的法定上诉利益限额为澳门币一万五千元，中级法院的法定上诉利益限额为澳门币一百万元。

四、在刑事，劳动法上的刑事，未成年人司法管辖范围的教育及社会保护制度，行政、税务及海关上的其他司法争讼手段，以及监察规范的合法性方面，不设法定上诉利益限额。

第十九条（行政、税务及海关上的司法争讼范围）

涉及下列事项的问题不属行政、税务及海关上的司法争讼范围：

（一）不论以作为或不作为的方式行使政治职能时作出的行为，以及对行使该职能时产生的损害的责任；

（二）不论以作为或不作为的方式行使立法职能时产生的法律性规定，以及对行使该职能时产生的损害的责任；

（三）关于侦查及预审的行为，以及关于实行刑事诉讼的行为；

（四）将财产定为属公产的行为，以及将之与其他性质的财产划定界限的行为；

（五）私法问题，即使任一当事人为公法人。

第二十条（执行裁判的管辖权）

除非诉讼法律及本法另有规定，每一法院均有执行本身裁判的管辖权。

第二十一条（规范管辖权的法律）

一、管辖权于诉讼程序开始时确定。

二、嗣后发生的事实变更及法律变更均无须理会，但另有规定者除外。

三、管辖权有重大变更时，法官须依职权命令将待决案件移送具管辖权的法院。

第二十二条（转移的禁止）

一、不得将案件从具管辖权的法院转移至另一法院，但属法律特别规定的情况除外。

二、不得将刑事案件从之前的法律已确定其管辖权的法院撤出。

第二十三条（第一审法院的运作）

一、为审判案件之目的，第一审法院依据诉讼法律的规定以合议庭或独任庭方式运作。

二、如法律无规定以合议庭参与，则法院以独任庭运作。

三、独任庭由一名法官组成。

四、合议庭由下列人士组成：

（一）一名合议庭主席，并由其主持；

（二）负责卷宗的法官；

（三）法官委员会每年预先指定的一名法官。

五、在审判开始时已参与的法官，或在须作检阅的情况下，为进行审判而已检阅有关诉讼卷宗的法官，其权限依据《司法官通则》的规定维持至审判终结。

六、在不妨碍依据诉讼法律无须合议庭参与的情况下，合议庭有管辖权审判下列诉讼程序及问题：

（一）应由合议庭参与的刑事诉讼程序；

（二）受理共同进行民事诉讼的刑事诉讼程序，但以损害赔偿请求超过第一审法院法定上诉利益限额为限；

（三）在利益值超过第一审法院法定上诉利益限额的民事及劳动性质诉讼中的事实问题，以及在附随事项、保全程序及依宣告诉讼程序的规定进行的执行程序且利益值超过上指法定上诉利益限额的程序中相同性质的问题；

（四）在属行政法院管辖权利益值超过第一审法院法定上诉利益限额诉讼程序中的事实问题；

（五）法律规定的其他诉讼程序及问题。

第二十四条（合议庭主席的权限）

一、合议庭主席有权限：

（一）经听取组成该庭其余法官意见后，安排及召集合议庭会议；

（二）主持辩论及审判的听证；

（三）依据诉讼法律的规定，制作在属合议庭管辖的诉讼程序中所作的合议庭裁判书及终局判决书；

（四）依据诉讼法律的规定，弥补上项所指裁判的缺陷，以及对该等裁判予以澄清、更正及支持。

二、如在诉讼步骤中出现使合议庭不能参与的情形，由合议庭主席履行审理事实上之事宜及制作终局判决书的义务。

三、为行使第一款所指的权限，初级法院及行政法院的合议庭主席由法官委员会指定。

第二十五条（上级法院的运作）

一、为审判案件之目的，中级法院及终审法院依据诉讼法律的规定以评议会及听证方式运作。

二、作为助审法官的法院院长、裁判书制作人、助审法官以及诉讼法律规定的实体均参与评议会及听证。

三、裁判书制作人由获分发卷宗的法官担任。

四、助审法官由按在有关法院年资顺序，在裁判书制作人之后的在职法官担任，但诉讼法律及本法另有规定者除外。

五、在第三十八条第二款所指的诉讼程序中，助审法官由该款规定所指的另一名法官担任。

六、为进行审判而已检阅有关诉讼卷宗的法官,其权限依据《司法官通则》的规定维持至审判终结。

第二十六条(裁判书制作人的权限)

裁判书制作人有权限:

(一)就程序的进行作出有关决定,以及为审判作准备;

(二)依据诉讼法律的规定,制作合议庭裁判书;

(三)受理或不受理对合议庭裁判提起的上诉,并在受理上诉时,宣告该上诉的类别、上呈制度及效力;

(四)担任诉讼法律所赋予的其他职务。

第三节　第一审法院

第二十七条(列举)

一、下列者属第一审法院:

(一)初级法院;

(二)行政法院。

二、初级法院由民事法庭、刑事起诉法庭、轻微民事案件法庭、刑事法庭、劳动法庭、家庭及未成年人法庭组成。

第二十八条(民事法庭的管辖权)

民事法庭有管辖权审判不属于其他法庭管辖的民事性质的案件,以及有管辖权审判不属于其他法庭或法院管辖的其他性质的案件,包括审判该等案件的所有附随事项及问题。

第二十九条(刑事起诉法庭)

一、刑事起诉法庭有管辖权在刑事诉讼程序中行使在侦查方面的审判职能、进行预审以及就是否起诉作出裁判。

二、刑事起诉法庭有管辖权执行徒刑及收容保安处分,尤其有管辖权为达致下列目的而参与该等刑罚及保安处分的执行:

(一)认可及执行重新适应社会的个人计划;

(二)对被囚禁的人提出的投诉,即使属被羁押的人提出的投诉进行审理;

(三)审理对狱政场所的有权限机关所作的纪律裁定的上诉,即使属针对被羁押的人作出的纪律裁定提起的上诉;

(四)给予及废止执行刑罚的灵活措施;

(五)在被囚禁者服刑或履行保安处分的时间中,扣除被囚禁者因假装患病而住院的时间;

(六)给予及废止假释;

（七）延长刑罚；

（八）对嗣后出现的精神失常进行审理；

（九）终止、重新审查、复查及延长收容；

（十）给予及废止考验性释放；

（十一）命令将人从有关场所释放；

（十二）建议给予被判处且正履行徒刑或收容保安处分的人赦免，并对其实施赦免；

（十三）对被判处徒刑或收容保安处分的人给予及废止司法恢复权利；

（十四）至少每月到监狱巡视一次，以查证羁押及判刑是否依法执行；

（十五）于巡视期间处理囚犯事前表示欲由其处理而提出的请求。

第二十九条—A（轻微民事案件法庭的管辖权）

轻微民事案件法庭有管辖权审判应按照轻微案件特别诉讼程序的步骤进行的诉讼，包括审判该等诉讼的所有附随事项及问题，但不影响获法律赋予的其他管辖权。

第二十九条—B（刑事法庭的管辖权）

刑事法庭有管辖权审判不属于其他法庭或法院管辖的刑事或轻微违反性质的案件，包括审判该等案件的所有附随事项及问题。

第二十九条—C（劳动法庭的管辖权）

劳动法庭有管辖权审判适用《劳动诉讼法典》的、由劳动法律关系而生的民事及轻微违反的诉讼、附随事项及问题，但不影响获法律赋予的其他管辖权。

第二十九条—D（家庭及未成年人法庭的管辖权）

一、家庭及未成年人法庭负责准备及审判下列程序及诉讼，但不影响获法律赋予的其他管辖权：

（一）有关夫妻的非讼事件的程序；

（二）经法院裁定的分产诉讼及离婚诉讼，但不影响《民法典》第 1628 条第 2 款规定的适用；

（三）基于经法院裁定的分产诉讼及离婚诉讼而申请进行的财产清册程序，以及与该财产清册程序有关的保全程序；

（四）宣告婚姻不成立的诉讼或撤销婚姻的诉讼；

（五）根据《民法典》第 1519 条及第 1520 条提起的诉讼；

（六）向配偶、前配偶、未成年子女、成年或已解除亲权的子女提供扶养的诉讼及执行程序；

（七）与十月二十五日第 65/99/M 号法令第 95 条所列举的特别措施有关的程序；

（八）对母亲身份及推定父亲身份提出争执的诉讼；

（九）与采用、执行及重新审查十月二十五日第 65/99/M 号法令所规定的措施及一般措施有关的程序。

二、家庭及未成年人法庭亦有管辖权审理在上款所指案件中出现的任何附随事项及问题。

第三十条（行政法院）

一、行政法院有管辖权解决行政、税务及海关方面的法律关系所生的争议。

二、在行政上的司法争讼方面，在不影响中级法院的管辖权的情况下，行政法院有管辖权审理：

（一）对以下实体所作的行政行为或属行政事宜的行为提起上诉的案件：

（1）局长以及行政当局中级别不高于局长的其他机关；

（2）公务法人的机关；

（3）被特许人；

（4）公共团体的机关；

（5）行政公益法人的机关；

（6）市政机构或临时市政机构及其具法律人格与行政自治权的公共部门。

（二）其他法院无管辖权审理的关于公法人机关选举上的司法争讼。

（三）下列诉讼：

（1）关于确认权利或受法律保护的利益的诉讼；

（2）关于提供信息、查阅卷宗或发出证明的诉讼；

（3）关于行政合同的诉讼；

（4）关于澳门特别行政区、其他公共实体及其机关据位人、公务员或服务人员在公共管理行为中受到损害而提起的非因合同而产生的民事责任的诉讼，包括求偿诉讼。

（四）要求勒令作出一行为的请求。

（五）在涉及行政上的司法争讼事宜的自愿仲裁方面，适用的法律规定由初级法院审理的问题，但诉讼法律另有规定者除外。

三、在税务上的司法争讼方面，在不影响中级法院的管辖权的情况下，行政法院有管辖权审理：

（一）对涉及税务及准税务问题的行政行为提起上诉的案件；

（二）对税务收入及准税务收入的结算行为提起上诉的案件；

（三）对可独立提出司法争执的确定财产价值的行为提起上诉的案件；

（四）对可独立提出司法争执、属（二）项及（三）项所指行为的准备行为提起上诉的案件；

（五）就（二）项、（三）项及（四）项所指的行为提出行政申诉被全部或部分驳回时，对可通过司法争讼予以上诉的驳回行为提起上诉的案件；

（六）对税务行政当局部门有权限的实体在税务执行程序中所作的行为提起上诉的案件；

（七）在税务执行程序中提出的禁制、对执行的反对、债权的审定及债权受偿顺序的订定、出售的撤销及诉讼法律规定的所有诉讼程序中的附随事项；

（八）关于确认权利或受法律保护的利益，以及提供信息、查阅卷宗或发出证明的税务事宜诉讼；

（九）要求勒令作出一行为的请求；

（十）要求为担保税务债权采取保全措施的请求。

四、在海关上的司法争讼方面，在不影响中级法院的管辖权的情况下，行政法院有管辖权审理：

（一）对涉及海关但不应在税务执行程序中审理的问题的行政行为提起上诉的案件；

（二）对海关收入的结算行为提起诉讼的案件，以及对可独立提出司法争执的有关准备行为提起上诉的案件；

（三）就上项所指的行为提出行政申诉被全部或部分驳回时，对可针对其提起诉讼的驳回行为提起上诉的案件；

（四）关于确认权利或受法律保护的利益，以及提供信息、查阅卷宗或发出证明的海关事宜诉讼；

（五）要求勒令作出一行为的请求。

五、在行政、税务及海关上的司法争讼方面，行政法院尚有管辖权审理：

（一）对引致不同公法人的机关出现职责冲突的行为提起上诉的案件；

（二）对市政机构或临时市政机构履行行政职能时制定的规定提出的争执；

（三）要求中止某些行政行为的效力的请求，只要该法院正审理对该等行政行为所提起的上诉，以及审判关于在该法院待决或将提起的上诉的其他附随事项；

（四）在该法院待决的程序内或就将提起的程序要求预先调查证据的请求；

（五）对行政机关在处理行政违法行为的程序中科处罚款及附加制裁的行为，以及法律规定的其他行为提起上诉的案件；

（六）要求审查上项所指的科处罚款及附加制裁的决定的请求；

（七）根据法律由行政法院审理或上级法院无管辖权审理而属行政、税务及海关司法争讼方面的上诉、诉讼及程序上的其他手段。

第三十一条（第一审法院的组成及法官的编制）

一、第一审法院的法庭数目、法庭的确实设立或转为另一法庭、因法庭的设立或转换而须重新分发卷宗,均以行政法规订定。

二、第一审法院及其法庭的设置,以行政命令订定。

三、在设立或转换法庭时,法官委员会可命令将原已设立的法庭的法官调往任何新设立的法庭,无须其本人同意,即使属有关法庭编制的法官亦然。

四、第一审法院法官的编制载于本法附件表一。

第三十二条(分发卷宗工作的轮值)

一、在分设若干庭的初级法院内,有一名当值的法官主持卷宗的分发工作以及就与分发卷宗有关的问题作出决定。

二、除在八月一日至八月三十一日期间进行的轮值外,分发卷宗的轮值期为十五日,每期由每月一日及十六日开始,并按各庭编号顺序进行轮值。

第三十三条(第一审法院院长)

一、第一审法院由一名第一审法院的法官担任院长,其系由行政长官在属该等法院本地编制的法官中任命。

二、院长任期为三年,可续任。

三、任期终止的院长继续担任职务直至替任人就职时止。

四、院长除担任其法官职务外,亦有权限:

(一)面对其他当局时代表第一审法院;

(二)监管初级法院办事处,但不妨碍第三十四条所指法官对刑事起诉法庭的监管权;

(三)在法官数目变更时,就重新分发卷宗作出安排;

(四)对初级法院办事处的书记长授予职权;

(五)每年编制一份关于初级法院各部门工作状况的报告书,并将之交予法官委员会;

(六)担任法律赋予的其他职务。

五、第一审法院院长由一名私人秘书协助行政工作。

第三十四条(办事处的监管)

一、在只有一名法官的法院内,由该名法官担任与上条第四款(二)项、(三)项、(四)项及(五)项所指者相应的职务。

二、在分为若干个庭或设有多于一名法官的法院或法庭内,由属该法院或法庭编制的法官轮流担任上款所指的职务,为期三年,由在法院或法庭内年资最久的法官开始,之后按年资顺序为之。

第三十五条(院长及法官的代任)

一、第一审法院院长出缺、不在或回避时,由在该等法院年资最久的本地编制的法官以兼职制度代任。

二、法官出缺、不在或回避时,按下款的规定,由另一法官以兼职制度代任。

三、在仅有一名法官的法院或法庭内,由法官委员会指定代任人;在有两名法官的法院或法庭内,由该两名法官互相代任;在分为若干个庭的法院,第一庭的法官由第二庭的法官代任,第二庭的法官由第三庭的法官代任,如此类推,最后一庭的法官由第一庭的法官代任。

第四节　中级法院

第三十六条(管辖权)

中级法院有管辖权:

(一)审判对第一审法院的裁判提起上诉的案件,以及对自愿仲裁程序中作出而可予以争执的裁决提起上诉的案件。

(二)作为第一审级,审判就下列人士因履行其职务而作出的行为,针对彼等所提起的诉讼:

(1)廉政专员、审计长、警察总局局长及海关关长;

(2)行政会委员及立法会议员。

(三)作为第一审级,审判下列人士在担任其职务时的犯罪及轻微违反的案件:

(1)廉政专员、审计长、警察总局局长及海关关长;

(2)行政会委员及立法会议员。

(四)作为第一审级,审判就第一审法院法官、检察官因履行其职务而作出的行为,针对彼等所提起的诉讼。

(五)作为第一审级,审判由上项所指司法官作出的犯罪及轻微违反的案件。

(六)在(三)项及(五)项所指案件的诉讼程序中,进行预审,就是否起诉作出裁判,以及行使在侦查方面的审判职能。

(七)许可或否决对刑事判决进行再审、撤销不协调的刑事判决,以及于再审程序进行期间中止刑罚的执行。

(八)作为第一审级,审判对下列人士及机关所作的行政行为或属行政事宜的行为,或所作的有关税务、准税务或海关问题的行为提起上诉的案件:

(1)行政长官、立法会主席及终审法院院长;

(2)司长、廉政专员、审计长、检察长、警察总局局长及海关关长;

(3)立法会执行委员会;

(4)推荐法官的独立委员会及其主席、法官委员会及其主席、中级法院院长、第一审法院院长及监管办事处的法官;

(5)检察官委员会及其主席、助理检察长及检察官;

（6）在行政当局中级别高于局长的其他机关。

（九）审判对行政机关履行行政职能时制定的规定提出争执的案件。

（十）审判要求中止某些行政行为及规范的效力的请求,只要该法院正审理对该等行政行为所提起的司法上诉及对该等规范所提起的申诉,以及审判关于在该法院待决或将提起的上诉的其他附随事项。

（十一）审判在该法院待决的行政、税务或海关上的司法争讼程序内,或就将提起的上述程序要求预先调查证据的请求。

（十二）审查有管辖权的第一审法院在处理行政违法行为的程序中所作的科处罚款及附加制裁的裁判。

（十三）审查及确认裁判,尤其是澳门以外的法院或仲裁员所作者。

（十四）审理第一审法院间的管辖权冲突。

（十五）审理行政法院与行政、税务或海关当局间的管辖权冲突。

（十六）行使法律赋予的其他管辖权。

第三十七条（中级法院卷宗的分发）

为卷宗分发之目的,中级法院的卷宗类别如下：

（一）民事及劳动诉讼程序的上诉；

（二）刑事诉讼程序的上诉；

（三）行政、税务及海关方面的司法裁判的上诉；

（四）司法上诉；

（五）行政、税务及海关方面的其他诉讼程序；

（六）管辖权及审判权的冲突；

（七）澳门以外的法院或仲裁员作出的裁判的再审及确认；

（八）由该法院作为第一审级审理的案件；

（九）其他诉讼程序。

第三十八条（组成）

一、中级法院法官的编制载于本法附件表二。

二、中级法院内所有行政、税务及海关方面的司法争讼卷宗,应仅分发予法官委员会预先指定的两名法官。

三、为审判第三十六条（三）项及（五）项所指的犯罪案件,所有无须回避的中级法院法官均参与有关听证,即使其数目超过三名亦然。

四、在上款最后部分所指的情况下,有不少于三分之二法官出席时,即可进行上款所指的听证。

第三十九条（审理权）

在上诉中,中级法院审理事实上及法律上的事宜,但诉讼法律另有规定者除外。

第四十条（评议会会议及开庭听证）

一、中级法院的评议会及开庭听证按日程进行。

二、会议及开庭通常每周进行一次,而在特别情况下经院长作出决定,亦得进行。

三、如通常进行会议或开庭之日为公众假期,则该会议及开庭于随后紧接的第一个工作日进行,但院长另有决定者除外。

四、会议及开庭的日期及时间载于事先张贴在法院入口大堂的次序日程表内。

五、各法官依在该法院的年资顺序,交替坐在院长右方及左方。

六、法官《司法官通则》所定的居先顺序参与审判。

第四十一条（中级法院院长）

一、中级法院院长由行政长官委任一名中级法院的法官担任。

二、院长任期三年,可续任。

三、任期终止的院长继续担任职务直至替任人就职时止。

四、中级法院院长由一名私人秘书协助行政工作。

第四十二条（院长的权限）

中级法院院长有权限:

(一)面对其他当局时代表中级法院;

(二)确保中级法院正常运作;

(三)主持卷宗的分发工作以及就与分发卷宗有关的问题作出决定;

(四)定出通常进行会议及开庭的日期与时间,以及召集特别进行的会议及开庭;

(五)主持评议会及听证;

(六)行使助审法官的权限;

(七)确定在评议会及听证中投票的落败者;

(八)在法官数目有变时,就重新分发卷宗作出安排;

(九)订正卷宗;

(十)监管中级法院办事处;

(十一)对中级法院的书记长授予职权;

(十二)每年编制一份关于中级法院各部门工作状况的报告书,并将之交予法官委员会;

(十三)担任法律赋予的其他职务。

第四十三条（院长及法官的代任）

一、中级法院院长出缺、不在或回避时,由在中级法院年资最久的本地编制的法官以兼职制度代任。

二、裁判书制作人出缺、不在或回避时,由非为院长的助审法官代任,而助审法官则由按在该法院的年资顺序,在其之后的在职法官代任。

三、如未能依据上款规定代任,则中级法院法官由第一审法院院长代任,如第一审法院院长未能代任,则依第三十五条处理。

第五节　终审法院

第四十四条(性质及管辖权)

一、终审法院为法院等级中的最高机关。

二、终审法院有管辖权:

(一)依据诉讼法律的规定统一司法见解;

(二)审判对中级法院作为第二审级所作的属民事或劳动事宜的合议庭裁判以及在行政、税务或海关上的司法争讼的诉讼中所作的合议庭裁判提起上诉的案件,只要依据本法及诉讼法律的规定,对该合议庭裁判系可提出争执者;

(三)审判对中级法院作为第二审级所作的属刑事的合议庭裁判提起上诉的案件,只要依据诉讼法律的规定,对该合议庭裁判系可提出争执者;

(四)审判对中级法院作为第一审级所作的可予以争执的合议庭裁判提起上诉的案件;

(五)审判就行政长官、立法会主席及司长因履行其职务而作出的行为,针对彼等所提起的诉讼,但法律另有规定者除外;

(六)审判行政长官、立法会主席及司长在担任其职务时作出的犯罪及轻微违反的案件,但法律另有规定者除外;

(七)审判就终审法院法官、检察长、中级法院法官及助理检察长因履行其职务而作出的行为,针对彼等所提起的诉讼;

(八)审判上项所指司法官作出的犯罪及轻微违反的案件;

(九)在(六)项及(八)项所指案件的诉讼程序中,进行预审,就是否起诉作出裁判,以及行使在侦查方面的审判职能;

(十)就人身保护令事宜行使审判权;

(十一)审理关于法官委员会及检察官委员会选举上的司法争讼;

(十二)审判要求中止某些行政行为效力的请求,只要该法院正审理对该等行政行为所提起之司法上诉;以及审判关于在该法院待决或将提起之上诉之其他附随事项;

(十三)审判在该法院待决的行政上的司法争讼程序内,或就将提起的上述程序要求预行调查证据的请求;

(十四)审理中级法院与第一审法院间的管辖权冲突;

（十五）审理中级法院与行政、税务及海关当局间的管辖权冲突；

（十六）行使法律赋予的其他管辖权。

第四十五条（终审法院卷宗的分发）

为卷宗分发之目的，终审法院的卷宗类别如下：

（一）民事及劳动诉讼程序的上诉；

（二）刑事诉讼程序的上诉；

（三）行政、税务及海关方面的司法裁判的上诉；

（四）关于统一司法见解的司法上诉；

（五）管辖权及审判权的冲突；

（六）由该法院作为第一审级审理的案件；

（七）其他诉讼程序。

第四十六条（组成）

一、终审法院法官的编制载于本法附件表三。

二、为行使第四十四条第二款（一）项所指的管辖权，除所有终审法院法官参与评议会外，无须回避的中级法院院长及在中级法院年资最久且无须回避的法官亦参与评议会。如须回避，则由按年资顺序在其之后的法官参与。

第四十七条（审理权）

一、在作为第二审级审判上诉案件时，终审法院审理事实上及法律上的事宜，但诉讼法律另有规定者除外。

二、在非作为第二审级审判上诉案件时，终审法院仅审理法律上的事宜，但诉讼法律另有规定者除外。

第四十八条（评议会会议及开庭听证）

第四十条的规定，经适当配合后，适用于终审法院的评议会会议及开庭听证。

第四十九条（终审法院院长）

一、终审法院院长由行政长官任命的一名法官担任。

二、终审法院院长在具有澳门特别行政区永久性居民资格及中国国籍，且具有该法院编制内职位的法官中选任。

三、终审法院院长任期为三年，可续任。

四、终审法院院长在所有法院司法官中享有居先地位。

五、任期终止的院长继续担任职务直至替任人就职时止。

六、终审法院院长有一名私人秘书；关于司长办公室私人秘书的职务性质、聘任、通则及终止职务的规定，经作出必要配合后，适用之。

第五十条（终审法院院长办公室）

一、设终审法院院长办公室。终审法院院长办公室为具有独立职能、行政及财政自治的机构。

二、终审法院院长办公室负责统筹各级法院的事务,向各级法院提供技术、行政及财政辅助。

三、终审法院院长办公室下设若干部门,其主要职责为:

(一)策划、统筹并执行旨在完善各级法院的组织、运作的措施;

(二)根据《司法官通则》规定,协助法官委员会就有关司法体系的事宜提出立法建议;

(三)研究与法院体系有关的法规,编纂各级法院案例集,并统筹相关图书资料的翻译、搜集、出版及管理;

(四)行使在有关自愿仲裁,法医学鉴定及其他法规规定的,原由司法行政管理部门之辅助部门行使的职权;

(五)协助编制各级法院年度活动计划及报告书;

(六)统筹管理各级法院的行政及财政工作,并向各级法院提供其他必备的行政及技术辅助;

(七)管理法院司法公库;

(八)开展司法协助方面的工作,进行对外联络及交流。

四、终审法院院长办公室适用经适当配合后的自治实体财政制度,具本身账目计划。

五、终审法院院长办公室的具体组织和运作由行政法规订定。

第五十一条(院长的权限)

终审法院院长除担任法官职务外,还有权限:

(一)代表澳门各法院;

(二)面对其他当局时代表终审法院;

(三)确保终审法院正常运作;

(四)主持卷宗的分发工作以及就与分发卷宗有关的问题作出决定;

(五)定出通常进行会议及开庭之日期与时间,以及召集特别进行的会议及开庭;

(六)主持评议会及听证;

(七)行使助审法官的权限;

(八)确定在评议会及听证中投票的落败者;

(九)在法官数目有变时,就重新分发卷宗作出安排;

(十)订正卷宗;

(十一)对所有法院司法官授予职权;

(十二)监管终审法院办事处;

（十三）对终审法院的书记长授予职权；

（十四）每年编制一份关于终审法院各部门工作状况的报告书，并将之交予法官委员会；

（十五）担任法律赋予的其他职务。

第五十二条（院长及法官的代任）

一、终审法院院长出缺、不在或回避时，由符合终审法院院长条件并在终审法院年资最久的法官以兼职制度代任。

二、裁判书制作人出缺、不在或回避时，由非为院长的助审法官代任，而助审法官则由按在该法院的年资顺序，在其之后的在职法官代任。

三、如未能依据上款规定代任，则终审法院法官由在中级法院年资最久且无须回避的法官代任。

第五十三条（经第 7/2004 号法律第三十一条第一款（三）项废止）

第五十四条（办事处的权限）

一、办事处的中心科有下列权限：

（一）记录卷宗及文件，并将之分发；

（二）安排庭差执行中心科的外勤工作，并加以管理；

（三）计算卷宗及独立文件的费用；

（四）为法院司法公库的收入及开支记账；

（五）处理办事处的开支；

（六）制作就职状；

（七）整理档案及其目录；

（八）整理图书馆；

（九）制作统计表；

（十）记录及保管与卷宗有关的对象以及不可附于卷宗或并入卷宗的任何文件；

（十一）发出有关归档卷宗的证明；

（十二）准备、处理及整理对制作年度报告书属必需的资料及数据；

（十三）行使法律赋予或不属程序科的其他权限。

二、办事处的程序科有下列权限：

（一）推动程序进行及作出有关记录及事务处理；

（二）编排待审理的程序的次序表；

（三）制作审判记录；

（四）将终局裁判予以记录；

（五）安排庭差执行程序科的外勤工作，并加以管理；

(六)发出关于待决诉讼程序的副本、摘录及证明；

(七)进行结算；

(八)行使法律赋予的其他权限。

第三章　检察院的组织

第一节　一般规定

第五十五条(定义)

一、检察院为唯一行使法律赋予的检察职能的司法机关；相对于其他权力机关，检察院是自治的，独立行使其职责及权限，不受任何干涉。

二、检察院的自治及独立性，通过检察院受合法性准则及客观准则所约束，以及检察院司法官仅须遵守法律所规定的指示予以保障。

第五十六条(职责及权限)

一、检察院的职责为在法庭上代表澳门特别行政区，实行刑事诉讼，维护合法性及法律所规定的利益；诉讼法律规定检察院在何种情况下行使监察《澳门特别行政区基本法》实施的权限。

二、检察院尤其有权限：

(一)代表澳门特别行政区、澳门特别行政区公库、市政机构或临时市政机构、无行为能力人、不确定人及失踪人；

(二)在法律规定的情况下，维护集体利益或大众利益；

(三)实行刑事诉讼；

(四)依据诉讼法律的规定领导刑事调查；

(五)监察刑事警察机关在程序上的行为；

(六)促进及合作进行预防犯罪的活动；

(七)在其职责范围内，维护法院的独立性，并关注法院的职责是否依法履行；

(八)在具有正当性的情况下，促进法院裁判的执行；

(九)依职权在法院代理劳工及其家属，以维护彼等在社会方面的权利；

(十)在履行职责时要求其他有权限当局提供协助；

(十一)参与破产或无偿还能力的程序以及所有涉及公共利益的程序；

(十二)对因当事人为对法律作出欺诈而互相勾结所导致的裁判提起上诉；

(十三)在法律规定的情况下，或应行政长官或立法会主席的请求，行使咨询职能；

(十四)行使法律赋予的其他权限。

第五十七条(代表及组织)

一、检察院在各级法院的代表分别为：

（一）在终审法院由检察长代表,检察长由助理检察长协助;

（二）在中级法院由助理检察长代表;

（三）在第一审法院由检察官代表。

二、为着上款的规定之目的,检察院可根据其参与的工作所涉及的有关事宜的性质、其参与的工作所涉及之有关法院的管辖权、其参与之诉讼程序的阶段或所调查之犯罪的种类,组织专责小组。

三、检察院设检察长办公室。检察长办公室为具有独立职能、行政及财政自治的机构。

四、检察长办公室负责向检察长提供技术和行政性质的辅助,在内设立专责检察院事务处理的下属部门,其职责主要为:

（一）在程序活动、刑事侦查、鉴定、勘验、侦讯方面和其他事项上为检察院司法官提供协助,以及管理司法档案;

（二）接受法人、其他团体、社会组织和个人的举报。

（三）依法提供法律咨询和援助;

（四）研究与检察院有关的法规、案例和工作情况,监督与检察工作有关的法规的执行,统筹与检察工作有关的图书资料的翻译、搜集、出版和管理;

（五）应检察长的要求向外界提出司法建议,发出检察院的法律意见;

（六）开展司法协助方面的工作,进行对外联络及交流,及协调社区关系;

（七）管理检察院司法公库;

（八）统筹检察院的人事和财政管理工作及其他行政辅助工作。

五、检察长办公室适用经必要配合后的自治实体财政制度,具本身账目计划。

六、检察长办公室的具体组织和运作由行政法规订定。

第五十八条（检察院的特别代表）

一、如应由检察院代表的各实体相互间有利益冲突,或应由检察院维护的利益间有冲突时,由检察长指定一名律师,以代表其中一方或维护其中一种利益。

二、遇有紧急情况,且未能依据上款规定指定律师时,由法官指定适当之人参与诉讼行为,而法学士属优先考虑者。

第五十九条（参与诉讼的制度）

除非诉讼法律另有规定,检察院依职权参与诉讼并享有诉讼法律所规定的权力及权能。

第六十条（参与诉讼的形式）

一、依据诉讼法律的规定,检察院的参与得为主参与或辅助参与。

二、尤其在以下情况下,检察院的参与为主参与:

(一)法律赋予检察院本身正当性;

(二)在法庭上,代表澳门特别行政区、澳门特别行政区公库、市政机构或临时市政机构、无行为能力人、不确定人及失踪人;

(三)代表集体利益或大众利益;

(四)依职权在法院代理劳工及其家属,以维护彼等在社会方面的权利;

(五)在检察院应参与的财产清册程序。

三、在被代理人一旦委托本身的代理人,或无行为能力人或失踪人的法定代理人一旦在程序中提出申请,反对检察院作主参与时,该主参与即行终止。

四、尤其在非为第二款所指的情况下,当市政机构或临时市政机构、其他公法人、公益法人、无行为能力人或失踪人就有关案件有利害关系时,或诉讼之目的在于实现集体利益或大众利益时,检察院的参与为辅助参与。

五、检察院作辅助参与时,须尽力维护其负责维护的利益,并促成其认为适宜的事宜。

第六十一条(紧急工作)

一、第十三条第一款和第二款之规定,经适当配合后,适用于检察院。

二、安排轮值工作属检察长之权限,经听取检察院司法官意见后,有关安排最迟提前九十日作出。

第二节　司法官的权限及编制

第六十二条(检察长)

一、检察长为检察院的最高领导和代表。

二、检察长由澳门特别行政区永久性居民中的中国公民担任,由行政长官提名,报中央人民政府任免。

三、检察长享有为领导检察院和维持检察院的正常运作所必需的一切权力,尤其有权限:

(一)领导及查核检察院各部门的运作和助理检察长、检察官及其他工作人员的工作;

(二)发出助理检察长及检察官应遵守的一般及特定的工作指示;

(三)对所有助理检察长和检察官授予职权;

(四)分派工作予助理检察长和检察官;

(五)指定助理检察长和检察官的代任人。

四、检察长作为检察院的代表,尤其有权限:

(一)在终审法院及面对其他当局时代表检察院;

(二)在法律规定的强制咨询的情况中,或应行政长官或立法会主席的请

求,就特定事宜的合法性发表意见;

(三)在法律要求或应行政长官请求时,参与澳门特别行政区为利害关系人的合同的订立;

(四)每年编制一份关于检察院各部门工作状况的报告书,并将之交予行政长官;

(五)担任法律赋予的其他职务。

五、检察长得将上两款所列权限全部或部分授予助理检察长行使。

第六十三条(助理检察长)

助理检察长尤其有权限:

(一)协助检察长在终审法院代表检察院及行使其他职权;

(二)在中级法院代表检察院;

(三)鉴于案件的严重性或复杂性,或案件涉及基本公共利益时,在第一审法院例外地亲自代表检察院;

(四)领导检察院的专责小组;

(五)向检察官发出执行职务所需的特定指示;

(六)作出诉讼法律规定的决定;

(七)担任法律赋予的其他职务。

第六十四条(检察官)

检察官在第一审法院代表检察院,以及辅助检察长行使其权限;但不影响上条规定的适用。

第六十五条(检察院司法官的编制)

一、检察院司法官的编制载于本法附件表五。

二、检察院司法官的数目,得由检察长建议,经行政长官同意及立法会通过予以变更。

第六十六条(检察院司法官的代任)

一、检察长出缺、不在或回避时,由符合检察长条件且年资最久的助理检察长代任。

二、检察院的其余司法官出缺、不在或回避时,由检察长指定的另一名司法官代任。

三、遇有紧急情况,且未能依据上款规定代任时,由法官就每一情况指定适当的人代任,而法学士属优先考虑者。

第四章　　诉讼代理人

第六十七条(诉讼代理人)

一、诉讼代理人仅得由律师依法担任,但法律另有规定者除外。

二、法律确保律师在担任诉讼代理人时所需的权利,以及规定有关义务。

三、律师藉着向当事人提供法律问题上的协助而参与司法工作。

四、律师在履行维护个人或集体的权利、自由及保障的职能时,有正当性请求具管辖权的法院介入。

五、律师对于法院大楼内因其职务需要而为其设置的设施具有专用权。

第五章　辅助人员

第六十八条(法院司法辅助人员)

一、各级法院的司法辅助人员在各法院办事处担任职务。

二、对在法院办事处任职的司法辅助人员的日常工作管理,属各级法院院长之权限。

三、对上款所指人员进行工作评核及提起纪律程序,属法官委员会之权限。

第六十九条(检察院司法辅助人员)

一、检察院的司法辅助人员在检察长办公室下属部门担任职务。

二、检察长办公室负责管理在其下属部门任职的司法辅助人员。

三、对上款所指人员进行工作评核及提起纪律程序,属检察官委员会之权限。

第六章　最后及过渡规定

第七十条(新法院运作的开始)

一、第一审法院、中级法院及终审法院于 1999 年 12 月 20 日开始运作。

二、在上款所指之日:

(一)初级法院、刑事起诉法庭及行政法院分别继续负责在澳门普通管辖法院、刑事预审法院及行政法院内的待决案件;

(二)原高等法院的待决案件移送中级法院及终审法院,以便依据本法及诉讼法律的规定,在该等法院内分发上述案件的卷宗;

(三)终止有关就法院以违反《葡萄牙共和国宪法》为依据而拒绝适用某一规范的裁判,或就法院在诉讼程序中适用了违宪的规范而作出的裁判所提起上诉的待决案件;

(四)原审计法院及其待决案件或上诉案件终止,但不妨碍下一款的规定;

(五)废止与澳门特别行政区审计署法规相抵触的,专用于审计法院的组织、职权与运作的全部法规。

三、审计法院秘书处在本法生效之日起二十日内继续运作,并负责将案卷返还利害关系人。

四、澳门特别行政区法院对在司法或行政裁判中违反《葡萄牙共和国宪法》的事宜不予审理。

第七十一条（刑事起诉法庭的其他管辖权）

对于在 1997 年 4 月 1 日前提起的刑事诉讼程序,刑事起诉法庭有管辖权行使原刑事预审法院在初步侦查方面的审判职能,进行预备性预审及辩论预审,以及就是否起诉作出裁判。

第七十二条（在待决诉讼程序中上诉的可受理性）

一、对于在本法生效之日正处待决的诉讼程序所作的上诉不会因依据第十八条的规定设定或提高法院的法定上诉利益限额而导致不获受理。

二、在不影响上条规定的情况下,第四十四条第二款（二）项、（三）项及（四）项适用于仍未有确定裁判的容许其向原高等法院全会提起通常上诉的待决诉讼程序。

第七十三条（修改《刑事诉讼法典》）

参见《刑事诉讼法典》

网址是 http://www. imprensa. macau. gov. mo/bo/i/96/36/codpropencn/default. asp

第七十四条（修改《民事登记法典》）

参见《民事登记法典》

网址是 http://www. imprensa. macau. gov. mo/bo/i/99/42/codregcivcn/default. asp

第七十五条（修改《物业登记法典》）

参见《物业登记法典》

网址是 http://www. imprensa. macau. gov. mo/bo/i/99/38/codrpcn

第七十六条（修改《商业登记法典》）

参见《商业登记法典》

网址是 http://www. imprensa. macau. gov. mo/bo/i/99/41/codregcomcn/default. asp

第七十七条（修改《公证法典》）

参见《公证法典》

网址是 http://www. imprensa. macau. gov. mo/bo/i/99/43/codnotcn/default. asp

第七十八条（修改未成年人司法管辖范围内的教育制度及社会保护制度）

参见 10 月 25 日公布之第 65/99/M 号法令

网址是 http://www. imprensa. macau. gov. mo/bo/i/99/43/declei65_cn. asp

第七十九条（修改第 55/99/M 号法令）

参见 10 月 8 日公布之第 55/99/M 号法令

网址是 http://www.imprensa.macau.gov.mo/bo/i/99/40/codprocivcn/declei55.asp

第八十条（修改《民事诉讼法典》）

参见《民事诉讼法典》

网址是 http://www.imprensa.macau.gov.mo/bo/i/99/40/codprocivcn/

第八十一条（附加入《民事诉讼法典》）

参见《民事诉讼法典》

第八十二条（修改第 86/99/M 号法令）

参见 11 月 22 日公布之第 86/99/M 号法令

第八十三条（废止）

废止 7 月 5 日第 30/99/M 号法令第三十七条。

第八十四条（生效）

本法自 1999 年 12 月 20 日起开始生效。

行政赔偿制度

（由第 28/91/M 号法令建立，第 110/99M 号法令修订）

在澳门地区，公共实体、其据位人及行政人员因公法管理行为承担非合同民事责任之制度，载于《宪法》第 22 条及第 271 条，经 1982 年和 1988 年《宪法修正法案》修订，以及 1867 年《民法典》第 2399 条和 2400 条之规定。

上述情况之合理性从这一事实中得到证明，这就是在本地区从未实施葡萄牙共和国特别规范该责任内容和实施条件之法规，即 1967 年 11 月 21 日第 48051 号法令及 3 月 29 日第 100/84 号法令。

因此，本法规目的是界定公法管理方面不法行为之责任类别，以保障私人之正当利益和权利，以及明确造成损害主体之损害赔偿责任之范围。

虽然本规范之特别目的系如此，还需要指出可能由于偶然事实以及合法行政行为或合规范性事实行为而受损害之权利或利益也应这样加以保障。

考虑为避免关于这方面管理之法律规范之分散，市政厅——作为公法人——及其机关据位人和行政人员之职务及个人之责任由本法规规定之。

基于此，经听取咨询会意见后；护理总督根据《澳门组织章程》第 31 条第一款之规定，制定在澳门地区具有法律效力之条文如下：

第一条（适用范围）

本地区行政当局及其他公法人在公法管理行为方面之非合同民事责任，凡未被特别法所规定者，应由本法规之规定所规范。

第二条（行政当局及其他公法人之责任）

本地区行政当局及其他公法人，对其机关或行政人员在履行职务中以及因履行职务而作出过错之不法行为，应向受害人承担民事责任。

第三条（机关之据位人、行政人员及公法人之责任）

在不影响上条规定之情况下，本地区行政当局之机关据位人及行政人员和其他公法人，对于其超越其职务范围所作出的不法行为或在履行职务中以及因履行职务故意作出之不法行为，应承担民事责任。

第四条（过错之审查，已经更改，查阅：第 110/99/M 号法令）

一、机关据位人或行政人员之过错，须按《民法典》第 480 条之规定予以认定。

二、如有多名责任人，则适用《民法典》第 490 条之规定。

第五条（求偿权）

当履行任何赔偿时，本地区行政当局及其他公法人对犯过错之机关据位人或行政人员享有求偿权，但必须该过错人之所为系出于故意或明显欠缺担任职务所需之注意及热心。

第六条 ＊（损害赔偿权之时效，已经更改，查阅：第 110/99/M 号法令）

一、公共实体、其机关据位人及行政人员因其公共管理行为造成损失而须承担非合同民事责任时，因此产生之损害赔偿请求权，包括求偿权，系按《民法典》第 491 条之规定完成时效。

二、损害赔偿请求权系因受司法上诉所针对之行为而产生时，如按第一款之规定，该权利之时效应于就该司法上诉所作之裁判确定后满六个月之前完成，则有关时效必须待该裁判确定六个月后方完成。

第七条（不法性）

一、为本法规之效力，不法性是指违反他人权利或违反保障他人利益之法律规定。

二、违反法律和规章规定或违反一般适用原则之法律行为，以及违反上述规定和原则或违反应被考虑之技术性和常识性规则之事实行为亦被视为不法。

第八条（损害赔偿义务）

一、本地区行政当局及其他公法人、其机关据位人及行政人员之赔偿义务不取决于受害人行使对造成损害之非法行为之上诉权。如尽管已撤销非法行为并已执行撤销之判决而损害继续时，上述赔偿义务仍然存在。

二、如损害系归因于受害人没有提起上诉或其诉讼行为之过失，则该受害人之补偿权不得保持。

第九条（危险责任）

本地区行政当局和其他公法人对由于行政部门异常危险之运作或由于具有同样性质之对象和活动造成的特别和非常之损害承担责任，但根据一般规定，能证明在该部门运作或在执行其活动时发生外来不可抗力或系受害人或第三人之过错者除外。

第十条（符合规范行为之责任）

一、本地区行政当局和其他公法人为了总体利益通过合法之行政行为或符合规范之事实行为对私人施加负担或造成特别和非常损失时，应向其负责赔偿。

二、本地区行政当局或其他公法人当在紧急情况下以及为了必须维护之公共利益之目的不得不特别牺牲第三人全部或部分之对象或权利时，应向其赔偿。

第三编

行政诉讼经典案例评述

在本编,我们共选择了 10 份判决。其中,原"澳门高等法院"(于 1993 年 3 月 16 日正式运作,于 1999 年 12 月 19 日取消)的 2 份,澳门终审法院的 3 份,澳门中级法院的 2 份,澳门行政法院的 3 份。实际上,这 4 个法院都作了许多优秀的判决,只是囿于篇幅所限,不宜再收录更多的判决。

在此,首先解释表决声明和落败票声明。

在我们选择的判决中,其中的 4 份都附有"表决声明"和"落败票声明"。这些"声明"显示出组成"合议庭"之法官的立场不一致。有必要指出的是,在中级法院和终审法院,参与案件审理之合议庭的法官可以在表决之后附具表决声明或落败票声明。

附具表决声明或落败票声明的法官总是属于合议庭的"少数派"一方。严格而言,落败票声明的前提是与合议庭中"多数派"的立场相抵触——不认同获得合议庭多数法官支持之判决对特定具体个案的处理,通过落败票声明,其立场被多数派否决的法官将自己所持的立场宣示于外。表决声明不要求立场对立,其前提一般是:同意"多数派"对具体个案的处理——胜诉或者败诉,但不同意"多数派"所持的判决理由。

在一般由三名法官组成的合议庭中,其中一位是主审法官——依据分案规则而负责承办某个具体案件的法官,其余的两名则分别是该个案的第一助理法官和第二助理法官。所以,主审法官和助理法官只是对具体个案而言,每一位法官都有可能成为主审法官和助理法官。如果主审法官的立场占主导地位,他将负责制作该案件的判决;若主审法官成为"少数"一方,将由在个案中排位靠前的助理法官制作该案件的判决。负责制作结案判决的法官将成为案件的裁判书制作人。

1 Porfirio Azevedo Gomes 诉"葡萄牙共和国"案*

【判决书】

Porfirio Azevedo Gomes,未婚,澳门注册律师,住南水围 12 号 l 层 F 座,在澳门法区法院提起请求国家赔偿之诉(由"澳门政府"代表国家)。请求被告支付 2033720 澳门元及利息,这笔损害金额系由司法警察局及澳门法区法院的侦查及审判行为所造成,上述行为导致其被判处五项伪造罪,后经葡萄牙最高法院合议庭裁判宣告无罪。

在答辩中,检察官代表国家提起两项"永久抗辩":一方面,认为法院"绝对无权"管辖本案;另一方面,请求赔偿的权利已过诉讼时效,同时提起"反驳"——主张损害赔偿义务之前提尚不具备。

在"清理裁定"中,法院裁定有权审理本案,认定以诉讼时效为由之永久抗辩部分成立,驳回对国家提起的因澳门司法警察局所致损害的赔偿请求。被告对法院有管辖权的裁定提起"抗告",原告也就驳回对国家的赔偿请求的裁定提起抗告,但此等抗告均因"未提出陈述书"而被裁定"弃置"。

法庭辩论之后,第一审法院作出判决,认定本诉不成立,因此驳回针对被告之诉求。

原告不服,提起本上诉,其陈述书中的结论如下:

一、待判决的事实及行为不仅仅是那些不同于司法警察局所作的行为及事实,因为构成"清理裁定"之客体的正是此等行为。

二、所主张的事实与行为,根据第 1 条至第 16 条,第 63 条及第 64 条被证实为非法的,故意触犯的,目的是对本原告进行侦讯及判罪。由于审判者系法律职业人员,故不必主张及证实其是否知道有违法律。

---

* 卷宗编号:前"澳门高等法院"第 279 号。

三、在指控、起诉及合议庭裁判中引用的此等事实与行为,加上起诉的事实,均不可能被纳入有关罪状之中,无论是就行为人资格(原告)而言,还是就制造或使用涉嫌伪造之文件的指责而言均告阙如。最高法院合议庭裁判明确指出,此等行为是非法的、恶意作出的,同时指出身为法官及执法人员,不能不知道其行为的价值及范围。

四、因审判行为所生的国家责任不取决该行为是否非法,而取决于是否非法地行使其职能。

五、根据《刑事诉讼法典》第 453 条,此等责任来自特定指控中的过错或故意,但是也不排除检察官及审判官在相同情形中的责任。

六、此等非法事实已为最高法院合议庭裁判所证实,因此等非法事实而被判罪也获证实,在被判无罪之前对本原告控诉的理由正是此等非法事实,此等非法事实是立案依据,也构成原告在审理期间致力辩护的范围。

七、针对本原告的司法活动所造成的损失并非原告本身所固有的。

八、第一审判决违反了《葡萄牙共和国宪法》第 22 条,尤其是《刑事诉讼法典》第 453 条及第 48051 号法令。

被上诉人提起反驳,力主维持第一审判决。

法定检阅俱已收集,兹审理对第一审判决所提起的上诉。

一、事　实

根据 3 月 2 日第 17/92/M 号法令第 55 条第 2 款之规定,我们认为下述事实视为已获证实,毋须变更:

1. 原告系澳门律师;

2. 1985 年澳门法区法院合议庭裁定原告犯有《刑法典》第 218 条第 5 款的五项罪名(实质正犯),判处单项刑罚 2 年徒刑;

3. 数罪并罚,判处 4 年徒刑;

4. 1991 年 6 月 6 日最高法院合议庭裁判(见卷宗第 43 页起的裁判复制件)宣布一审认定的各项犯罪不成立;

5. 原告曾被限令不准离开澳门,时间长达 8 年;

6. 旁人及同事曾给他起了一个绰号——"伪造者";

7. 永久性地失去朋友及客户,如澳门的银行;

8. 对他的指控曾在报刊及电台报道;

9. 在事发之前,原告身体健康,精力充沛;

10. 在律师办事处工作,并经常前往香港(在香港有客户);

11. 在闲暇时间打打网球;

12. 办事处有 5 名雇员，月薪 20000 元；

13. 手头有未决的案件；

14. 系南通银行、太平洋银行、恒生银行及 Deak 银号之法律顾问，并为其他银行提供服务；

15. 由于本案所累，需要接受心理诊所之深切治疗；

16. 在 1983 年底至 1985 年 12 月 31 日之间无法工作；

17. 被迫关闭办事处并将手头案件转托他人；

18. 其兄弟若热（Jorge）被迫陪伴在澳门，支出数额不详之生活费；

19. 已支付治疗费用（金额不详）；

20. 已支付前往葡萄牙旅费、医生费用及药费，金额不详；

21. 过去每月收入平均为 45000 元；

22. 必须借助手杖及第三者的帮助行走；

23. 未支付大西洋银行的分期款项，计 344000 元；

24. 须支付刑事律师若昂·米兰达（Joao Miranda）先生的律师费、出差费及逗留时间的费用共计 160,000 元及其他款项，及若热·波特（Jorge Pote）先生的初期律师费用；

25. 上述事实使公众丧失对原告的信任；

26. 原告因一场吵架所害患上癫痫及神经官能症；

27. 在本案结案前，原告曾受欺诈。

二、法　律

简而言之，下述事实问题已经证实：

a）原告（现上诉人）系澳门律师，于 1985 年被澳门法区法院合议庭裁判认定犯有《刑法典》第 218 条第 5 款的五项罪名（实质正犯），判处统一刑罚 4 年徒刑。

b）1991 年 6 月 6 日最高法院合议庭裁判宣布撤销一审判决的五项犯罪。

c）最高法院合议庭裁判认定"上诉人有理由地指出（原审法院）作出'过度宣示'，……未能在判决中指明可以填补遗漏的事实使判决用来改正在宣示中错误的定性，从而错判有罪"。

d）原告（现上诉人）被限令 2 年内不准离开澳门，被旁人及同事称为"伪造者"；永远失去朋友及客户，如澳门的银行；事发前身体健康，精力充沛；案件被报刊及电台报道；由于本案，必须接受心理诊所的深切治理，在 1983 年底及 1985 年 9 月 13 日之间无法工作，被迫关闭办事处并将手头案件转托他人；用于治疗的费用不菲（数额不详）且须借助手杖及第三者帮助才可行走。

面对上述事实，原告（现上诉人）提起诉讼从而产生本上诉，请求国家偿还其所受损害，理由是"国家对指控、起诉及合议庭裁判中所作出的非法的司法行为"负有责任，声称第一审判决违反了《葡萄牙共和国宪法》第22条，《刑事诉讼法典》第453条及第48051号法令。

我们认为，原告（现上诉人）将其诉求基于司法人员作出的非法行为之民事责任，选择了不大合适的理由作为承认其权利的依据。之所以如此，是因为原则上此等司法行为是合法行为（其范围包括"审判中的错误"），根据《葡萄牙共和国宪法》第218条第2款"不得使法官对其裁判负责，但法律所定之例外情况除外"。

《葡萄牙共和国宪法》规定了国家责任之两种情形，即第27条第5款规定的审判职能之行使（违宪或非法剥夺自由）及第29条第6款列出的审判错误。但是，这是国家机构或工作人员非法行为所引起的国家责任，而非司法官的个人责任，只有在例外情形下国家才对司法职能中的合法行为（但系严重损害行为）负责。

根据《葡萄牙共和国宪法》第27条第5款，国家依法（普通法律）承担赔偿被害人损失之前提是判令剥夺自由的司法行为违法或违宪的事实。因此，国家对司法人员非法行为所负责任中，不包括合法但不正当的行为，如对公民造成沉重负担的行为。正如戈梅斯·卡诺蒂留（Gomes Canotilho）所说："有合法依据但随后演变为事实上不公正的预防性监禁情形即属此例。之所以不公正，或因被拘禁者随后被释放，或因判处其犯有不必剥夺自由的犯罪，或因为所处刑罚低于所受到的拘禁。"（《国家对合法行为的责任问题》，第219页）

《葡萄牙共和国宪法》第29条第6款规定了审判错误的弥补，该条规定：被不公平定罪的公民有权请求再审有关判决，并有权就遭受的损害请求赔偿，此等权利似乎构成国家对合法行为负责的假定情形。但是，这里所指的只是"狭义上的"审判错误，而不包括因"法官舞弊、贪污或渎职"所犯的错误（《刑事诉讼法典》第637条）。

《葡萄牙共和国宪法》第27条第5款及第29条第6款规定的情形，以及《民事诉讼法典》第1083条规定的受贿、舞弊或敲诈勒索所生损害，只要是实质审判行为中所产生的损害，则即使其损害程度严重且不正常，传统的司法见解均认为它们具备可赔偿性。事实上，鉴于葡萄牙第48051号法令规定并由4月22日第28/91/M号法令在澳门地区施行的"合同外民事责任制度"包含了实质性行政行为——且只有此等行为，因此，审判行为中产生的损害无论多么严重都"是不可弥补的（但上述情形除外）"。因此，阿尔当（Ardant）写道："以实现正义为使命的司法职能，在今天仍然是唯一可不受惩罚地伤害公民的荣誉、生命及

财产的情形。"(Ardant《司法职能中的国家责任》,第 3 页)

与传统司法见解这一指导思想有所不同的是,1989 年 3 月 7 日最高行政法院合议庭裁判(公布于第 344/345 期《最高行政法院学说性司法见解》第 1035 页)承认受害人有权就法官司法中因"严重过失"或"重大错误"的非法行为所生的损害请求弥补(例如未在合理期限内作出判决)。但这一裁判认为若损害并非因法官"严重过失"而产生,且损害不是"不正常"及"严重"的,则此等损害是不可以弥补的,故这项裁判并未脱离以国家机构公职人员恶意非法行为产生损害赔偿责任(即国家的合同外民事责任)的前提条件。因此,我们认为,此等文献未能很好地解决受害人之求偿权与法官独立性之间的对立。戈梅斯·卡诺蒂留在其《合议庭裁判评析》中写道:人们充分理解司法工作中"当局过错"之逻辑,其内容如下:作为国家宪法工具,它应同时保障:(1)对于个人的完美无瑕的保护;(2)对于可能危及法官自治及独立的民事责任制度设立一项宪法限制。(《法规及司法见解学刊》第 379 期,第 305 页)

既要保持法官的独立性与自治,同时又要其为"履行司法职责所生"损害承担责任是困难的。这主要是由于对行使司法职能时所生损害的弥补而造成的。事实上,这也就是问,源自一个"严重错误"并为之承担责任的良知应该如何在法官的自由上体现出来。换言之,这个未由行政法院确立的概念的填补(这一填补是困难并有独特特点的)如何在制度的运作上体现出来。

但是,上述疑问不仅仅用来证明,当个人请求弥补因国家司法活动所生的损害的权利取决于——而且只取决于——法官有过错的非法行为之民事责任时,法官之独立性势必受到影响,同时也可表明《葡萄牙共和国宪法》所保障的对权利的完美法律保护,其中包括对国家活动所产生的非正常损害的赔偿权利,不能只通过(且主要通过)诉诸以过错原则为基础的非法行为的民事责任之方式而达到。

这是很正常的,因为以国家责任的依据诉诸非法行为的民事责任制度对于《葡萄牙共和国宪法》及最近的学说而言,只是一种已经过时的制度,虽然这一制度曾在赋予公民对国家活动过程中有过重要作用。正如戈梅斯·卡诺蒂留在论述请求赔偿问题时所写,随着警察在国家中出现,"国家责任是一项真正的'自相矛盾',因为主权与责任概念之间的相辅相成关系并不意味着公职人员不负担责任。因此,再次将公民保护置于公职人员个人责任基础上"(《国家对合法行为之责任问题》,第 41 页)。

国家责任原则在最近占了上风,人们将它与法治国的国家结构挂钩,正如原则主导,国家对其活动所生的损害不负责任曾是一条通例。同样,人们宣称公职人员对在履行相应职责中所作行为免予负责(《国家合同外民事责任若干方面》,载《检察院学刊》第 6 年度,第 21 卷,第 45 页)。

无可否认的是,正如耶林内克(Yellinek)所写——国家虽不受他物限制,但它自我限制。同样无可否认的是,这种自我限制在 18 世纪末随着法治国的产生才开始进行。罗马法作为私法并不调整主权国家的活动,也不调整个人与国家之间的关系。

但是,国家服从法律是一个漫长的过程,也许这个过程仍未完成。因此,超越费里埃(La Ferriere)阐述的"主权的特征是以相同方式施予一切人"(Le propre la souverainité c'est de s'imposer à tous sans compensations)这一原则是分阶段进行的。对此,戈梅斯·卡诺蒂留写道:"宪法制度来临后,排除国家责任的做法几乎主宰了整个 19 世纪。"(上引著述,第 39 页)

因此,正如所述,由公务员及一般国家工作人员承担责任作为国家负责任的方式曾经是一项权宜之策,因为它允许在私法关系领域起作用而不使国家承担责任。而这一政策在很大程度上孕育了法律及"司法意识",使之今天在一些方面仍被视为使国家为其从事之活动而负责的唯一根据。

我们猜测,原告(现上诉人)主张第一审判决违反了《葡萄牙共和国宪法》第 2 条及《刑事诉讼法典》第 453 条及第 48051 号法令,提起损害赔偿民事责任(即国家"对指控、控诉及裁判"中作出的非法行为负有损害赔偿之责)之诉的基础正是"传统法律意识"的主观方面考察的上述内容。如果不这样,则原告可能已经知道从造成违法的损害出发较为有利。

考察这一原因之后,再让我们审察原告的法律依据,首先看看《刑事诉讼法典》第 453 条。它规定,在"撤销控罪"的情形中,如果有指控方且认定其指控中存在故意或过错,则法院应判令其赔偿被告的损害及损失,被告可在宣读判决后起诉,但由于本案中不存在"辅佐人"从而不具备可资判决的条件,因此,不能认为具备违反法律条款的情形。

当然,《刑事诉讼法典》第 453 条反映了《葡萄牙共和国宪法》第 2 条所确认的思想在法治国家实证法中的良好凡例,这一思想产生于法治国之前的法律背景中,按照这一思想,国家不能直接负责任,只有当国家不支付损害赔偿费用时,才有损害赔偿可言。但是,这一思想显然有违倾向于扩大国家责任并使国家责任不仅仅取决于非法行为之责任的平等原则,因此,它并没有赋予原告(现上诉人)《刑事诉讼法典》第 453 条规定的损害赔偿之权。

也不能认为第一审判决违反了第 48051 号法令,理由很简单,该法令从未在澳门生效,同样不能认为它违反了 4 月 22 日第 28/91/M 号法令(该项法令规定了本地区政府及其他公法人在公共行政领域的合同外民事责任法律制度),因为产生本案之赔偿请求权的事实发生于 1985 年,即该令生效之前。

最后,看看原告援用作为法律依据的《葡萄牙共和国宪法》第 22 条的内容:"凡国家及其他公共实体之机关据位人、公务员或服务人员,在执行职务时且因执行职务而实施之作为或不作为,导致侵犯'权利、自由及保障'或损害他人时,国家或该有关公共实体,应与有关人员负民事连带责任。"

上述条款突出了"侵犯"与"损害"之间的对比关系。依据这一对比可演绎出两种解释:其一,如果被侵犯的权利不具有"权利、自由及保障"的特性,则必须出现"损害"时才有责任可言;其二,"侵犯"指的是非法事实的责任,"损害"指的是"合法事实"的责任。

从上述两种可能的解释可见,只有第二种解释才符合逻辑并且符合法治国将人视为一个整体,并将平等原则作为一切国家责任之唯一依据这一思想。第一种是合乎逻辑的,因为正如若热·米兰特所言"没大损害(主观化的损害)就不能有责任"的说法违反了平等原则且将国家责任局限于若干方面的一个方面。

我们的结论是,鉴于合法行为责任中包含的风险责任,《葡萄牙共和国宪法》第 22 条应当被解释为包含国家民事责任的两个方面。若热·米兰特解释道,"所谓侵犯,指的是不法行为责任,所谓损害,指的是合法事实的责任,宪法拟规定的正是这两种方式"(《宪法手册》第 4 辑,第 269 页)。福斯托·夸德罗(Fausto de Quadros)也持相同解释,他在评论《葡萄牙共和国宪法》第 22 条时明确指出"它确立了国家及其他公法人的直接财产责任……即使导致损害之事实不是非法事实也然"(《宪法十年》,国家出版署,第 61 页)。戈梅斯·卡诺蒂留及维塔尔·莫雷拉也得出相同结论,"这一条款的字面含义使人认为国家对司法事实负责……即使国家机关据位人不负民事责任也然"(《葡萄牙共和国宪法注释》第 2 版,第 2 卷第 185 页)。

正如第 18 条第 1 款所规定,《葡萄牙共和国宪法》第 22 条是可以直接适用的规范,因此,无论其属于何种责任(非法行为之责任或合法行为之责任),法院必须予以适用,以便"保障因伤害公民的权利,自由及保障或合法保护的利益之行为而生的损害得到弥补"(戈梅斯·卡诺蒂留、维塔尔·莫雷拉:《葡萄牙共和国宪法注释》第 3 版,第 170 页)。而且,在澳门地区,根据《葡萄牙共和国宪法》第 22 条及 4 月 22 日第 28/91/M 号法令第 10 条,国家损害个人权利的责任"准用"国家对合法行为的民事责任。

至于国家对就公共管理领域非法事实的合同外民事责任,应当以不法事实、过错、损害及因果关系为前提。但是,在本案中,既无不法事实,也无过错。事实上,国家司法活动在本质上是合法职能,因此,由此产生的损害只属于法律以及宪法明确规定的不可赔偿的情形,即使承认国家(法官)违反法律的责任来自严重过错,本案中也不具备不法事实及过错这两个前提。事实上,在本案中,各级法官及其他司法官并无故意或严重过错,最高法院合议庭裁判也未如此认定,一切均属"审判中的错误",这对于不法事实之责任而言并无意义,即使面对"无罪推定"原则而言亦然,否则,审判行为独立性原则就成问题了。

但是,如果我们从国家合法行为之民事责任角度分析,鉴于该法强调"损害"而非"侵犯",本案情形就大不相同了。然而,在本案中,原告因国家司法职能活动而遭受的损害,就其非财产损害部分而言,是符合此等国家损害赔偿责任的特殊性及异常性要求的,也是符合学说思想的(戈梅斯·卡诺蒂留,上引著述,第 272 页至第 283 页)。国家对合法行为负有损害赔偿责任的有关规定见于 4 月 22 日第 28/91/M 号法令第 10 条第 1 款中,该法令是葡萄牙生效的第 48051 号法令第 8 条及第 9 条之翻版。

因此,且根据最高法院合议庭裁判,上诉人被第一审法院不公正判罪,故必须赔偿原告遭受的特殊及异常的损害(8 年内自由受到限制),因为此等损害严重性之大,不赔偿不足以弥补,因为它超出了公民为司法目的应承受的社会负担的正常限度。

根据《民事诉讼法典》第 563 条规定的准则(再次作为一般原则的体现),第一审的审判活动与原告遭受的损害之间的因果关系,只对于原告若不被第一审法院判罪就不致遭受的那部分损害有效,对于因构成刑事案件而遭受的损害则不存在此等关系。因此,上诉人遭受的多项财产损害,例如未付大西洋银行分期款项、须支付的律师费用、治疗费及赴葡萄牙治疗的旅费,则不属赔偿之列。

从事实中可见,已经证实原告(现上诉人)被迫接受心理诊疗所的深切治疗是"立案的后果",限令被告 8 年内不得离开澳门也属立案的后果。在澳门这个小地方,原告作为律师丧失常人及职业的信誉,并因此失去客户而深受打击以至抑郁成疾无疑也属"立案的后果"。

如果原告以国家对不法行为之合同外民事责任为由,有权就所受损害请求赔偿的话,上述一切损害均应当赔偿。但是,由于其请求损害赔偿的权利是基于合法行为的责任,故只有特殊及异常损害才必须弥补,但是原告(现上诉人)所遭受的损害中,只有精神上的损害(而非财产性损害)才是"异常"的,因为案件使上诉人受到重大打击和痛苦,以致无力自持而病倒。

因此,结论是"准用"产生特殊及异常合法行为的责任制度,澳门政府必须赔偿的正是原告所遭受的此等非财产性损害。经权衡本案情形,宜确定澳门币 250000 元作为相应损害赔偿费用。

综上所述,合议庭裁定本上诉部分成立,相应撤销第一审判决,判令澳门地区(澳门政府)向上诉人(身份登记在案)支付澳门币 250000 元作为其因澳门地区履行司法职能而遭受的特殊及异常的非财产损害之赔偿。

诉讼费用由上诉人按胜诉额比例缴付。

法官:施礼哲(裁判书制作人),李明训,飞文兆(附"表决声明")

飞文杰之表决声明

a)我们在合议庭裁判之草稿中认为:

上诉人在其主张的最后结论中说,第一审判决违反了《葡萄牙共和国宪法》第 22 条、《刑事诉讼法典》第 453 条及 1967 年 11 月 21 日第 48051 号法令。

正如第一审判决所充分强调,我们不认为违反了《刑事诉讼法典》第 453 条,因为适用此条取决于同时具备下述条件:无罪释放被告;有指控方(今天理解为"辅佐人");指控中有故意或过错[1]。但在本案中并未设立任何辅佐人,故不能认为违反了《刑事诉讼法典》的这条规定。

第一审判决也不可能违反第 48051 号法令,因为该法令从未在澳门生效。

与原审法官的观点不同,我们不能援用 4 月 22 日第 28/91/M 号法令解决本案——这项法令规定的是本地区政府及其他公法人在公共管理领域中的合同外民事责任法律制度。依照《民法典》第 12 条规定的法律在时间上适用的一般原则,支持原告观点的所谓不法事实发生于 1985 年,故澳门法区法院合议庭有罪裁判作出在先。

此外,我们认为它超出上述第 12 条第 2 款第 2 部分范围以外,因为从不法事实、合法事实及风险所产生的三种民事责任[2]中产生出法定义务。这种法定义务对于一个法律现象(其内容及后果随该等事实之产生及事实本身的性质而成为确立性的)的设定具有决定意义。

正如 4 月 22 日第 28/91/M 号法令序言所示,原告应从《葡萄牙共和国宪法》第 22 条及第 271 条(1982 年文本)及 1867 年《民事诉讼法典》第 2399 条及第 2400 条中寻找法律依据。

由于《葡萄牙共和国宪法》第 22 条可直接适用,法院必须予以执行,同时适用政府责任的一般原则,遵循损害赔偿的一般准则"以保障弥补对公民'权利、自由、保障'及依法保护的利益的伤害行为所生的损害"[3]。

人们普遍认为,国家在公共管理领域因有过错事实而负的合同外民事责任制度的一般前提是:不法事实、过错、损害、因果关系,正如原告在诉状中所指出

〔1〕　参见 1963 年 11 月 5 日最高法院合议庭裁判,载于 BMJ 第 131 期,第 310 页;L·奥索里奥:《葡萄牙刑诉法典评述》第五卷,第 235—238 页。

〔2〕　参见 B·马沙多:《论新民法典在时间上的适用》,第 99 页起。

〔3〕　参见 G·卡诺蒂留及 V·莫雷拉:《葡萄牙共和国宪法注释》第三版,第 170 页。

的一样。

现在,让我们首先弄清楚是否有不法事实,这意味着事先抽象分析案卷中包含的内容。

首先,应转录《葡萄牙共和国宪法》第 22 条的内容:"凡国家及其他公共实体之机关据位人、公务员或服务人员,在履行职责中且因执行职务而实施的作为或不作为,引致侵犯'权利、自由及保障'或损害他人时,国家或该有关公共实体,应与有关人员负民事上的连带责任"。

学说一般认为,这一宪法条文规定了国家的损害赔偿责任,这里的损害不仅产生于行政职能的履行中,也产生于立法职能及司法职能,因为"其机关据位人、公务员或服务人员"在规定上并无限制,且"在履行职责中的作为或不作为"也可包括立法机关及司法机关据位人的行为[4]。

至于因司法职能之事实而生的责任这一唯一与本案有关的责任"得从导致个人权利受损的实质不当的司法作为或不作为中产生"[5]。

《葡萄牙共和国宪法》第 27 条第 5 款(违宪或非法剥夺自由)及第 29 条第 6 款(审判错误)明确规定了司法活动之国家责任的两种情形。但是,国家的责任可以也应当扩大到其他情形,但应记住司法职能特有性质的专门范围。

在我们的司法见解中,最高法院 1989 年 3 月 7 日的著名裁判[6]对此有所阐述,认为这项裁判是葡萄牙法理中的指导性案件。这项裁判承认个人有权请求赔偿因法官在司法职能中的不法行为所生的损害,在此情形中,不法事实存在于法官未在合理期限内作出裁判的不作为[7]。

无论如何"必须在此实施一项特别谨慎的制度,藉此放弃由解释法律规范及认定事实和证据方面的责任行为。否则,司法运作将陷入瘫痪并妨碍法官之独立"[8]。当然,不能(至少在原则上)只因为法院作出的判决在同一诉讼关系内被上诉法院撤销而要国家对该判决负责,之所以如此,是因为无论司法法院还是行政及税务法院都是以审级为序的(见《葡萄牙共和国宪法》第 21 条及第

---

〔4〕 参见 G·卡诺蒂留、V·莫雷拉:前引书,第 168 页;J·米兰达:前引书,第 220 页;F·夸德罗斯:《对基本权利之立法上的不作为》,载《宪法十年》,第 60 页起;D·拉塞尔达:《国家的合同外民事责任若干方面》,载《检察院学刊》,第 6 年度第 21 卷,第 44 页及第 47 页;R·梅代罗斯:《国家对立法行为之民事责任学说》,第 86 页。

〔5〕 参见 G·卡诺蒂留、V·莫雷拉:前引书,第 169 页。

〔6〕 裁判书制作人为 A·萨马加约,前引书,并由其他签字法官赞同,公布在《最高法院合议庭裁判》第 29 年度,第 344-345 期,第 1035 页。

〔7〕 参见 RLJ 第 123 年度,第 305 页。

〔8〕 参见 G·卡诺蒂留:《葡萄牙共和国宪法》第五版,第 674 页。

214 条)。

由于在同一个诉讼法律关系内有多个审级,并由一般而言智力更佳的法官介入,力图完善由下级法官在以前诉讼过程中作出的判决,故一项判决犯有"审判错误"的可能性越来越少。简而言之,诉讼制度将不公正判决的可能性降至最低[9]。

可以使国家对司法职能负责的判决应是终局判决,总而言之,由享有终审权之法院作出的判决,而不是下级法院作出的判决,因为只有享有终审权之法院才处理向其提起的案由并确定具体案件中可适用的法律。在刑事领域,下级法院作出的可能不公正及不正确的判决不可能伤害被告人的权利,包括其名誉权、声誉权及精神完整权,因为按照《葡萄牙共和国宪法》第 32 条第 2 款,在终局判决确定之前推定其无罪。

只有在例外情况下,怀着十分谨慎的态度,在诸如本案的情形中,如果下级法院判决因"重大过失"而严重违法时,才能提起国家(法官)对下级法院之判决负责任的问题,例如认定明显未加证实的事实之存在,否认已被证实之事实的存在等。

但是,最高法院 1991 年 6 月 6 日合议庭裁判所包含的撤销性决中,在涉及原告(本案上诉人)的方面没有引用上述情形中的任何一种作为依据。因此对本案被上诉人而言,最高法院经审核各级法院的判决后得出结论,认为本案事实不可能纳入 1886 年《刑法典》第 218 条之范围内,因为,最高法院认为未出现共同行为人之情形,同时认为没有"过分宣示"之过。最高法院职能范围内的这一切意见并未提及有关审级在审判中有任何故意或严重失职的问题[10]。

上述所言也适用于检察院在相应刑事诉讼程序中的制作指控书的活动。因此,国家(法官)在本案中,并无不法事情,这使我们无需审理国家在公共管理领域因故意的不法事实而承担合同外民事责任及上述责任的一般前提。

综上所述:我们认为应驳回上诉,维持第一审判决。

b)接着,我们再来检视表决获胜一方的理论:

根据该理论,在本案中上诉人之主张不应以司法人员作出的不法行为的民事责任为基础,而应以国家合法行为的民事责任为基础,澳门法区法院 1985 年合议庭裁判不公正地将上诉人定罪,这份裁判被最高法院 1991 年 6 月 6 日合议庭裁判所撤销,该项裁判宣判其无罪。原告认为前一项裁判是产生澳门政府直接财产责任的合法行为,因此,辩称需赔偿的损害是原告(本案上诉人)因一

---

〔9〕　参见卡拉曼德雷伊:《La Casacion Civil》,S·梅伦多之西班牙文译本,第 II 卷,布宜诺思艾里斯,1945,第 293 页起。

〔10〕　参见 G·卡诺蒂留:上引著述。

审判决所遭受的损害。

由于违反宪法及法律规范,一审判决显然有错误。

在认定澳门法区法院之刑事判决对原告不公正之后,表决获胜一方的理论曾必要地求助于《葡萄牙共和国宪法》第 29 条第 6 款所指的"审判错误",该条款规定"蒙受不公正判罪的公民,有权利在法律规定之条件下,要求将判决再审,及就其所受损害要求赔偿"。

就澳门而言,这一宪法条文具体落实到《刑事诉讼法典》第 690 条中(这一条款规定了审判错误的弥补权)及《民事诉讼法典》第 1083 条起的各条中(这些条款规定了法官在舞弊、受贿、渎职等情形中的责任)。

因此,审判错误之损害赔偿以终局裁判为前提,它必须通过司法官提起特别诉讼或再审程序才能达到,而不能像本案中通过以国家为被告的公共管理行为之合同外民事责任之诉而达到。

因此,原告(本案上诉人)为使其诉讼被受理,将其主张建立于行使司法职能的不法行为的责任基础上,而非审判错误的基础上,从而构成国家对合法行为负责的情形,第一审判决正确地从这一角度审理案件。只是澳门高等法院通过本合议庭裁判,罔顾上述宪法及法律条款,承认审判错误之损害赔偿可通过与本案同类的诉讼而作出。

本案中,由于刑事一审判决不属终局判决,因此,不能以刑事一审判决的不公正性为依据而提起请求赔偿之诉,因为它可能为享有终审权之法院的判决所撤销,正如本案中一样。

在这方面,戈梅斯·卡诺蒂留十分明确地论述道:"不同审级的司法机关之建立及可以对下级法院的判决予反驳,目的是对后者作出改判或撤销,以便监督其判决,但是,此等变更或撤销并不意味必将有制裁。'已决之物'(res judicata)理论不容许作出另外的选择:要么造成损害的司法裁判是确定性的且终审的,在此情形中该裁判就拥有了真正的法律效力并不得予以批评;要么司法裁判尚未获得已审结案件的效力,并可以循法定途径上诉。"[11]

胜出之观点的明显错误还表现在另一方面:根据(葡萄牙)1967 年 11 月 21 日第 48501 号法令第 9 条及(澳门)4 月 22 日第 28/91/M 号法令第 10 条,为了能类推适用国家(法官)合法行为的责任,可弥补的损害必须是"特殊"和"异常"的损害。

弗雷塔斯·阿马拉尔(Freitas do Amaral)指出:国家对可视为普通及正常的损害不负责任,所谓"普通损害",指的是对任何公民或对于一般或抽象意义

---

〔11〕 戈梅斯·卡诺蒂留:《国家对合法行为的责任问题》,1974 年,第 209 页。

上的人均可能发生的损害,所谓"正常损害"则是指社会生活本身具有的"最低风险"范围内视为常有的及可接受的损害[12]。

根据学说,对于"特殊及异常"牺牲的补偿基于公民在政府机构面前平等的原则(例如,出于公众利益而征收与征用行政地役权,行政合同单方变更权之行使,等等)。但是,某个人在一审法院被判有罪但有可能被上级法院审议的情形中所遭受的损害,不是"特殊及异常"的损害。

因为全体公民均有可能受到刑事追诉,因此,此等损害是普通的。此等损害又是自由及多元社会认为可接受的,因此是正常损害。对于一审判决中的判罪者来说,由于可以上诉,因此不能享有通过财产来补偿的赔偿请求权,因为相对于其他公民而言,他并没有受到基于公共利益的不平等对待。

这是因为,法律制度的规定并不注重此等损害,通过两个宪法条款及一个普通法条款而发生在我们之间的情形正是如此,即:刑事程序确保一切辩护及保障措施,根据宪法法院统一的司法学术见解,其中包括:两级审判(《葡萄牙共和国宪法》第 32 条第 1 款)的权利,在终审判决确定之前推定被告无罪(《葡萄牙共和国宪法》第 32 条第 2 款),对于判决或终局性有罪裁判提起的上诉具有中止执行之效力(《刑事诉讼法典》第 658 条第 1 款)。

胜出的观点还违反了法治国原则,因为它不仅违反《葡萄牙共和国宪法》第 212 条及第 214 条所定的审级规则,不当干预下级法院以评审其判决,未能顾及《葡萄牙共和国宪法》第 218 条规定的法官独立性原则,从而给非刑事法院司法官在未来审理其他刑事判决时造成疑虑。他们只希望由上级法院审理和判决案件,而上级法院可能维持第一审判决也可能撤销第一审判决,因此对下级法院不致造成损害,因为一切均发生在社会认可的法院审级运作范围内。

最后一点,但并非最次要的一点是,胜出的观点是无以自辩的,如果葡萄牙主权下的数以千万计的个人处于现上诉人的情形——在一审阶段被判决有罪,享有终审权之法院宣告无罪,国家将不具有财力来向被判罪者支付这一切损害赔偿,正如本案那样[13]。

无论以哪一个角度而言,尽管澳门政府受到既不合宪又不合法的裁决,但根据《葡萄牙共和国宪法》第 208 条第 2 款它必须向上诉人支付 250000 元损害赔偿金。

[12] 弗雷塔斯·阿马拉尔:《行政法》,第 III 卷,1989 年,第 521 页。
[13] 参见弗雷塔斯·阿马拉尔:上引著述,第 520 页。

【案例评述】

这是原"澳门高等法院"在第 279 号程序中所作之合议庭判决，它明确了国家在行政法领域所承担之民事责任的类型，分别是：不法行为民事责任或称侵权民事责任，风险民事责任或称客观民事责任，合法损害民事责任。此外，此案例有三点值得关注：

首先，判决上诉人"部分胜诉"的根据不是普通法律，而是曾在澳门直接适用的《葡萄牙共和国宪法》的条文。易言之，审理该案的合议庭是直接引用《葡萄牙共和国宪法》而作出判决。这表明，在西方社会，宪法的效力不仅存在于违宪审查的案件中，而且在出现立法空白时，宪法的条文和原则可以直接成为审判国家活动的依据。

其次，产生该上诉的事由是无过错审判错误，亦即，导致本案上诉人蒙受损害的审判错误不可归责于司法官的过错——故意或过失，所以，国家在此仅承担合法损害民事责任。在此等场合，可要求弥补的损失必须是"特殊"和"异常"的损失。以"特殊"和"异常"的损失为赔偿请求权的前提，是西方法治国家的通例。基于这样的理念，被征用财产的所有权人可以要求赔偿，但任何纳税人不可因履行纳税义务而要求国家赔偿。

最后，在本案例精彩的"表决声明"中，飞文兆法官持相反立场。他认为应当判决本案上诉人彻底败诉。因为在他看来，本案上诉人 Porfirio Gomes 所蒙受的损失不具备"特殊"和"异常"这两个要件，理由在于，审判错误在任何文明社会都有可能发生。

2 Anadela Maria da Silva Granados 等诉 "澳门货币暨汇兑监理署"行政委员会案 *

【判决书】

1. Anadela Maria da Silva Granados，Armando Jesus Agostinho，Artur Delgado de Sousa，Berta Maria da Silva Lei，Carlos Manuel Agostinho，Choi Kam Chi，Chu Kwok Kun，Florita Maria de Jesus Morais Alves，Justino Lei，Lei Sai Keong，Linda Marie Ho Osmund，Luis Agusto Pimenta de Castro Machado，Luiza Lilia da Silva Reis Pereira，Manuela Xavier，Maria Alice Rios Couto，Maria Gabriela Xavier，Maria Isabel Garcias Yu Clemente，Marieta Teresa Pereira，Norma Patrica da Rocha，Oscar Filomeno Menezes，Roberto Alfredo d'Almeida Alves，Romeu Nogueira，Rui Manuel Aires da Silva Jorge Valente，Silva Maria Tang 及 Vong Tim，身份资料均记录在案，根据《葡萄牙行政法院程序法》第 67 条与第 68 条及第 112/91 号法律第 9 条第 2 款 e 项、第 15 条第 3 款 d 项之规定，提出如下请求：宣告"经济协调政务司"1997 年 8 月 8 日核准并由 1997 年 8 月 15 日"澳门货币暨汇兑监理署"行政委员会第 027/CA/97 号"部门指示"付诸实施的《澳门货币暨汇兑监理署人员福利基金规章》（下文中简称为《1997 年规章》）第 27 条第 2 款及第 33 条之规范不合法，并请求此项宣告具普遍的约束力，其依据载于诉状中。

2. 书状之结论如下：

（1）根据《葡萄牙行政法院程序法》第 64 条第 3 款以及就此条款而言，在被诉当局所作的通知中存在着一项不合常规之情事。

（2）澳门高等法院有权审理和宣布该规范不合法之请求。

---

* 卷宗编号：前"澳门高等法院"第 733 号。

(3)被诉规章是一项"可实时操作"的规章,因此对其可以提起直接及抽象反驳。

(4)澳门货币暨汇兑监理署是本诉的正当当事人。

(5)本案中的《澳门货币暨汇兑监理署人员福利基金规章》第 27 条第 2 款及第 33 条(经"经济协调政务司"1997 年 8 月 8 日批示核准)损害了原告在 1996 年《澳门货币暨汇兑监理署人员福利基金规章》有效期间的既得权利。

(6)在对 1996 年《福利基金规章》的修订过程中,违反了调整"决议程序及核准程序"之条文,单凭这一点就使得它可被撤销。

最后,请求宣布《1997 年规章》之第 27 条第 2 款及第 33 条不合法,并使判决之效力溯及该规章生效之日。

3. 传唤了澳门货币暨汇兑监理署,它在答辩中提出:高等法院无权限审理此项案件;不可以对《1997 年规章》提起直接与抽象反驳,因为它不是可实时操作的,以及澳门货币暨汇兑监理署不具有成为本案被告之正当性,因为它不是该规章之制定者,制定者是"人员福利基金"本身,它是拥有法律人格的独立财团。它在"陈述词"之结论中重申了如下立场:

1)高等法院无权审理该请求,因为:1.1. 该规章不是一项可实时操作的规章,因此,不可以对它提起直接的司法反驳。1.2. 监督机构的介入并不集中于核准被监督之行为,而首先是真正制定被诉之规章的内容。1.3. 本案之《1997 年规章》的草案是一项真正的预备性文件,在它被有权实体最后审议及通过之前根本不具确定性与约束性。1.4. 唯一可被直接反驳的行为是"经济协调政务司"之批示,根据 8 月 29 日第 112/91 号法律第 15 条第 3 款 d 项之规定,贵院无权限审理该批示。1.5. 因此,根据《司法组织纲要法》第 16 条第 1 款及第 3 款,必须将此案移送最高行政法院行政争议分庭,它才有权审理本请求。

2)本案之《1997 年规章》中的规范不可被直接及抽象地反驳,因为:2.1. 作为一项规范行为,即面对不确定相对人之行为,该规章需要嗣后的执行行为才能影响每个潜在的相对人之法律范畴。2.2. 因此,它不是可实时操作的,所以,应当驳回直接及抽象审议其中所含之规范的请求,因为不具备《葡萄牙行政法院程序法》第 66 条及《行政暨税务法院章程》第 26 条第 1 款 i 项,第 51 条第 1 款 e 项订立的诉讼前提。

3)在本案中,澳门货币暨汇兑监理署不具有成为被告的正当性,因为可直接反驳的行为不是由它制定的。此外:

4)被诉规章实质有效,不侵犯既得权。毋庸置疑的是:4.1. 设立或取得权利之事实是复杂及连续产生的,只有在符合一切复合事实要素后才出现于权利取得者之法律范畴内,在此之前只能谈论"期望",而非"权利"。
4.2. 与澳门货币暨汇兑监理署完全脱钩是取得权利之绝对条件。4.3.
1996 年《澳门货币暨汇兑监理署人员福利基金规章》(下文中简称为《1996
年规章》)第 26 条不是一项设立权利之规范,因此,第 26 条完全可由《1997
年规章》替代。4.4. 由于不违反任何法律,故必须修订《1996 年规章》第 26
条,以保护财政制度之完整性及公共利益,避免导致人员流失及危害福利
基金偿债能力的一项条款之负面效果。

　　5)福利基金继续确保其法律职责,捍卫及保护对于一切受益人平等的
社会保障制度。

　　6)修订该规章时遵守了一切既定手续,并一直着眼于听取一切有关各
方之意见并与之磋商,并保障了既定制度中的法律稳定性与安全性。"

　　最后请求:a)贵院无权限审理本案之抗辩成立,将本案移送最高行政
法院行政争议分庭;或者,b)《1997 年规章》不能成为直接反驳之客体的抗
辩成立,初端驳回原告的起诉;c)被诉当局不具成为本案被告"正当性"之
抗辩成立,相应地裁定本案程序终结;d)要求宣告《1997 年规章》中的若干
条文之实质及形式不合法性的诉求因未证实而不成立,并产生一切法律
后果。

　4. 根据《葡萄牙行政法院程序法》第 64 条第 3 款,第 67 条及第 68 条之规
定,着令公布了有关宣告规范不合法之请求的通告,但无人申请作为利害关系
人参与诉讼。

　5. 驻本院检察长阁下出具了第 379 页背面至第 383 页的意见书,指出:

　　(澳门货币暨汇兑监理署)提出了澳门高等法院无权限之抗辩,因为它
认为最高行政法院才有权限,理由是,被诉规章的制订者是澳门的一名政
务司。我们认为,这个观点不能成立。

　　以规章之制订者是政务司为由,主张最高行政法院才有管辖权的说
法,只有在事关澳门货币暨汇兑监理署规章之核准行为而非其实质内容时
(而在本案中恰恰事关此情形)才能成立。核准行为具有赋予被诉规章效
力的作用,且仅此而已。法院(在本案中为高等法院)认为,它是一项初级
的规章,因为被诉规章的制订者是澳门货币暨汇兑监理署行政委员会。

　　至于规章的可实时操作性,我们认为它无疑存在。确实,被反驳的规
范是一项订定其相对人法律状况的规范,它不需要任何随后行为来订定法
律状况之内容,而只需适用其条款的行为。

　　若规章不需要随后的执行行为(其内容有确定行为之性质),则该规章
应予立即适用且具可直接操作性。但这不是说,鉴于订定情形之规章或鉴

于可操作性规章,这种适用行为不能因其所含的瑕疵或越权性创新而提起反驳。因此,我们可以得出结论认为《1997年规章》是本诉讼之恰当客体。

我们也不能同意被上诉当局提出的欠缺正当性,因为它是被诉规章的实际制订者,所以它显然有法律上的利益来反对别人提出的对被诉规章之有效性的质疑,拥有成为被告之正当性的是被诉行为或规章之制订者(《葡萄牙行政法院程序法》第43条)。

至于案件根由,原告方认为,被诉规章的"非法性"在于侵害他们25人之既得权。这种既得权被规定于《1996年规章》中,因为在那里工作十年以上的人员得通过自由行为退出澳门货币暨汇兑监理署,并因此收受一笔金钱补偿,金钱补偿的数额则根据《1996年规章》第26条第2款规定的公式计算。

但是,按照《1996年规章》第26条第2款,既得权之成立,或者说法律状况在公务员之法律范畴的巩固,取决于原告方提出并证实他们已经作出此项选择或者证明其已经选择第26条第2款规定的公式,并且证明《1997年规章》使之取得的价值受损。但是,任何原告均未在任何场合指出他们在《1996年规章》修订前已作出选择。这一切均表明,任何原告仍然是澳门货币暨汇兑监理署的在职人员,而且不恰当地主张与现职脱钩。

似乎可作为理由的是,他们享用《1996年规章》第26条第2款订立的选择性权能的法律期望随着《1997年规章》之公布而落空。然而,对于制定规范之权力而言,无论它是立法权还是独立规章制定权,重新订定法律状况是完全合法的。

在此应注意葡国公务员对于其社会福利之前途,尤其是对于退休金计算方法的某种期望之环境,但从未听说立法者在保障既得权之前提下修改退休金计算方法之规范是不合法的。换言之,在本案中,应当永远考虑决定退休之事实,因为有些人希望尽早预见其退休及离任之情形。

若权利尚未得到,立法者可以修改创设此权利之规范,这一点一直被普遍承认。在本案中,只有那些在《1997年规章》生效之前已经与澳门货币暨汇兑监理署脱钩,且此项规章限制其权利的人,才能够提出既得权受得了损害。因此,在我们看来,所谓违反"既得权保护原则"的说法不成立。

此外,我们还认为,澳门货币暨汇兑监理署1996年的在职公务员如果继续在职者,不能作出《1996年规章》第26条第2款规定的选择。应当作出且可被承认的只是在脱钩过程中作出的选择,而不是作为一项数年以后具体实现其内容的一项权利之简单担保。第26条调整的范围是将终止向"福利基金"供款的人员,从而是即将终止向澳门货币暨汇兑监理署提供劳动力的工作人员,即"对于终止……的员工"。

如果说原告未申请法院以上位法律赋予有关规章之合法性是正确的,同样正确的是,对行政规章的合法性审查是不受限制的,这正如《葡萄牙行政法院程序法》第 65 条第 1 款所说,我们似乎可以认为,我们面临的是一项行政规章的不合法性,恰恰是因为有关事项(社会保障制度)不能成为独立规章之客体,而只能成为立法行为(法律或法令)之客体。

确实,《澳门组织章程》第 31 条第 3 款似乎表明,只能通过法律(作为立法权的固有内涵)才能调整社会保障事项。此情形中的规章制定权力只能是执行法律,具永远从属于法律。因此,本案中的《1997 年规章》违反了"法律保留原则",即违反了《澳门组织章程》第 31 条第 3 款之规定,从而违反了这一更高效力之法条,并使上述规章不合法。

出于上述理由,应当认为《1997 年规章》不合法,因此,在我看来,原告的诉求应当得值。

6. 法定检阅已毕,兹予判决。

7. 应当认为下述事实已获得证实并与本案有关:

a)澳门货币暨汇兑监理署于 1996 年 8 月 1 日以第 034/CA/96 号"部门指令"公布了《澳门澳门货币暨汇兑监理署人员福利基金规章》,并由经济协调政务司 1996 年 7 月 23 日之批示核准。

b)该规章第 26 条规定:

1. 对于获得退休权之前结束其在澳门货币暨汇兑监理署之职务者,基金给予其下列相应之金钱补偿:a)员工本身之共同分担;b)每服务满一年可收取澳门货币暨汇兑监理署之共同分担的十分之一,直至达到该项共同分担的总额;c)按一年期以上之定期存款利率而计算 a 项及 b 项之利息。

2. 未获得退休权、但在澳门货币暨汇兑监理署完整及不间断地拥有十年以上工龄的员工,除可选择上款所定款项外,可选择收取按下列方程式计算之金钱补偿:$C=R \times T \times 2.6$,即:C 为收取金钱补偿之数额;R 为受益人在结束其合约联系时的实际月收入;T 为连续提供服务之完整年数,该等年数须为可计入退休所需年数,最高至三十五年。

3. 已取得退休权及选择第 24 条规定之权能者,有权收取以上款方式计算的金钱补偿。

4. 退休金或抚恤金之受益人,若选择第 24 条及第 29 条规定之权能者,有权收取按第 1 款计算之金钱赔偿,但享受退休金一年,会被扣除十分之一,并应算入最后一年,无论其是否为一完整年度。

5. 选择收取金钱补偿者,立即终止享用第 25 条及第 27 条 c 项规定之直接福利的权利。

c)澳门货币暨汇兑监理署 1997 年 8 月 15 日第 027/CA/97 号"部门指令"公布了 A)项所指《规章》的修订,即《1997 年规章》(由 8 月 8 日经济协调政务司批示核准)。

d)《1997 年规章》第 27 条(对应于《1996 年规章》第 26 条)行文如下:

1. 对于在根据第 22 条的规定获得退休权前结束其在澳门货币暨汇兑监理署之职务的受益人,基金给予其下列相应之金钱补偿:a)员工本身之共同分担;b)每服务满一年即可收取澳门货币暨汇兑监理署之共同分担的十分之一,直至达到该项共同分担的总额;c)按一年期以上之定期存款利率计算 a 项及 b 项中之款项的利息。

2. 根据第 22 条的规定已获得退休权的员工,除可选择收取相应的退休金或上款所定之款项外,可选择收取按下列方程计算之金钱补偿:$C=R \times T \times 2.2$,即:C 为收取金钱补偿之数额;R 为受益人在结束其合约联系时的实际月收入;T 为连续提供服务之完整年数,该等年数须为可计入退休所需年数,最高至三十五年。

3. 分别通过第 25 条及 30 条所赋予之权利作出选择之退休金或抚恤金之收益人,有权收取一份金钱补偿,其金额是以现时领取之退休金或抚恤金为基础,按第 2 款之规定以类推方式来计算,退休后之年数亦计入有关之服务年数内。

4. 每支付一年相应之退休金或抚恤金,上款所指之金钱补偿就会被扣除十分之一,并应算入最后一年,无论其是否为一完整年度。

5. 一旦收到该金钱补偿,实时终止按第 26 条及第 28 条 c 项所享有的福利,而澳门货币暨汇兑监理署及收益人双方交付共同分担之义务亦实时终止。

e)《1997 年规章》第 33 条规定:

1. 至 1999 年 12 月 19 日已连续服务满十年(该等年数须属可计入本《规章》所定退休所需之服务年数)之员工,可选择与澳门货币暨汇兑监理署完全脱离,并有权收取一份按以下方程序计算之金钱补偿:$C=R \times T \times 2.2$,即 C 为收取金钱补偿之数额;R 为员工在结束其合约联系时的实际月收入;T 为连续提供服务之完整年数,该等年数须为可计入退休所需年数,最高至三十五年。

2. 欲选择上款所指之方式之员工应以书面声明其在 1999 年 12 月 19 日之前脱离澳门货币暨汇兑监理署之意向,一旦就该意向作出声明,则不可废止。

3. 上款所指之声明,应于本规章开始生效起计六个月内向澳门货币暨汇兑监理署人事暨财务处递交。

4. 递交上款所指之声明后,如欲进行与澳门货币暨汇兑监理署的脱离及有关金钱补偿之给付,须由澳门货币暨汇兑监理署提前六个月通知员工,或由员工提前三个月通知澳门货币暨汇兑监理署。

5. 为上款所指提前通知之效力,为使员工既能达到第一款所指之最少服务年数又能在 1999 年 12 月 19 日之前完成脱离程序,任何一方均可随时向另一方作出告知。

6. 本条所规定之过渡制度,不影响亦不阻止根据第 22 条第 1 款的规定取得退休权之员工,依照第 27 条第 2 款所定之条件行使该条款所规定之权利。

f)所有原告(Maria Alice Rios Couto 除外)均自 1989 年 7 月 1 日起进入澳门货币暨汇兑监理署的人员编制,Maria Alice 则自 1989 年 11 月 15 日加入澳门货币暨汇兑监理署的人员编制(卷宗第 127—152 页)。

8. 确定有关事实问题之后,我们看看其法律框架。

8.1　在审理原告提出之申请的实体事项(即请求宣判《1997 年规章》第 27 条第 2 款及第 33 条之"非法性"并使此项宣判产生普遍约束力)之前,我们首先审理被诉当局提出的抗辩,次序如下:a)澳门高等法院无权审理原告提出的诉讼请求;b)澳门高等法院不可以宣判《1997 年规章》第 27 条第 2 款及第 33 条之"非法性"并使此项宣判产生普遍约束力,因为它不是直接可操作的,以及,c)被诉当局不具有成为本案被告的正当性。

8.1.1　关于第一项抗辩,它是一项公共秩序问题,因此,应当优先于任何其他事项审理(《葡萄牙行政法院程序法》第 3 条)。被诉当局认为,根据第 112/91 号法律第 16 条第 1 款及第 3 款之规定,有权限审理本案请求的法院是葡萄牙最高行政法院行政争议分庭,因为《1997 年规章》之制定者是澳门经济协调政务司,而非澳门货币暨汇兑监理署行政委员会。

第 14/96/M 号法令(它通过了《澳门货币暨汇兑监理署通则》)第 11 条第 2 款规定,澳门货币暨汇兑监理署可以依照法律及可适用之规则代表及管理其内部的人员福利基金或者参与其管理。该法令第 17 条第 3 款规定,行政委员会有权限监督澳门货币暨汇兑监理署之一切活动并代表之(a 及 d 项),享有"编制专有账目格式,制定澳门货币暨汇兑监理署人员福利基金规章、车队专有规章、年度活动计划、经常投资之本身预算及修正年度报告书和账目并将之送交总督核准"的权限(g 项)。因此,行政委员会有权编制基金规章并由总督核准之。

而核准只是经济协调政务司经总督授权,作为澳门货币暨汇兑监理署之监督机构作出的行为。作为一个公共机构,纳入本地区间接行政的体系中,它只赋予已作出的规范性行为以效力,在此之前它并无效力。换言之,澳门货币暨汇兑监理署行政委员会编制的基金规章即使在获得经济协调政务司核准之前亦是有效的,后者之核准只是产生"效力"的条件,而非其"有效性"之条件,所以说《1997年规章》的制定者是澳门货币暨汇兑监理署而非经济协调政务司。

法院之权限是由被诉规范之制定当局的类别所决定的,即使是在使用授权时亦然(《葡萄牙行政暨税务法院章程》第7条)。

已知基金规章之制订者是澳门货币暨汇兑监理署行政委员会。根据8月29日第112/91号法律(澳门司法组织纲要法)第9条第2款e项及第15条第3款d项,有权审理《澳门货币暨汇兑监理署人员福利基金规章》之规范"非法性"请求的法院是澳门高等法院。为此效果,高等法院作为权力分工中的一般权限法院或普通法院。澳门行政法院只审理立法者明确界定的规章性规范之"非法性"宣告请求或上诉,而本案不是这样。

因此,被诉当局提出的第一项抗辩不成立。

8.1.2 至于申请中所含的规章中规范因其不是可实时操作的,因而对其不能提起直接及抽象反驳之抗辩,我们认为也不成立。详述如下:

若规章中条文之效果(直接)投射到人们的法律范畴中而不取决于法律行为,尤其是执行性行政行为,则该规章为立即且直接可操作的规章。因此,只要某人具体具备了规范抽象订定的前提条件,那么该规范之"处理"或"制裁"部分就足以直接及自动适用于他。

若规范中所含的益处或牺牲只是潜在有利于或损害有关相对人的法律范畴,即,只有随后作出的具体行为才能使此等益处或牺牲成为现行有效的法律现实,那么该规范就不是立即及直接可操作的规范(E·奥利维拉:《规章之反驳及争议撤销》,载于《公平评论》第一年度,第2期,第7-8页)。

在本案中,对于在澳门货币暨汇兑监理署取得了退休权以及在1999年12月19日之前已有连续十年服务年限的人员,《1997年规章》第27条第2款及第33条赋予其选择与澳门货币暨汇兑监理署彻底脱钩之权利,同时赋予其收取按照所规定的特定算式计算出的金钱补偿之权利。

但是,此项由《1996年规章》之行文所赋予的权利已被《1997年规章》所修订,这项权利不仅受制于新的前提——其潜在的受益人为享用该权利,必须以书面方式表达其不可撤销之意图,1999年12月19日与澳门货币暨汇兑监理署脱钩且自《1997年规章》生效之日期起六个月内为之(而《1996年规章》不是这样的),而且《1997年规章》还改变了金钱补偿的计算公式中的要素之一:《1996

年规章》所定的 2.6 现降为 2.2,从而降低了补偿总额。

因此,可以轻易得出结论认为,《1997 年规章》第 27 条第 2 款及第 33 条是立即且直接可操作的,即第 27 条第 2 款及第 33 条之效果(直接)投射到人们的法律范畴中而不取决于任何法律行为,尤其是操作性行政行为。因此,只要某人具体具备了规范抽象订定的要件即可对他直接及自动适用该规范。原告方之情形就是这样:在 1999 年 12 月 19 日前,就在澳门货币暨汇兑监理署之退休效果而言,他们全都已经拥有十年服务期限。

我们必须得出以下结论:根据第 112/91 号法律第 15 条第 3 款 d 项及《葡萄牙行政法院程序法》第 68 条、第 67 条第 2 款至第 4 款及第 65 条,对于《1997 年规章》第 27 条第 2 款及第 33 条的抽象与直接反驳,不存在任何法律上的不可能。

因此,被请求当局提出的第二项抗辩亦不成立。

8.1.3　关于被诉当局提出的第三项也就是最后一项抗辩,即它不具有成为本案被告的正当性,我们已经在第一项抗辩之审理中(8.1.1)表明,充分证实此点不成立,因为有关规范性文件之制订者是澳门货币暨汇兑监理署行政委员会,而非经济协调政务司,因此,对于"规范非法性宣告之诉"而言,澳门货币暨汇兑监理署具有成为被告之正当性。综上所述,所有抗辩均不成立。

8.2　自此刻开始,我们有条件审理原告诉状所含事项的实体问题。

他们认为,经济协调政务司 1997 年 8 月 8 日批示核准、澳门货币暨汇兑监理署行政委员会 1997 年 8 月 15 日第 027/CA/97 号"部门指令"付诸实施的《澳门澳门货币暨汇兑监理署人员福利基金规章》第 27 条第 2 款及第 33 条,由于改变了该署《1996 年规章》第 26 条,因此不仅在实质上无效;因损害了行政法的一般原则——尊重既得权原则,而且在形式上无效,因为在制定《1997 年规章》时未尊重《1996 年规章》第 12 条第 1 款 e 项订立的修订程序。

首先,我们看是否存在规章中规范之实质无效性——因为根据审判者之谨慎判断,它的成立将导致对受害人利益的最稳定及有效之保护;之后,在其不成立或不存在其他实质无效性时,再审理形式无效性问题。

8.2.1　原告方提出,《1997 年规章》第 27 条第 2 款及第 33 条具有实质无效性,因为在它生效日,原告均取得一项既得权,即《1996 年规章》规定之替代方案,可以选择以下公式计算的金钱补偿:$C = R \times T \times 2.6$,其中:$C$ 为收取金钱补偿之数额;R 为员工在结束其合约联系时的实际月收入;T 为连续提供服务之完整年数,该等年数须为可计入退休所需年数者,最高至 35 年。而当《1997 年规章》第 27 条第 2 款及第 33 条生效时,改变了前者规定的若干前提,而每人均在澳门货币暨汇兑监理署有 10 年以上完整及不间断的服务年限。

本案中之《1997 年规章》属于公共机构(澳门货币暨汇兑监理署)制定的一

个规章,法律授予澳门货币暨汇兑监理署制定规章的权力,这一权力的效力对象是澳门货币暨汇兑监理署本身职责所含之事项(第 14/96/M 号法令第 17 条第 3 款 g 项及第 34 条),因此,就其性质而言,《1997 年规章》是一项独立规章。

然而,与行政机关的其他一切活动一样,此等性质的规章须服从"合法性原则"(《葡萄牙共和国宪法》第 266 条第 2 款及《澳门行政程序法典》第 3 条第 1 款)的两层含义:法律至上原则和法律保留原则。

根据法律至上原则,规章中规范不能抵触法律,应将"法律"理解为"合法性整体",并且,由于包含于此整体内,原告指出《1997 年规章》第 27 条第 2 款及第 33 条违反了尊重既得权之一般原则,实际构成了行使规章制定权力之限度,而规章与法律一样——原则上不能作出追溯性规定,这样做意味着不尊重既得权。

可具有追溯力的只是执行追溯性法律之规章,以及规定的制裁比不法行为作出之日生效之规章更轻的规章(在此适用刑法中可适用的相同规则,即"更轻的法律"可立即适用到一切待审不法行为,参见 A. Queiro 教授:《规章理论》,载于《社会研究与法律评论》,第 XXVII 年度,第 1—4 期,第 18—19 页,以及《行政法教程》,第 435—436 页)。

但是,当《1997 年规章》生效时,它改变了《1996 年规章》第 26 条,此时,原告是否有一项既得权利?换言之,作为第 26 条第 1 款规定内容之替代方案,可以选择该第 26 条第 2 款所规定的金钱补偿?我们认为没有,理由如下:

在 Demolombe 看来(转引自 P·利马及 A·瓦雷拉之著作《民法基本概念》第 I 卷,第 181 页),既得权是指"已经及完全成为我们自己的权利,我们被赋予的、拥有的且第三人不能夺走的权利"。因此,既得权有下述特征:1)可以根据现行法律产生权利的一项取得事实;2)作出事实时有效的一项法律;3)行为人有法律能力;4)权利已经构成个人财富之一部分或使取得者占有一项确定性民事状态;5)此项权利尚未被要求或用尽,即它的效果尚未被完全实现。本着这些特征,可以区别出"权能"与"期望"以及已经使用之权利(F·利马:《巴西民法教程》第 4 版,第 I 卷,第 69 页)。

可以从另一个角度看此问题:一项规范之处理部分规定的法律效果"通常只是要求作出一项法律义务,或赋予一项资格、一项权限,或赋予一项权利,换言之,一项法律规范要么约束之,要么授权之,即授予一项主观权利。当法律允许,赋予一项资格、权限或法律权力,则为授权。

当法律赋予特定的人一项旨在满足自我利益或他人利益之权力,并附以运用保护此权力之强制手段时,我们说法律赋予一项主观权利,在此情形中,相对于赋予某人之权力,通常存在一项与其相对应的义务或职责——这种义务施加于一般对象或特定的人,并符合主观权利持有人的利益(B·马沙多:《法律及正当论导论》,第 84 页)。

但是"只有当行使有关法律权力取决于其持有人之意志时,我们才有一项主观权利。主观权利之主体可以自由行使或不行使。因此,主观权利是私人(意思)自治之表现及方式,这不是因为它创造了一种需要服从的秩序,正如法律行为中的情形一样,而是作为'行动自由,愿望自主'的同义语"(M·滨度:《民法一般理论》第 3 版,第 169 页)。但这种主观权利之存在取决于该权利之完全设立,即它已经确定性地进入权利人的法律范畴,在此之前没有主观权利,只能有简单之"权能"或"法律期望"。

某项权利进入法律领域构成了取得该项权利之现象(C·门德斯:《民法(一般理论)》第 II 卷,第 26 页),它可以是原始取得,也可以是继受取得。根据关系准则,如果一项取得发生于取得者与他人之间的人际关系,则为原始取得;如果一项取得根据因果关系准则,作为一项既有权利的相对丧失或限制的直接后果,则为继受取得。"但是,如果设立或取得某种主观权利之事实是'单项持续'的或瞬时的,对于其他人而言,此等事实则为'多项持续'及复合性的。只有在一切复合事实要素之出现结束时,才在取得者之法律范畴中产生主观权利。但是,可能发生的是,出现了取得一项主观权利之复合事实的某些最初要素后,法律赋予潜在的未来取得者之法律地位以一定程度的法律保护。如果这种情形发生,我们就面临一种法律期望。"(上引书,第 90 页)因此,法律期望是一种"积极、受法律保护的情形,是权利连续形成之复杂过程的一个阶段"(M·滨度:《民法一般理论》,第 9 次重印本,第 180 页)。

在本案中,据上所述,无疑可以得出结论认为:在《1997 年规章》生效时,原告人尚未取得《1996 年规章》第 26 条第 2 款所指的金钱补偿之既得权,虽然在《1997 年规章》生效时,他们在澳门货币暨汇兑监理署已经连续及不间断地服务十年以上,换言之,虽然可取得此补偿之前提条件已被抽象符合。

第 26 条第 2 款规定:"尚未取得退休权之员工,但在澳门货币暨汇兑监理署拥有十年以上完整及不间断的服务年限,可以选择按下述公式计算的金钱补偿,作为上款所定内容之替代。"这就是说,为使此项权利纳入原告的法律范畴,还需要原告明确表示已经选择第 2 款或第 1 款的金钱补偿,或者只听任取得退休权利的时间自动届满,其前提是未作出任何意义上的意思表示。

因此,若原告希望得益于《1996 年规章》第 26 条第 1 款或第 2 款之选择,他们就负有一项真正的负担,此项负担未被履行,而它的履行对于权利纳入其法律范畴是绝对必要的。证明其尚未享有纳入其法律范畴的主观权利之证据是下述事实(根据检察院在其精辟的意见书中所述):有关规范调整尚未取得退休权的在职职工之脱钩,赋予其因脱钩而获得金钱补偿的权力,以及所有原告均系澳门货币暨汇兑监理署的在职职工，并因此希望继续任职之事实，因此，在申请此等脱钩之前，绝不能成为补偿之既得权的主体。

换言之，也正如上述意见书所述："只有在脱钩程序中才能作出及接纳此项选择，而绝不能作为一项若干年后才实现其内容的权利之担保措施。"因此，在《1997年规章》生效时，由于其第27条第2款及第33条修改了《1996年规章》第26条之前提，并因此请求宣布第27条第2款及第33条不合法，原告方尚不拥有既得权利。

由于不具备值得尊重的既得权利，而是一项法律权能或期望，因此，变更、中止或废止规章中规范之行为构成制定该规章之机构的一项权力，也是拥有监督权之上级机构或者因法律规定而拥有"准等级性"监督权力之机构的一项权力。所以，《1997年规章》第27条第2款及第33条可以变更《1996年规章》第26条第2款，此方面不存在基于行政法一般原则及尊重既得权原则的障碍。

立法者也可根据"在创制规范方面，法律不受任何禁止"之原则来变更、中止及废止或撤销规章，但宪法实质限制除外。法律可以调整任何事项，即使此前已由不同于立法者的当局所调整者亦然（参见 A. Queiro《规章理论》，载于RDES 第1年度，第1期第2组，第24－25页，以及《行政法教程》第1卷，第479页及第483页）。

因此，由于原告人不享有《1996年规章》第26条第2款规定的金钱补偿的既得权，且《1997年规章》第27条第2款及第33条已经改变第26条第2款规定的前提，所以，并未违反"尊重既得权"之行政法一般原则。基于此，本着原告所提出的论据，我们不能宣布《1997年规章》第27条第2款及第33条不合法。故而，此部分请求不成立。

8.2.2 原告提出的《1997年规章》第27条2款及第33条之实质无效性的前提虽不具备，但是，存在着检察院司法官在其"最后意见书"中提出的此等规范的实质无效性之其他理由——原告并未提出这些理由，但仍应审理之，即使未直接提出来也然，甚至即使检察官未提出来亦然，并且应在审理上述无效性之前审理之。因为《葡萄牙行政法院程序法》第65条第1款允许以违反有关原则与规定（不是已经提出的原则与规定）为由判决规章中规范的无效，这不过是《葡萄牙行政暨税务法院章程》第4条第3款所含原则的具体化，根据此原则"行政法院及税务法院拒绝适用违宪或者抵触上级规范之规范"，这一点近似于宪法法院有关违宪审查之情形（参见11月15日第28/82号法律第79－C条第2部分，9月7日第85/89号法律对它作了修订）。

正如上述，规章中规范不能抵触法律——法律应被理解为"合法性之整体"，其中包括《澳门组织章程》（由2月17日第1/76号法律通过，随后由9月

14 日第 53/79 号法律、5 月 10 日第 13/90 号法律及 7 月 29 日第 23－A/96 号法律修改),它具有宪法性法律之性质。

《澳门组织章程》第 31 条第 3 款规定,"下述事项属于立法会及总督之竞合立法权:……m)社会保障及卫生制度"。因此,我们可以得出结论,澳门社会保障范畴的一切立法规范均属总督与立法会之竞合权限,必须通过法律及法令为之,绝不能属于总督的规章性权限,更不用说像澳门货币暨汇兑监理署这样的公共机构(参见 G·卡诺蒂留及 V·莫雷拉:《宪法注释》第 3 版,第 670－671 页)。

众所周知,行使规章制定权力须服从法律保留原则,即"政府不能在此保留范畴内制定(独立或自治)规章。在法律保留事项内唯一可以接纳的规章是执行规章"(参见 A. Queiro:《规章理论》,载于 RDES 第 XXVII 年度,第 1－4 期,第 17－18 页)。

我们已经见到,《1997 年规章》是一项独立规章,禁止其介入法律保留之事项——这里的"法律"指立法会制定之法律及总督制定的法令(参见《澳门组织章程》第 40 条第 1 款及第 13 条第 1 款),因此,独立行政规章不能对社会保障制度所含的事项作出规定,即使总督也不能通过其规章制定权而介入此等事项(《澳门组织章程》第 16 条 1 款 c 项所赋予之权力)。

但是,在我们对《1997 年规章》是否介入法律(在此指宪法性质之法律)保留事项作出结论之前,必须首先查明《澳门组织章程》第 31 条第 3 款 m 项所含的"社会保障"概念之意义与范围,只有在确定其概念之后,才能评定普通规范与此宪法规范之间是否一致。换言之,普通规范之概念必须符合效力层次高的宪法规范,否则违宪;而不是普通法律的概念必须订定宪法规范之概念,否则就是倒置了规范等级原则。

查阅《澳门组织章程》的全部条文之后,我们没有找到任何其他规范可以允许得出结论认为立法者已经对"社会保障"作出定义,因此我们必须参阅其他效力更高的立法文件,即《葡萄牙共和国宪法》。正如上述,《葡萄牙共和国宪法》第 63 条规定了"社会保障"制度,它指出:"1. 任何人均有权利享有社会保障。2. 在工会团体,其他代表劳工之组织,及代表其他受益人之团体参与下,由国家负责组织、协调及资助统一而分权之社会保障系统。"

在此方面,G·加诺帝略与 V·莫雷拉写道:"社会权利与义务一章,在此以社会保障作为开始,表达了一种所谓'社会宪法'的理念(显然它不是指《社会的宪法秩序》,而是指权利与社会给付之宪法秩序)。"(《宪法注释》第 3 版,第 338－339页)宪法广泛地承认及保护此等社会权利,将国家定性为"社会国家",它一方面要求"社会权利之国家"必须尊重及保障一切人的社会权利,另一方面指"社会民主国家"确保所有社会团体与阶层参与集体福利。

形成"社会民主"宪法概念之内涵的还有社会权利(第 2 条)，它一方面指任何人均可获取社会给付，另一方面则意味着，全体公民能够参与社会政策之订定。

社会保障权利是一种实证权利，它的实现要求国家提供给付，这是一项真正的义务(第 2 款)。国家如果不遵守此等宪法义务就构成一项宪法上的不作为，应当展开"不作为违宪"审查机制。国家之主要义务表现在社会保障制度之组织中(第 2 款)，它应当遵守五项宪法前提：a)应当设立普遍的制度，即它应包括一切公民，无论他的职业状况(散位员工、独立员工等)如何；b)应当是一项完整的制度，即包括"一切保护其他谋生条件或工作能力处于丧失或降低情形中的公民"(第 4 款)；c)应当设立职能上与组织统一的制度，以便包括一切类型的适当给付及保障公民未受匮乏与失业之苦；d)应当是一项非集权制度，这意味着相对于国家行政制度之机构上的自主；e)最后，应当是一种参与性制度。

社会保障制度应当得到国家补助(第 2 款第 1 部分)。这就是说，一方面，社会保障是国家的一项直接负担，由有关预算支持；另一方面，社会保障不只是依赖直接公共财政，还取决于受益人之出资，社会保障之财政取决于此项或彼项来源的份额，是国家在很大程度上决定的事项。此外，社会保障制度还包括"社会工作"，其目的主要是为了预防及保护匮乏情形，社会机能失调及边际化以及创造并维持社会设施及机构，如托儿所，养老院等。

1987 年 11 月 9 日的第 258 期《共和国公报》第 II 组公布的第 42/86 号总检察长意见书则写道："共和国《葡萄牙共和国宪法》在可纳入'基本权利与义务'的社会权利范围内接纳了社会保障权，并在第 63 条第 1 款中赋予其一项普遍反应：'人人有社会保障之权利'。相应地，社会保障权利是全体公民的一项权利，国家有责任组织一项制度，对于谋生能力与工作能力欠缺或降低的情形作出答复(参见 S. Leal:《社会保障权利》，载于《宪法研究》第 2 卷，第 362 项)。……福利措施过去和现在均是国家组建的社会保障制度之一，其目的是保护公民免受非自愿失业、年老、患病、丧失能力之风险及为家人损害死亡之保险。第 2115 号法律将此核心职责授权给福利基金会(第 V 条)，之前已经承认四种类别的社会保障机构(见第 III 条)。该条第 5 款规定，'公共、民用或军事以及为国家及行政机构服务的其他人的福利机构，且依特别法创设者'属于第 4 类，根据第 IV 条第 4 款之规定，它们继续受到有关法规之调整，但不妨碍其逐渐纳入'社会福利总计划'。"

考虑到宪法接纳社会保障权利之广泛方式，容易发现它不仅包括公共职能之福利制度(社会保障制度之一)以及由国家退休金总局及国家公务员福利会已经在葡国支付的其他退休金或金钱给付(7 月 31 日第 159/92 号法令设立；3 月 30 日第 142/73 号法令及随后的修订；7 月 31 日第 26/84 号法律；4 月 9 日第

4/85 号法律;4 月 4 日第 9/91 号法律;5 月 17 日第 197/77 号法令;1 月 23 日第 29/89 号法令以及 11 月 27 日第 347/90 号法令;9 月 24 日第 404/82 号法令及随后的修订;1965 年 8 月 3 日第 2127 号法律及 11 月 24 日第 668/75 号法令),以及在澳门,由澳门退休基金支付的退休金(第 1/87/M 号法令设立,第 47/95/M 号法令修订)还包括适用于私营企业劳工,且由国家退休中心在葡国支付退休金的福利制度(参见:第 328/93 号法令、第 329/93 号法令、第 213/93 号训令、第 170/80 号法令、第 322/90 号法令);还包括澳门社会保障基金(10 月 18 日第 58/93/M 号法令)。虽然不太严谨,但人们通常将国家退休金中心在葡国支付的退休金称为社会保障总制度所包含的内容,它基本上适用于私营企业之劳工以及老年保障,此外还包括独立工人,法人管理机构之成员等(详见《公共行政法律辞典》第 VI 卷,第 321—334 页)。

在本案中,问题并不太尖锐,因为"澳门货币暨汇兑监理署人员招聘事宜及保障合同之订立应服从《澳门货币暨汇兑监理署人员专有章程》以及调整澳门地区劳资关系的法律",这就是说,人员来自本地区公共部门或自外地招聘,但维持其来源地的一切固有权利,尤其是有关加入职程方面的权利,并就一切效果而言应将澳门货币暨汇兑监理署内提供的服务期限视为在原编制内的服务期限(3 月 11 日第 14/96/M 号法令第 33 条)。

第 14/96/M 号法令第 34 条第 1 款及第 2 款指出:"1. 人员之将来福利由一个名为澳门货币暨汇兑监理署人员福利基金之自有基金确保。2. 澳门货币暨汇兑监理署人员福利基金以其设立之目的为宗旨,享有法律人格,且受总督核准之规章规范,以及受补充适用之福利基金法律制度规范。"

澳门福利基金制度规定于 6 月 13 日第 44/88/M 号法令中。该法令之《序言》规定:"随着本法之公布,有关利害关系人可以在创设福利基金时拥有一个最低限度的法律框架,希望这样可以创造必要条件来发展自愿社会保障制度。"

该法令第 1 条规定:"1. 依法设法的公司可以创设福利基金,但须事先经总督通过《政府公报》上公布之批示的核准。2. 根据上述第一款设立的基金是独立财产,它以退休金或抚恤金之名义并以排他的方式满足有关受益人从金钱给付之赋予中产生的负担。"

根据第 14/96/M 号法令第 17 条第 3 款 f 项而制定及核准的《澳门货币暨汇兑监理署人员专有通则》第三章中含有人员福利基金,第三章的标题是"社会保障及受益人",而《澳门货币暨汇兑监理署人员专有通则》第 89 条第 1 款规定,"澳门货币暨汇兑监理署之员工包含于一项名称为"澳门货币暨汇兑监理署人员福利基金"的社会保障制度内(案卷第 62 页至第 98 页)。

《1997 年规章》第 1 条规定:"本《规章》订定澳门货币暨汇兑监理署人员福

利基金的组织,运作及职责,本《规章》是根据三月十一日第 14/96/M 号法令核准之《澳门货币暨汇兑监理署章程》第十七条第三款 g 项及第三十四条之规定并为其规定之效力而发出,且符合自治实体福利基金法律制度及财政制度中所适用条款的规定。"

第 2 条规定:"基金设立了一项具法律人格的特有财产。"

第 3 条规定:"基金旨在根据本章程的规定对第五条所指之受益人在下列金钱给付方面予以保障:a)澳门货币暨汇兑监理署员工之退休金及退休后立即享有之福利之费用;b)选择金钱补偿;c)倘在服务于澳门货币暨汇兑监理署期间在基金内登记的员工逝世,向其家属提供之殓葬费津贴、抚恤金及药物与外科手术补助;d)选择向抚恤金受益人发放金钱补偿。"

第 4 条规定:"1. 可纳入基金者为澳门货币暨汇兑监理署之人员编制内的员工,或与其他实体无联系且未享有福利制度保障的定期合约员工,不论该福利制度受公法实体抑或私法实体的保障,亦不论该实体在澳门或在澳门以外。2. 符合上款所规定之条件的澳门货币暨汇兑监理署员工必须在基金内登记。"

第 5 条规定:"在基金内登记之澳门货币暨汇兑监理署员工及根据本章程的规定属员工之家庭成员者为受益人。"

第 17 条规定:"该'基金'之来源为:a)在基金内登记之澳门货币暨汇兑监理署员工与退休金及抚恤金之受益人的共同分担;b)澳门货币暨汇兑监理署对其在基金内登记之员工与退休金及抚恤金之受益人的共同分担;c)澳门货币暨汇兑监理署之特别拨款;d)其财产之收益及有关转让之所得;e)资金运用之收益;f)将收受之赠与、遗产或遗赠,以及由任何机构给予之津贴;g)任何其他将向其交付之收益。"

第 18 条规定:"基金之开支为:a)金钱给付之支出;b)其运作之开支;c)其管理上之其他开支。"

综上所述,容易得出如下结论:正如名称所示,《澳门货币暨汇兑监理署人员福利基金规章》是一项福利规章,它处理之事项的性质与功能与 10 月 18 日第 58/93/M 号法令相同,它的规范(尤其是其第 27 条第 2 款及第 33 条)组成澳门"社会保障制度"的内容。因为,正如《1997 年规章》第 25 条所示,依照这些条款规定,受益人可以选择规章中所定的金钱补偿,以替代有权享有的退休金,或者未享有退休权之情形中有权享有的第 27 条第 1 款所指补偿。

另一方面,它规定了一项中断受益人及其家属过去享用及继续享用的社会保障制度——其享用不仅来自《福利基金规章》而且来自《人员专用通则》,以交换《福利基金规章》指定由福利基金支付的金钱补偿。无疑,这一切都是澳门"社会保障制度"的内容,它被包含于一般及抽象的规范中,这些规范不仅可适用于本案的原告,还适用于澳门货币暨汇兑监理署的一切员工(这些员工现在及将来均是它的一分子),也适用于有关家属(他们已被包含在内,或者可以包含在内并包含退休者及其家属之权利),因此可能危及基金本身,因为金钱补偿须由该基金支付。

因此,整体而言,《1997 年规章》不符合《澳门组织章程》第 31 条第 3 款 m 项的规定,所以,该规章全文违反了法律保留原则,超越了规章制定权力之行使限度。但是,我们不能在此适用 in toto et pars continetur(全体中包含部分)原则,即,我们不能宣告该规章全体不合法,只能宣布《1997 年规章》第 27 条第 2 款及第 33 条的不合法性,因为我们受到原告提出之请求的限制,该项请求之客体只是上述两个条文。

原告请求宣布其不合法的《1997 年规章》第 27 条第 2 款及第 33 条无疑涉及澳门"社会保障制度"所含事项。因此,这两个条文不符合《澳门组织章程》第 31 条第 3 款 m 项,违反了宪法性质的法律保留原则,超越了规范权力之行使限度,其监察权在本案中属于澳门高等法院,而非宪法法院(参见《葡萄牙共和国宪法》第 281 条)。因为,根据《澳门组织章程》第 11 条第 7 款 e 项及第 30 条第 1 款 a 项,只有在事关本地立法规范时,才能由宪法法院作出抽象监督。这些本地规范包括立法会之法律及总督的法令,从一种扩充解释的角度看,这些本地规范也被包含于宪法法院对违反《葡萄牙共和国宪法》、《澳门组织章程》及充实具优先性之共和国法律的总督规章的不合法监察。因此,公共机构之规章(如本案)则处于宪法法院抽象监察之外(参见 G·加诺帝略及 V·莫雷拉:《澳门规范之合宪性监察》,载于《澳门法学院学报》第一年度,第 1 期,第 35 页)。

综上所述,我们的结论是高等法院有权审理此等事项。

8.2.3 因此,鉴于 8 月 29 日第 112/91 号法律第 15 条第 3 款 d 项,《葡萄牙行政暨税务法院章程》第 11 条第 1 款至第 5 款及《行政法院程序法》第 65 条、第 67 条、第 68 条,必须宣布经济协调政务司 1997 年 8 月 8 日批示核准的并由 1997 年 8 月 15 日澳门货币暨汇兑监理署行政委员会第 027/CA/79 号"部门指令"实施的《澳门货币暨汇兑监理署人员福利基金规章》第 27 条第 2 款及第 33 条之规范不合法,此项宣告具有普遍约束力。此项宣告的依据不是原告提出的,而是驻本院检察长在其"最后意见书"中提出的,因为上述规范违反了法律保留原则并超越了规章制定权之行使限度,表现在此等规范不符合《澳门组织章程》第 31 条第 3 款 m 项,后者将澳门社会保障制度的立法权限设定为立法会及总督的竞合权限。基于此,原告提出的《1997 年规章》之形式无效性问题将不予审理。

9. 因此,综上所述,本院裁定:

a)具普遍约束力地宣判:经济协调政务司 1997 年 8 月 8 日批示核准的并由

1997 年 8 月 15 日澳门货币暨汇兑监理署行政委员会第 027/CA/79 号"部门指令"实施的《澳门货币暨汇兑监理署人员福利基金规章》第 27 条第 2 款及第 33 条之规范不合法，因为上述规范违反了法律保留原则，表现在此等规范不符合《澳门组织章程》第 31 条第 3 款 m 项，后者将澳门社会保障制度的立法权限设定为立法会及总督的竞合权限。

b) 根据《葡萄牙行政暨税务法院章程》第 11 条第 3 款之规定，考虑到有关公共利益，上述宣告之效力追溯到此等规范生效之日。

法官：沈嘉涛（裁判书制作人），苏文龙，白富华（附"表决声明"）

白富华之表决声明

本人在表决中落败，理由如下：

《澳门货币暨汇兑监理署人员福利基金规章》第 27 条第 2 款及第 33 条并不针对有关应被视为社会保障制度所含的事项。它旨在保护员工及其家属在欠缺或降低劳动能力，非自愿失业及死亡的情形，以保障家庭负担之补偿。它还保护那些处于欠缺或降低谋生能力情形中的人员（参见 8 月 14 日第 25/84 号法律第 2 条，该法律在葡国订定了社会保障之纲要）。

虽然《葡萄牙共和国宪法》第 63 条第 4 款示例性地列举社会保障应包含的匮乏或不安全情形（患病，年老，残疾，丧偶，无父母，失业之公民），它包括了"其他谋生条件或工作能力处于丧失或减低情况之一切情形"（G·加诺帝略及 V·莫雷拉，上引书，第 3 版，第 340 页）。因此，任何社会保障制度均旨在对抗匮乏及不安全，但是，退休金或者自愿消除劳务关系之补偿不属其范围。

在澳门，10 月 18 日第 58/93/M 号法令第 5 条列举了社会保障制度中所含的给付形式，包括养老金，残废金，救济金；各种补助金之补充给付；失业津贴，疾病津贴，出生津贴，结婚津贴，丧葬津贴，因肺尘埃沉着病之给付），它强调下述思想：希望任何公民在丧生或降低谋生手段或劳动能力的情形中能享有社会保护。

第 84/89/M 号法令（该法令设立了"澳门社会保障基金"组织，此等事项今天则由第 59/93/M 号法令调整）序言中规定："保护本地劳工欠缺保护之最严重情形的社会保障制度……追求劳动安全之目标及减少匮乏与社会不公正情形。"但是，第 30/90/M 号法令（已被第 58/93/M 号法令废止）规定，社会保障制度之前提是"满足澳门大众最基本之需要"。

订定退休金或为自愿选择离职的劳工提供金额是一项狭义的劳动权利，其目的只是调整个别与集体劳动关系以及劳工之权利。因此，本案中的规范并不违反《澳门组织章程》第 31 条第 3 款 m 项中所含的法律保留。

【案例评述】

这是原澳门高等法院通过审理"规范反驳之诉"所作的合议庭判决。诉讼的客体是原经济协调政务司 1997 年 8 月 8 日核准并由 1997 年 8 月 15 日澳门货币暨汇兑监理署行政委员会第 027/CA/97 号"部门指示"付诸实施的《澳门货币暨汇兑监理署人员福利基金规章》。在性质上,该《基金规章》是一个典型的行政规章。

根据第 39/89/M 号法令和第 14/96/M 号法令,澳门货币暨汇兑监理署(现澳门金融管理局)是具有"公务法人"属性的行政机构,其职能类似于主权国家的中央银行,负责监管在澳门从业的银行及保险等金融机构。澳门货币暨汇兑监理署的管理机关是行政委员会,显然,行政委员会是合议机关。

葡萄牙的行政法理论认为,行政规章(regulamento administrativo)是行政机关依据行政权制定的具有一般性、抽象性及约束力的规范的集合。行政规章不等于行政立法,行政规章包含的规范称为规章规范,其效力低于法律规范。针对法律规范,只能提起违宪审查;受行政规章侵害的人士,可以在行政法院提起规范反驳之诉。如果"规范反驳之诉"胜诉,行使行政审判权的法院会宣告行政规章或它所包含的某个或某些规范的"不合法",此等宣告具有普遍约束力。

在本案中,前澳门高等法院宣告上述《基金规章》第 27 条第 2 款及第 33 条是不合法的,而且赋予此项宣告追溯效力——追溯到《基金规章》生效日。除此之外,这份判决有两个重要价值:

第一,尽管 25 名原告在起诉书中提出的诉讼理由(被诉规章侵犯了他们的既得权)不成立,但检察院提出了导致被诉规章不合法的其他理由——被诉规章违反了《葡萄牙共和国宪法》和《澳门组织章程》确认的法律保留原则。前澳门高等法院之合议庭接纳并采用了驻该法院之检察院代表的建议,宣告上述《基金规章》第 27 条第 2 款及第 33 条的不合法性。

第二,这份判决阐明了既得权、合理期待及"权能"之间的差别。在西方法制史上,信任保护只是晚近的事情,但既得权保护却有悠久的历史。其实,信任保护是既得权保护的延伸和扩张,反映出立法理念的进步。

在此场合,值得指出"规范反驳"与"违宪审查"的相同之处:在诉讼理由成立时,法院将作出违宪宣告或不合法性宣告;相反,如果法院认为在诉讼理由不成立,将不会作出合宪宣告或合法性宣告,换言之,不会"确认"合宪性或合法性,更不会"维持"被质疑之法律规范或规章规范的合宪性或合法性,而是作出消极陈述。

3 财政局局长上诉案 *

【判决书】

一、报　告

　　财政局局长对中级法院于 2000 年 12 月 7 日在第 177/2000 号案件中作出的合议庭裁判,向终审法院提起统一司法见解上诉(该合议庭裁判驳回了对行政法院作出的撤销该局长 1999 年 8 月 12 日批示的判决提起的司法上诉,而该局长的批示驳回了对财税厅厅长的批示提起的诉愿;为征收机动车辆税,财税厅厅长的批示把 Toyota Crown Royal Saloon 牌汽车售价的计税价格定为 309000 澳门元,之前 Ai Ma 车行申报的价格为 190000 澳门元)。

　　他辩称,对于同一法律问题,中级法院 2000 年 12 月 7 日的合议庭裁判与终审法院于 2000 年 7 月 26 日在第 10/2000 号案件中所作的合议庭裁判相对立。

　　通过本终审法院 2001 年 3 月 28 日所作的合议庭裁判,确认存在上述相对立情况,并决定该上诉程序继续进行。

上诉人陈述

　　上诉人在陈述中总结如下:

　　1. 根据《机动车辆税规章》第 8 条第 6 款赋予的权力,当资料显示实际市场价格明显高于纳税义务主体通过 M/3 格式申报表申报的价格时,法律允许财税厅厅长依职权定出高于申报价格的计税价格。

　　2. 法律没有列出显示该等差异的资料,但赋予税务当局根据一般经验规则,采用间接证据来确定其心证的权能。

---

　　* 卷宗编号:终审法院第 4/2001 号上诉案。

3. 因此,考虑到相同型号汽车在香港特别行政区的公开售价,该汽车又从香港进口,须加上运至澳门特别行政区的运输价格,故此在澳门的交易价格必然与香港的实际价格相近。

4. 考虑到《机动车辆税规章》第 8 条第 6 款规定的证据种类,香港实行的公开售价是取自专业杂志提供的信息,而该等杂志具有充分的可信性。这是因为,为了被视为实际市场价格的可靠传播媒体,必须以客观标准为依据。

5. 根据第 8 条第 6 款的规定依职权确定计税价格后,进行结算阶段的内在前提要件已经具备,即以法律规定的要素,尤其是《机动车辆税规章》第 15 条第 1 款,以香港的公开售价再加上有关运输及保险费为基础计算出计税价格。

最后要求确定如下司法见解:如果所拥有的资料显示纳税义务主体申报的价格明显低于实际价格,澳门财税厅厅长在行使经 8 月 24 日第 7/98/M 号法律修改的 8 月 19 日第 20/96/M 号法律核准的《机动车辆税规章》(RIVM)规定的权力时,可以借助香港特别行政区汽车杂志所载的相同型号车辆在该地区市场的售价,依职权确定高于申报价格的公开售价,因为这是证明该等反映市场价格的适当方法。

助理检察长意见

助理检察长提出了以下意见:

在本案中,已裁定在中级法院于 2000 年 12 月 7 日,在第 177/2000 号上诉案中作出的合议庭裁判与终审法院于 2000 年 7 月 26 日,在第 10/2000 号上诉案中作出的合议庭裁判之间存在对立情况,并决定本上诉程序继续进行。

问题在于,财税厅厅长在依职权结算税收并确定高于申报价格的公开价格时,是否可以借助于汽车杂志提供的相同型号车辆在香港的公开售价。

根据第 20/96/M 号法律核准的《机动车辆税规章》第 1 条的规定,机动车辆税(IVM)的课征对象是:车辆向消费者所作的移转、供进口商自用的进口和参与交易活动的经济从业人员将其拨为自用。

法律对上述每种情况规定了确定计税价格的不同规则(上述《规章》第 9 条、第 10 条和第 11 条)。

在本案中,我们感兴趣的是在机动车辆向消费者所作的移转的情况中确定计税价格的问题。

综合《机动车辆税规章》第 8 条和第 9 条的规定,作为计算应缴税款的基础的计税价格为公开售价,即消费者所支付的价格。公开售价一般由纳税义务主体申报。如果双方约定的售价高于预先申报的价格,机动车辆税的计算则以实际移转价格为基础。

因此,为了确定作为计算机动车辆税应缴税额的基础的计税价格,决定性因素是实际移转额,即购买者实际支付的价格。

众所周知,税收是一个地区的一项基本收入,因此行政当局必须打击税务欺诈和漏税行为。

这样就不难理解,为什么法律赋予财税厅厅长以下权能:"如资料显示出所申报之公开售价明显低于实际价格"(第 8 条第 6 款),就另定出一高于所申报价格的公开售价,因为重要的是实际价格,即实际支付价格。

在这种情况下,财税厅厅长以部门所拥有的资料,尤其是以上季度所结算税款的平均数或以根据第 9 条至第 11 条规定所计算出的计税价格为基础,依职权进行结算(《机动车辆税规章》第 15 条第 1 款 c 项)。

一切均按照事实真相原则处理。

法律谈到两种资料:显示申报价格明显低于实际价格的资料(第 8 条第 6 款)和财税厅厅长依职权进行结算所依据的行政当局掌握的资料(第 15 条第 1 款)。

但是,两者所指的完全可能是同样资料。

法律没有像《机动车辆税规章》第 10 条第 2 款和第 15 条第 1 款那样列举财税厅厅长认为申报价格明显低于实际价格所依据的显示性资料。

那么,就可以是任何能起显示性作用的资料。

我们接受借助香港公开售价的可能性(即使是汽车杂志刊载的亦然)。

我们同样接受,香港的公开售价可以被视为依职权进行结算的基础资料之一,这甚至是因为,在根据《机动车辆税规章》第 10 条和第 11 条的规定计算计税价格时,法律明确指定香港的公开售价为应考虑的一个因素。这就是说,在确定一公开售价高于申报价格以及依职权结算时,财税厅厅长可以借助于香港车辆的公开售价(但不仅限于此)。

确实,由于两个地区有许多类似之处以及澳门本身的地理特点,澳门通过香港进口车辆,而澳门和香港的车辆市场具有相似性。

正如终审法院第 10/2000 号合议庭裁判(作为理据的裁判)所强调指出的,"实际上,香港实行的公开售价……可以作为依职权进行附加结算的参考资料之一"。并且"一般来说,汽车杂志刊载的价格反映当地市场的价格"。

争论的问题在于,财税厅厅长是否可以仅仅根据香港的公开售价这一唯一资料来确定售价高于申报价格。

确实,法律只讲到"资料显示……"(第 8 条第 6 款),仅要求显示,而不要求证明。然而,行政当局仅掌握唯一的资料,即香港市场的车辆售价,那么,该售价可以被认为是足以让人相信申报价格明显低于实际价格的迹象吗?尤其是当车辆已经售出,递交了诸如买卖合同等证明实际成交价格的文件,而且行政当局也未提出该等文件为虚假文件(即属于欺诈性虚假的情况)？

进行依职权结算的时刻并非无关紧要：如果依职权结算在售出之后，行政当局行为应更加严谨，应以更多的而不是唯一的显示资料为依据。确实，法律要求的资料必须具有一定的可信度和证明力，才能有效地质疑已递交于本案的文件的价值。

《机动车辆税规章》第 15 条第 1 款要求财税厅厅长在依职权进行结算时，应当以部门所备资料，尤其是以最近季度所结算税款之平均数额或以根据第 9 条至第 11 条规定所计算出之计税价格为基础。

第 9 条规范车辆公开出售的情况，其中把两种价格规定为确定计税价格的标准：申报价格或实际移转价格。

其第 2 款特别为已销售完毕的情况作出规定：在这种情况下，重要的是实际移转价格。除出现虚假文件的情形外，实际移转价格完全可以通过买卖合同证明。

我们认为，对于公开出售的情况依职权进行结算，不妨采用第 10 条第 2 款规定的资料(虽然该条规范的是进口自用和未申报价格的情况)：其他经济参与人所申报的公开售价、香港或原产地的公开售价，以及税务当局所拥有的其他资料。

像法律规定的任何其他资料一样，香港的售价被立法者视为确定计税价格及随后依职权结算税款所根据的资料之一，它并不比其他资料更为重要。

总之，依职权结算税款时，财税厅厅长必须尽量依据所掌握的各种资料，其中包括香港的车辆公开售价。

我们不相信，税务当局掌握的唯一客观资料，即香港的售价(尽管刊载于汽车杂志)，是足以质疑申报价格和令人相信申报价格确实低于实际价格，尤其是车辆已经售出，而且还有向税务当局递交的文件——买卖合同。

我们总不能说，由于税务当局仅掌握一种对价格进行比较的资料，我们便必须接受这一资料已足够和可信，然后根据这一资料确定一个高于申报价格的价值。因此，财税厅厅长必须综合所掌握的各种资料，其中包括香港的公开售价。

也就是说，在综合考虑税务当局所掌握的其他资料的情况下，可以把香港的公开售价作为确定澳门的计税价格和计算机动车辆税税额的参考资料和数据。

综上所述，我们认为，应当裁定上诉理由部分成立，并确定如下司法见解：在依职权结算税款时，只要同时考虑税务当局掌握的其他资料，财税厅厅长可以借助香港公开出售的车辆售价，包括汽车杂志刊载的售价，来确定计税价格。

二、事 实

被上诉的合议庭裁判中所认定的事实如下:

——1999 年 6 月 1 日,Ai Ma 车行有限公司向财税厅递交了 M/3 格式申报表,申报表载明 Toyota Crown Royal Saloon 牌汽车的公开售价为 190000 澳门元。

——澳门财税厅于 1999 年 6 月 2 日向该车行发出公函(公函号:162/NIC/IVM/99),通知该公司,按公开售价 309000 澳门元课税。

——被上诉方于 1999 年 6 月 28 日向财政局局长提起诉愿。

——上诉被 1999 年 8 月 12 日的批示驳回,该批示赞同法律辅助中心协调员的信息意见。

——其主要内容是:

"与上诉人的诉求相反,上述通知已适当地陈述了理据,只要读一读该通知就会看到,它清楚地阐明了其作者作出这一行为的理由,正如上述作者所说,其中包括适当的合理解释(声明导致采取该决定的事实和法律前提要件)及其起因(或指出行政当局作出选择所根据的理由)。

前提要件,或事实和法律状况,决定作出某一行政行为的合法可能性,在本案中,前提要件源自以下事实状况——1999 年 6 月 1 日第 337 号 M/3 格式申报表所载的公开售价,而本财税厅拥有的资料强烈显示,申报的公开售价低于上诉人实施的实际价格,因此有理由以相邻的香港特别行政区相同型号车辆的公开售价这一客观标准为基础,对其加以订正。

此外,根据《机动车辆税规章》第 8 条第 6 款,如果资料显示出所申报之公开售价明显低于实际价格,财税厅厅长有权定出一高于所申报价格的公开售价,本案就属这种情况。

同样,不能认为上诉方提出的未指明有关的定价标准的理由成立,因为已经明确指出——参考相应的专业出版物所得的、且尽人皆知的香港的公开售价,而相邻的香港特别行政区在这方面不采取任何核准价格的政策这一事实并不重要。"

三、法 理

1. 需要了解:

(1)当财税厅厅长根据《机动车辆税规章》第 8 条第 6 款规定确定一高于申报价的售价来对机动车辆税依职权进行结算时,该厅长是否可以根据《机动车辆税规章》第 15 条第 1 款、第 8 条第 6 款和第 10 条第 2 款借助香港车辆的公开售价确定计税价格；

　　(2)假设对上面的问题作出肯定回答，那么，为了查清香港车辆的公开售价，是否可以借助汽车杂志刊载的价格。

　　首先应研究一下税收法律制度。

　　8月19日第20/96/M号法律建立了机动车辆税，通过了《机动车辆税规章》(以下缩写为 RIVM，或简称为《规章》)，并撤销了对机动车辆课征消费税的法例。上述《规章》经8月24日第7/98/M号法律修改。机动车辆税(以下缩写为 IVM，或简称"税")的课征对象是：

　　——将新机动车辆向消费者所作的移转；

　　——供进口商自用的新机动车辆的进口；

　　——参与新机动车辆交易活动的经济从业员将新机动车辆拨作自用(RIVM第1条)。

　　纳税的义务主体主要有：

　　——从事将新机动车辆出售予消费者的业务者，即使仅进行一次该等交易[1]；

　　——进口新机动车辆以供自用者；

　　——上述拨作自用者(第2条)。

　　如果课征对象为将新机动车辆向消费者所作的移转，那么，在将车辆移转予消费者的时刻便可要求纳税(第3条 a 项)。

　　现在我们来看一看确定征税客体的程序。

　　这个程序由纳税义务主体申报每一型号的机动车辆的公开售价开始。纳税义务主体在取得用于公开出售的机动车辆之日起20日内，或在更改先前申报的价格之日起20日内，且须于出售车辆前，通过 M/3 格式申报表向财税厅申报公开售价(第8条第1款)。

　　公开售价即消费者支付的价格(第8条第4款)。根据第8条规定而申报的公开售价为计算应缴税款基础的计税价格(第9条第1款)。

　　如为进口自用车辆，计税价格为进口商根据第8条的规定，先前向税务当局申报的同型号车辆的公开售价(第10条第1款)。

　　在这种进口商进口自用的情况中，"如没有申报公开售价，则计税价格以下列者作为计算基础：其他经济参与人所申报之公开售价、香港或原产地之公开售价再加上有关运输费及保险费，以及税务当局所备有之其他资料"(第10条第2款)。

────────────

[1]　实际上，在经济反应机制的作用下，承受纳税的最终还是车辆购买者的财产。

如属于拨为自用的情况，计税价格为将车辆作为自用的纳税义务主体根据第 8 条的规定所申报的公开售价；如无申报公开售价，则由税务当局根据第 10 条第 2 款的规定计算计税价格（第 11 条）。

如为公开出售，税额的结算[2]由出售者负责（第 13 条第 1 款 a 项）。为此，出售者应于出售每一车辆时发出发票，并于作出应税行为的翌月底前将 M/4 格式申报表递交予财税厅（第 14 条第 1 款 a 项和 b 项）。

这就是确定计税价格和结算的正常程序。

但是，可以依职权进行附加结算，即由财税厅厅长负责结算。须进行附加结算的情况主要是因出现事实上或法律上的错误或任何遗漏，而给本特区造成损失时，对结算加以修正（第 17 条第 1 款）。

《规章》第 15 条第 1 款 c 项所规定的就是这种附加结算的情况之一："一、在下列情况下，财税厅厅长以部门所备资料，尤其是以最近季度所结算税款之平均数额或以根据第九条至第十一条规定所计算出之计税价格为基础，依职权进行结算：a)……；b)……；c)根据第 8 条第 6 款之规定定出高于所申报之出售价格；d)……；e)……"

第 8 条第 6 款所规定的情况如下："如资料显示出所申报之公开售价明显低于实际价格，财税厅厅长得另定出一高于所申报价格之公开售价。"

2. 让我们更仔细地研究一下第 15 条第 1 款 c 项规定的依职权附加结算制度，尤其是：

——相关的前提要件；

——确定征税客体的资料；

——税务当局拥有的证据。

前提要件：在上述《规章》第 8 条第 6 款中规定。根据第 8 条规定而申报的公开售价为计算应缴税款基础的计税价格（第 9 条第 1 款）。为此，出售者应向财税厅申报每一型号车辆的公开售价（第 8 条第 1 款）。

但是，如果财税厅厅长拥有资料显示出售者申报的价格明显低于实际价格，则可以确定一个高于申报价格的公开售价。

在被上诉的合议庭裁判中，纳税义务主体申报的价格为 190000 澳门元。

根据香港同一型号车辆的价格确定的售价为 309000 澳门元。

本法院 2000 年 7 月 26 日的合议庭裁判提到："众所周知，很少有澳门车价与香港车价出现巨大差别的迹象。"

所谓迹象，或者"具有显示作用的证明性事实，就是使人们得以借助所认识

---

〔2〕 结算即按照征税客体适用的税率确定纳税额的阶段。

的并成为经验准则的自然规律断定其他一些事实是否曾经发生的事实"[3]。

如果像我们已经看到的,澳门与香港的汽车售价没有重大差别,如果像我们将看到的,在某些条件下不知道澳门的价格,可以利用香港的价格确定征税客体;那么,当在澳门申报的价格与香港的售价有重大差别,这显然就是出售者申报的价格明显低于实际价格的迹象了。

确定征税客体的资料:在第 15 条第 1 款中规定,财税厅厅长以部门所拥有的资料,尤其是以上季度所结算税款的平均数额或根据第 9 条至第 11 条规定所计算出的计税价格为基础,依职权进行结算。

也就是说,第 9 条、第 10 条和第 11 条的规则对在每一条规定的情况下进行初始结算中确定征税客体均有效。

但是,如属第 15 条所指的附加结算,则第 9 条至第 11 条的规则可用于各种情况。

被上诉的合议庭裁判认为第 10 条第 2 款的规则是针对其他情况的,这种解释不成立。第 15 条第 1 款明确规定,在附加结算的情况下,依职权进行结算时可以根据第 9 条至第 11 条的规定计算计税价格。

这样,在进行附加结算的情况下确定征税客体时,财税厅厅长可以使用:

——上季度所结算税款的平均数额(第 15 条第 1 款主文);

——先前向税务当局申报的同型号车辆的公开售价(第 10 条第 1 款,根据第 15 条第 1 款主文);

——其他经济参与人所申报的公开售价(第 10 条第 2 款,根据第 15 条第 1 款主文);

——香港的公开售价再加上有关运输及保险费(第 10 条第 2 款,根据第 15 条第 1 款主文);

——原产地的公开售价再加上有关运输及保险费(第 10 条第 2 款,根据第 15 条第 1 款主文);

——税务当局拥有的其他资料(第 10 条第 2 款,根据第 15 条第 1 款主文)。

被上诉的合议庭裁判认为,仅在纳税人过去没有申报的情况下才可使用香港的公开售价,这种看法不准确:第 15 条第 1 款 c 项准许根据第 8 条第 6 款的规定使用该资料,定出一个高于纳税人申报价格的出售价格。

同样,认为该标准必须与其他资料综合使用,这也是不正确的;如果当局不拥有其他资料,可单独使用该标准。

---

[3]　J. Castro Mendes:《民事诉讼法中证据的概念》,Atica 出版社,里斯本,1961,第 182 页。

3. 使用上述资料,尤其是使用香港的车辆公开售价再加上有关运输及保险费这一资料,完全符合行政程序和税务程序中实行的事实真相原则和调查原则。

正如 Alberto Xavier 所说:"非司法税务程序的中心目的在于调查课税事实,以对其进行证明并确定其特点;这是适用法律方面推理的小前提。但是,如何对各种事实进行调查和评价呢? 对于这一疑问,税务法的回答非常明确。在税务法完全体现合法性原则以保护私人权利不受权力的任意裁决侵害的情况下,解决办法只能是按照调查原则进行审查,按照事实真相原则评价事实。"[4]

因此,必须得出结论,即在《规章》第 8 条第 6 款规定的情况中,借助相同型号的汽车在香港的公开售价是正当的,除非利害关系人能够表明在澳门实行不同的价格。

4. 现在要确定的是,可否借助汽车杂志刊载的价格得到香港车辆的公开售价。

汽车杂志刊载的新车公开售价表无疑是一种证据。

回到前面谈及的问题。应强调税务程序中涉及证据和诉讼客体的明显调查性质[5]。

根据主动性或调查性原则,"在安排、确定及领导为获取和综合作出决定所需要的重要资料而进行的取证活动中,行政当局拥有最广泛的主动权"[6]。

据此,原则上不能禁止行政当局使用这种证据,这是因为,在取证措施方面,习惯于承认行政当局拥有自由裁量权,"给予财政当局自由选择将要采取的措施,或采取措施的时机,或甚至是否采取措施的权力"[7]。

因为,根据 7 月 18 日第 35/94/M 号法令通过、在作出该税务行为时有效的《行政程序法典》第 83 条第 1 款的规定:"如知悉某些事实有助于对程序作出公正及迅速之决定,则有权限之机关应设法调查所有此等事实;为调查该等事实,得使用法律容许之一切证据方法。"[8]

5. 原则上,并不妨碍使用汽车杂志刊载的新机动车公开售价表来确定香港的售价。确定这一点之后,我们要考虑一下,是否应当审慎使用这种证据。

被上诉的合议庭裁判就认为,这是一种不大适当的证据,因为该等杂志是私人出版物。

我们不同意这一评价。首先,一般证据都来自私人,而法律并不因此认为

---

[4]　Alberto Xavier:《税务行为的概念与性质》,Almedina 书店,科英布拉,1972,第 147 页。

[5]　Alberto Xavier:上著,第 148 页。

[6]　M. Esteves de Oliveira、P. Costa Goncalves 和 J. Pacheco de Amorim:《行政程序法典》,Almedina 书店,科英布拉,1997,第 2 版,第 414 页。

[7]　Alberto Xavier:上著,第 382-383 页。

[8]　行文与第 57/99/M 号法令核准的《行政程序法典》第 86 条第 1 款完全相同。

它们不适当。另一方面,在行政程序中遵循自由审查证据原则[9]。

众所周知,汽车杂志上刊载的新车辆的公开售价表是通过征询各种牌号的汽车转销商的意见制作的。

经验表明,这些价格表一般来说是正确的,准确地反映公开售价。这毫不奇怪,否则,市场规律就会起作用,杂志就不会有读者,自然也就卖不出去了。让我们说得更清楚一些。该等价格表一般来说正确可信,不仅如此,甚至可以肯定,它比法院包括在刑事诉讼法领域每天大多数使用的人证等其他证据更加正确可信。

无论如何,接受税务当局可以借助该等价格表确定征税客体,最好同时也使用其他资料加以佐证。利害关系人仍可以毫无阻碍地通过诉愿程序或者司法争讼程序,使用其他证据来表明那些价格表上某种型号汽车在香港的公开售价有误。

可是,被上诉人从来没有递交过用以证明这一点的任何资料,甚至没有提出过当局使用的价格并非香港的价格。

四、决 定

综上所述:

1.裁定本司法上诉胜诉,撤销被上诉的合议庭裁判,从而驳回原司法争讼。

2.统一司法见解,确定以下理解:

(1)根据《机动车辆税规章》(RIVM)第 15 条第 1 款 c 项的规定,在依照该规章第 8 条第 6 款定出高于纳税人所申报价格的出售价格的情况下,财税厅厅长在依职权进行附加结算时,可以使用在香港同型号机动车辆的公开售价确定机动车辆税的征税客体价值。

(2)在税务程序中,汽车杂志刊载的新车辆公开售价表是一种证据,其使用遵循自由审查证据原则。在第一点所指的附加结算中确定征税客体价值时,可以毫无阻碍地使用该等公开售价表查明香港的售价。

诉讼费用由被上诉人负担,本院和中级法院之司法费均定为 4 个计算单位,行政法院司法费定为 5 个计算单位;诉讼代理费定为 40%。

法官:利马(裁判书制作人),岑浩辉,朱健,
赖健雄(附"表决声明"),蔡武彬(附"表决声明")
2001 年 7 月 4 日于澳门特别行政区

---

[9] M. Esteves de Oliveira、P. Costa Goncalves 和 J. Pacheco de Amorim:上著,第421 页。

赖健雄之表决声明

本人于澳门特别行政区终审法院就 4/2001 号上诉卷宗的终局裁判的表决中落败,本人对表决获胜的理由不认同,是基于本人对问题有如下理解:

虽然本人曾认同并签署本法院于 2001 年 3 月 28 日评议会表决通过本上诉的初端裁判书中所持的立场,但重新研究及分析当中所涉及的问题,本人决定改变原有的立场,认为本统一司法见解上诉的实质前提并不成立,故必须予以驳回(本人同意上述初端裁判中认为 1961 年《民事诉讼法典》为适用法律。根据这一法典第 766 条第 3 款的规定,初端裁判并不构成形式上的确定裁判,而仅具暂时性质,故在终局裁判中合议庭完全可以改变对问题的原有立场和理解)。

在保留对终局裁判中理解的应有尊重的前提下,本人分三点阐述所采不同的己见:

一

根据适用本上诉的法律的规定,就同一法律问题且有关法律规范并不存在实质变更情况下,即使中级法院及终审法院曾先后以互相对立的解决办法为基础宣示两个裁判,也不能就此提起统一司法见解的上诉(本人这一理解与本上诉的于 2001 年 3 月 28 日合议庭初端裁判中所持立场相反——见该裁判第 18 页即本卷宗第 64 页背页)。

就初端裁判为了中级法院裁判与终审法院裁判间得提起统一司法见解上诉所持的依据,本人认为 8 月 29 日第 112/91 号法律(即旧《司法组织纲要法》)第 15 条第 1 款 a 项的文字表述仅可得出以下的法律解释(注:按初端裁判所理解,本上诉的适用法律为旧《司法组织纲要法》):

只有在前高等法院两个分庭间或同一分庭内出现以互相对立的解决办法为基础先后宣示的两个裁判的情况时,方可就此对立情况提起统一司法见解的上诉。申言之,倘高等法院某一分庭的裁判与高等法院全会的裁判发生对立情况则不得以此为依据提起统一司法见解的上诉。

这是因为原《司法组织纲要法》第 15 条第 1 款 a 项的立法精神正反映出构成属大陆法系或日耳曼罗马法系的澳门法制的其中一个原始纯正的一般理念:不能就不同层级的法院宣示互相对立的裁判为依据提起统一司法见解的上诉,而仅可就最高级的法院先后宣示互相对立的裁判为依据进行统一司法见解。

在我们澳门法制所属的大陆法系或日耳曼罗马法系中,如就同一适用法律范围内的同一法律问题,不论在同一案件或另案中,上级法院作出的裁判所持的解决办法完全有可能(在同案中)与原审法院或(在另案中)与下级法院的裁判所载的解决办法不同,甚至互相对立。这一理念仅反映事物的本质,一个在大陆法系中已知和不争的事实。亦因此是本义的平常上诉的存在理由。毫无疑问,平常上诉的作用主要正是提供一种机制,让上诉法院在审理上诉时,能就原审的或有审判错误加以修正。然而,基于法官独立和自主审判原则,以及法官解释法律自主原则,这一平常上诉机制绝不对原审法院或法官的形象及尊严构成任何影响。

因此,一般而言,本人重申统一司法见解的上诉仅应用于最高法院先后作出互相对立的裁判间的情况,以及在某些情况,亦可用作解决同一上级法院或同级的不同法院不能再提起平常上诉的裁判之间的分歧,以便恢复因最高法院或某一特定法院就适用同一法律范围内的同一法律问题先后作出自相矛盾的裁判而有损法院在诉讼主体,诉讼参与人甚至广大公众心目中的形象。因为他们毕竟会对同一法律竟然有不同解释,从而导致完全相类的事实背景的不同个案可能出现不同的法律处理,而感到困惑及费解。若真的如此,法律平等原则就只是一个空谈及神话(见 Alberto dos Reis:Codigo de Processo Civil anotado,Vol. VI,Coimbra,1985,第 234 页)。

统一司法见解的裁判(即葡萄牙语中对各法院具有一般强制力的学说价值的 assento),作为一非常措施或最后手段(按部分学者理解,该等裁判的主文部分作用有如"司法机关"的立法或司法见解性的规范,全部法院均须遵从,不得违反),其实际意义正如上文所述,确保同一上级法院不致自相矛盾而令人困惑及费解。此外,亦是一例外措施,例外者是指一般而言,大陆法系中法院在某一案件所作的裁判,对在别案中所要审理的问题仅具"劝服力学说价值"(而不具强制力学说价值),这一大陆法系本质固有的特点正是与普通法系(Common Law System)中独有的"具约束力司法先例原则"相反,理由是普通法系建基于与澳门法制所属大陆法系完全有别的价值、观念及基本原则之上(关于统一司法见解的例外性质,见 Alberto dos Reis 同一著作第 239 页)。

为更好地从一般理论角度探讨上述两大法系中司法见解及司法先例的价值和意义的课题,我们可参考葡萄牙科英布拉 Almedina 出版社于 1994 年出版由 Carlos Ferreira de Almeida 所著名为 Introducao ao Direito Comparado 一书第 48 页至第 51 页,第 90 页至第 94 页,以及 René David 的 Les Grands Systèmes du Droit Contemporains(Droit Comparé)(巴西圣保罗(Livraria Martins Fonte)Editora,Lda 于 1986 年出版的葡萄牙语版,第 120 页),当中一段现节录如下:

> 法院的司法见解并不受其先前所定的理解所约束……,如法官作出一裁判时采用其先前曾采纳的理解,并不表示基于先前判决曾定出此一理解而取得的权威;事实上,先前判例不具强制力。因此,法官在随后的裁判中

完全可能改变之，且无须解释为何改变之。改变先前理解的做法既不影响法制结构亦不影响其各项原则。只有当司法见解被法官视为优质时方能生存和继续为法官所引用。……在原则的层面上，似乎法官不能变身成为立法者这点是重要的。这些理念正是在日耳曼罗马法系国家所追求者。

此外，鉴于一般而言，民事诉讼法是其他部门的诉讼法的补充适用法律甚至典范法律，因此为进一步强化上述结论，这里引述适用于本上诉的1961年《民事诉讼法典》第763条第1款的如下规定："如在同一法律范围内，最高法院就同一法律基本问题作出两个以相互对立的解决方法为据的裁判时，则针对最后作出的裁判得向全会提起上诉。"同一法典第764条亦规定如下："如同一中级法院或两中级法院之间曾作出互相对立的裁判，亦得向最高法院全会提起上诉……"

由此看来，根据适用本上诉的旧《司法组织纲要法》及1961年《民事诉讼法典》的规定，以下的论点是站不住脚的："虽然法律的文字（上述纲要法第15条第1款a项）仅列出作为上诉依据的裁判为澳门前高等法院同一分庭或另一分庭的裁判，但基于更大理由亦可以是高等法院全会的裁判，理由是与全会裁判相对立的分庭裁判较之分庭的裁判与同一分庭或另一分庭的裁判相对立更须要统一。"（见初端裁判）

原因是这一论点除了导致对旧《司法组织纲要法》第15条第1款a项的条文作出扩张解释外，更甚者是从澳门法制的结构性基本原则角度看，违反了该条文在其生效时的法律精神。

就这样，这种扩张解释实属不当，这促使本人不能再认同初端裁判第14页及第15页所持的主张，"根据第110/99/M号法令第5条第2款的规定，就中级法院宣示与终审法院裁判相对立解决方法的裁判应可提起统一司法见解的上诉"。本人所持理由却是上述110/99/M号法令第5条第2款的"等同规定"（注：规定澳门前高等法院的裁判等同澳门特别行政区终审法院的裁判）只是用作解决澳门《行政诉讼法典》第161条的适用问题（关于就以互相对立的裁判作为依据的上诉的前提），但该《行政诉讼法典》在初端裁判中已被正确理解为不适用本上诉！

诚然，近年澳门的成文法就我们的法制传统作出了一些改变，包括将统一司法见解上诉的适用范围伸延至不同层级法院裁判之间出现的互相对立的情况（例如：《行政诉讼法典》第161条第1款b项及第2款；经12月20日第9/1999号法律修改的《刑事诉讼法典》第419条第2款）。

尽管如此，本人须声明，在上文所持的观点是以上述改变前的诉讼法为据。而一如初端裁判就适用诉讼法律问题所阐述的理由，本上诉的适用法律正是上述改变前的诉讼法!(见初端裁判第 10 页及随后数页)。

二

尽管暂时离开以上的考虑,本人认为另一上诉实质前提亦不成立:被上诉的裁判(中级法院于 2000 年 12 月 7 日在第 177/2000 号卷宗中作出的裁判)与上诉依据裁判(终审法院于 2000 年 7 月 26 日在第 10/2000 号卷宗中作出的裁判)所宣示互相对立解决办法并无针对同一法律问题。

究其原因,被上诉裁判与上诉依据裁判各自涉及的具体个案均有着一个共通的问题,其核心在于回答一疑问:

税务当局通过及仅通过引用刊登于香港汽车杂志内的汽车售价表,而再没连同其他证据材料的情况下,能否成功质疑有关车行通过 M/3 表格申报且有相关证据材料(例如与消费者签订买卖合同及发票副本等)证明的售价?

如上述问题答案是肯定的,则税务当局得作出对纳税主体不利的车价裁定。如答案是否定,则必须作出对车行有利的决定。

就以上描述的情况,明显地已可作出以下首个结论:

在被上诉裁判和上诉依据裁判中所涉及的两个具体个案,均属事实事宜的审理问题,其审理结果必然地取决于裁判者的自由心证。根据自由心证原则,裁判者完全可能在其中一个案中(如在终审法院作出的上诉依据裁判般)裁定刊登于香港汽车杂志的汽车售价的证明力优于有关车行的申报价格及提交证据材料的证明力,而在另一个案中(如中级法院的被上诉裁判般)裁定来自汽车杂志汽车售价的证明力不足以否定有关车行所申报的价格及提供证明文件的证明力。

因此如上述问题最终仅为法官自由形成其内心确信的问题,则在我们奉行自由心证原则的证据制度中,如何可能统一法官的各自在决定事实问题所形成的内心确信?

基于事物本质而言,就同一法律问题先后出现不同甚至互相对立理解时,完全能通过上诉将这些不同的理解统一,但如法院在审理事实问题时有不同的内心确信时,则肯定绝不能将之统一。

单凭这点,本人相信足以展示我们所面对的是一个事实问题。最后,本人有责任在此强调,被上诉的中级法院裁判,如对之作适当的解释,并没有说不能运用在香港汽车的售价,而仅是指出如使用这一证据手段时,税务当局必须先定出应遵的要件及准则以便能严谨地查明邻埠所沿用的售价。

这一强调再一次清楚说明如下:就使用香港汽车杂志刊载的汽车售价表作为根据自由心证原则由澳门税务当局依职权定出汽车售价这一问题上,根本不存在互相对立的两个裁判(因为不论在中级法院的被上诉裁判还是在终审法院的上诉依据裁判均结论可以使用这种证据材料）。这个不存在互相对立裁判的理解虽然与助理检察长在本上诉卷宗所发表的书面意见恰恰相反，但有趣地却与在2001年6月27日终审法院评议会上出席的检察官所持的立场一致。他认为两涉及的裁判之间不存在互相对立的情况，并指出被上诉裁判完全没有抵触本统一司法见解上诉的终局裁判拟统一的见解。

三

即使具备本人认为不成立的两项实质前提（就中级法院裁判与终审法院裁判之间的对立可提起统一司法见解上诉；本统一司法见解上诉中涉及的两裁判就法律问题存在分歧）（本人强调这一假设并不表示本人改变上文所持的理解，而仅作为一纯学术性的探讨），也不能如本上诉的终局裁判中以如此肯定的语调作出下列的结论：

> 经验表明，这些价格表一般来说是正确的，准确地反映公开售价。这毫不奇怪，否则，市场规律就会起作用，杂志就不会有读者，自然也就卖不出去了。

> 让我们说得更清楚一些。该等价格表一般来说正确可信，不仅如此，甚至可以肯定，它比法院包括在刑事诉讼法领域每天大多数使用的人证等其他证据更加正确可信。

否则可能堕进审理证据的明显错误，更甚者，这一结论竟然指出"甚至可以肯定，它比法院包括在刑事诉讼法领域每天大多数使用的人证等其他证据更加正确可信"，似乎存在把证据的证明力设高低等级的意图，如是者，虽然上述裁判一直主张适用自由心证原则，但此举却明显违反自由心证原则。

事实上，本人认为载于香港的汽车杂志中的汽车售价表并非在任何情况下均能成为一适当迹象以显示在澳门的汽车实际售价。理由如下：大前提是我们切勿忘记根据《机动车辆税规章》第8条第4款的规定，我们正处理的是消费者在澳门购置汽车实际所付的售价。

香港汽车杂志中所载的售价充其量只能反映出由某一牌子汽车在香港代理商或专门进口商在香港市场所定的售价。

一如我们所认知，在澳门市场除了有销售由代理商或专门进口商进口的新车，同一时间亦有为数不少的非代理商或非专门进口商自行进口全新的汽车，在这些一般俗称为"水货车"的车辆当中为数不少是原先生产销往中国大陆或其他市场的左軑车。这一现实情况的明显程度足以令包括税务当局在内的人士不能视之不存在。

另一方面，由于种种原因，例如汽车生产商视乎不同市场对其产品加入不同的装备,非代理商或非专门入口商无须承担在本地市场的广告及宣传产品的开支等,上述俗称"水货车"的车辆的售价往往实质性低于经代理商入口的俗称"行货车"的售价,这点相信亦是明显的。

正因如此,近年颇多消费者选择购买这类"水货车",甘愿接受在为右轨车而设的澳门道路系统因驾驶左轨车而带来的种种不便,甚至在预见不能获得有关汽车生产商在澳门通过代理商提供的原厂技术支持、保养服务和原厂零件供应等困难,仍乐于选择价格较便宜的"水货车"。

经代理商正式进口的车辆与同一型号但由非代理商进口的"水货车"之间存在的实质售价差距似乎是唯一可解释以上所描述的现象。

税务当局亦不能漠视这一如此普遍的现象,尤其是当收到由非代理商填写的 M/3 申报表格时(有趣地,中级法院作出被上诉裁判的卷宗所涉及的车辆是一部左轨的丰田大皇冠房车,而申报者单凭其名字已明显知道不是丰田汽车在澳门的代理)。

此外,我们亦不能忽略即使是由专营代理商进口的新车,澳门的经验告诉我们专营商官方的定价也有大幅度的减价的可能,尤其是当汽车生产商公开宣告短期内旗下某一型号推出新款(此举必然导致原来正在销售的最后一代型号售价下调),又或每年年底前为达理想的营运业绩,某些汽车代理亦选择割价促销仓内存货。

通过以上非本上诉涉及的两个裁判中的具体事实,而是以抽象的方式概括几乎人所共知的明显事实为理由,我们不难作出以下结论:根据澳门市场的经验和一般规律,载于香港的汽车杂志中的资料并非在任何情况皆构成安全,可信任及正确无误的迹象以显示在澳门市场上实际沿用的汽车售价。另一方面,亦不可能预先对各种可用证据的证明力设定高低等级,此乃基于自由心证原则(或自由评价证据原则)和现行实体法的一般证据制度,一切关于审查证据的问题均须在每一具体个案中,经考虑围绕个案一切具体情节,以上述原则及制度为准绳而对事实问题作裁判。

不可忘记我们澳门法律在这问题上不是沿用法定证据制度。

总括而言,基于以上三大理由,首两者为主,第三者为补足,本人认为单凭首两大理由之一足以导致驳回上诉的结果。

法官:赖健雄

2001 年 7 月 4 日,于澳门特别行政区

蔡武彬之表决声明

本人持以下不同见解：

上诉人请求终审法院统一司法见解，以解决中级法院于 2000 年 12 月 7 日所作的合议庭裁判与终审法院于 2000 年 7 月 26 日所作的合议庭裁判之间在适用同一法律制度下就相同的法律问题——"如果所拥有的资料显示纳税义务主体申报的计税价格明显低于实际价格，澳门财税厅厅长在行使 8 月 24 日第 7/98/M 号法律修改的 8 月 19 日第 20/96/M 号法律核准的《机动车辆税规章》规定的权力时，是否可以借助香港特别行政区汽车杂志所载的相同型号车辆在该地区市场的售价，作为证明该价格反映市场价格的适当手段，依职权确定高于申报价格的公开售价"——所产生的矛盾。

而本扩大合议庭作出了以下的统一司法见解："根据《机动车辆税规章》(RIVM)第 15 条第 1 款 c 项的规定，在依照该规章第 8 条第 6 款定出高于纳税人所申报价格的出售价格的情况下，财税厅厅长在依职权进行附加结算时，可以使用香港该型号机动车辆的公开售价确定机动车辆税的征税客体价值。"

众所周知，《机动车辆税规章》第 15 条第 1 款 c 项适用于不同于第 8 条第 6 款所适用的情况，即使它仍转致于第 8 条第 6 款所规定的内容。

但是，上述第 15 条第 1 款 c)项适用于税的"结算阶段"，而第 8 条适用于"报（课）税"或决定课税价格阶段。

虽然在理论上，不少学者认为，在税法中，"结算"的概念一直有两种稍为不同的定义：一种是广义上的，结算包括报（课）税的所有行政活动及狭义上的结算，并且，越来越趋向于将结算定义为广义上的，即指报（课）税及决定税额的所有征纳税行为(Prof. Dr. Joao Ruiz de Almeida Garrett, Apontamentos de Direito Fiscal, Faculdade de direito da Universidade de Macau, elaborado pelo Jose Herminio Paulo Rato Rainha, p. 64.)，但是，在《机动车辆税规章》中我们仍可见两个阶段的不同规定。

上述的第 8 条包括于第三章中，规定了决定计税价格的活动，而第 15 条包括于第四章，规定了结算税额的活动，尤其是包括上述统一司法见解所指的"依职权附加结算"。

第 8 条第 6 款规定："如资料显示出所申报之公开售价明显低于实际价格，财税处处长得另定出一高于申报价格之公开售价。"（横线为笔者所加）

而第 15 条第 1 款规定："一、在下列情况下，财税处处长以部门所备资料，尤其是以最近季度所结算税款之平均数额或以根据第 9 条至第 11 条规定所计算出之计税价格为基础，依职权进行结算：……，c. 根据第 8 条第 6 款之规定定出高于所申报之出售价格。……"（横线为笔者所加）

根据案卷中的事实记载,可以看到:

——1999 年 6 月 1 日,爱马车行有限公司向财税厅递交了 M/3 格式申报表,申报表载明 Toyota Crown Royal Saloon 牌汽车的公开售价为 190000 澳门元;

——澳门财税厅于 1999 年 6 月 2 日向该车行发出公函(公函号:162/NIC/IVM/99),通知该公司,按公开售价 309000 澳门元课税;

——被上诉方于 1999 年 6 月 28 日向财政局局长提起诉愿。

我们要解决的问题正是决定计税价格的问题,即报(纳)税阶段所要解决的"旨在识别出可以划分征税范围的客观资料的行政行为"的问题。这仅涉及第 8 条的适用问题。

如果将本上诉置于适用第 15 条第 1 款 c 项——依职权结算——或适用第 14 条第 8 款——依职权附加结算,那么就似乎与上诉的标的不相符。

其实,第 15 条第 1 款 c 项的适用取决于依第 8 条第 6 款而计税价格的确定,前者亦只不过是依税率计出税的总数。

我们正是要解决这个决定性的问题。

通常地,报(课)税的行政活动既可由税务机构主动作出,亦可由纳税人的报税行为的作出而开始(上引书籍,第 55 页)。

纳税人报税乃一依法主动申报应纳税交易或价值的行为,必须始终介入税务机构的控制,以保证征(纳)税活动能正常地进行以及体现税收的公正尺度。

正因如此,法律赋予财税厅厅长在认为纳税人所申报的计税价格明显过低时,确定另一计税价格的权力(第 8 条第 6 款)。

这里,应区分两种不同的东西:一是用以表明申报价格明显低于实际价格的资料;另一是用以确定另一较高的计税公开售价或实际价格的资料。

就两者的形体上来说,完全可能是指同一种东西。但是,从其被采用的意义上或者对其所要求的标准上来说,是不一样的,也不可能是一样的。

对于第一种来说,仅要求一些表证即可,如本案中,由财税厅厅长依其自由心证而作出决定。这一点正体现了法律赋予行政机关的自由裁量权的精神。

对于第二种,则不同了。由于对计算税率和税额的决定作用,法律允许他依第 8 条第 6 款确定一个公开售价。所谓公开售价即是第 8 条第 4 款所规定的,"消费者应支付之价格,尤其包括有关保养、维修和零件更换之金额(以及所有配件之价格)"。

这一点上,本人同意尊敬的助理检察长的意见:"我们总不能说,由于税务当局仅掌握一种对价格进行比较的资料,我们便必须接受这一资料已足够和可信,然后根据这一资料确定一个高于申报价格的价值。

因此，财税厅厅长必须综合所掌握的各种资料，其中包括香港的公开售价"。

我们同意，在香港的公开售价，即使仅载于汽车杂志上，足以令财税厅厅长质疑申报的计税价格。但是，这并不表示同一价格可以，甚至必须，被厅长阁下当作计税价格。

关键的问题在于确定一个"公正税收"（杜雅棣：《澳门税制：税务——一项经济研究》，2000 年 6 月，第 22 页）的尺度，而确定这个尺度必须通过客观事实标准才能完成。

纳税人乃凭其在进口车辆交易中实际支付的价格为基础而纳税，法律亦是如此要求依买卖的实际价格确定计税价格。

但是，如果税务机构在质疑具体交易的证明文件的真实性之前，仅凭汽车杂志刊登的价格而确定另一计税价格，就似乎有失公平了。

因为，确定计税价格的尺度标准不能仍停留在质疑申报价格明显过低时所采用的标准，而必须采用符合事实真相的计税标准。

统一司法见解的上诉并非仅限于对具体事实的审议，而更重要的应该是确立一个有普遍拘束力的标准。

一份刊物，无论它多么可信，亦只不过是一般的资料，对于确定市场中具体的买卖的价格的价值只能有参考作用，而不能具有取代的作用。何况不少生产商为了保护其企业的声誉，一般不轻易将价格定得等于市场价格，而是有保留的余地。人们很清楚，在与代理商讨价还价后，实际买卖价格将会是另外更低的一个。

当然，这不意味着它不可信，而是表明两种不同的价格，不能轻易等同。汽车杂志的信息无法时刻反映具体的买卖，而我们就是要考虑对这具体的买卖的征税价格作一客观的定价。那么，非考虑其他相关的事实，就无法实现真正的"税收公正"。

而在确定计税价格时将举证责任推给纳税人就更不应该了。

因此，本合议庭应确定包含这样意思的统一司法见解：财税厅厅长在依《机动车辆税规章》第 8 条第 6 款确定高于纳税人所申报的出售价格时，得使用香港的同型号车辆的公开售价，即使刊登于汽车杂志上，只要综合分析其他具体的客观资料。

法官：蔡武彬

2001 年 7 月 4 日，于澳门特别行政区

【案例评述】

　　这是澳门终审法院在税法范畴所作的唯一一份统一司法见解的判决,由于构成其存在依据的法律——由第 20/96/M 号法律通过、经第 7/98/M 号法律修改的《机动车辆税规章》——被废止,所以,这份判决已经失效。根据葡萄牙的司法传统,法院对法律规范的解释称为司法见解,当司法见解出现冲突时,须由最高审级的法院(在澳门特别行政区是终审法院)出面作出统一,以此为目的之判决即是统一司法见解的判决。

　　此类判决类似于英美法系的判例.之所以是"类似"而非等同,原因在于:统一司法见解的判决尽管具有个案外效力,换言之,具有普遍约束力,但这种"普遍约束力"仅限于法院系统——在个案之外,统一司法见解的判决不约束行政机关,当然更不约束立法机关。所以,统一司法见解的判决不具有造法功能,不构成法渊源。

　　该项制度(统一司法见解的判决)的存在理由在于:通过消除对相同法律规范的不同理解,保障和增加法律的确定性和可预见性,从而保障法律体系的统一、促进法律交易的安全及社会关系的稳定。鉴于此,虽然统一司法见解的判决不构成法渊源,但仍然承担着重要的社会功能。

4 Manuel Maria da Paiva 诉"经济财政司"司长案 *

【判决书】

一、概 述

上诉人 Manuel Maria da Paiva 因不服中级法院于 2001 年 2 月 1 日在第 1153/A 号执行案中作出的裁判,向终审法院就该裁判提起上诉。

1999 年 12 月 3 日,原澳门高等法院在第 1153 号案件中,判处 Manuel Maria da Paiva 胜诉,以出现违反法律的瑕疵为理由,撤销该上诉所质疑的原社会事务暨预算政务司在 1996 年 7 月 15 日确定其退休金金额的批示。

在 2000 年 9 月 19 日,Manuel Maria da Paiva 向中级法院申请执行该撤销性裁判。2001 年 2 月 1 日,中级法院在第 1153/A 号执行案作出裁判,判处该要求执行原高等法院撤销性裁判的申请不成立,因认为该裁判已被执行。

上诉人总结

在向终审法院提起的上诉中,上诉人总结如下:

1. 行政法院作出的裁判具有已确定裁判的权威和强制性,尤其是对行政当局而言,其负有执行司法裁判的法律义务。

2. 与行政当局负有的执行义务对应的是在上诉中胜诉的私人要求执行的权利,以及执行的所有的效力和后果。当所犯的不合法性被消除后就是作出了执行。

3. 执行就是由主动的行政当局,通过重建如果没有作出违反法律的行为的情况(再生效力),作出实际恢复被损害的法律秩序所需的法律行为和具体行动。这个理论为经 12 月 13 日第 110/99/M 号法令通过的《行政诉讼法典》第

---

* 卷宗编号:澳门终审法院第 7/2001 号上诉案。

174 条第 3 款所采纳。

4. 除了缺乏款项或不符合预算中指定款项,或存在正当原因外,不执行法院在行政诉讼案件中作出的已确定的裁判是不合法的,其中一个后果是任何不遵守该裁判的行为是无效的,或其执行会导致同样结果。

5. 关于对原高等法院于 1999 年 12 月 3 日在第 1153 号上诉案中所作出裁判的执行,是该高等法院决定,在确定上诉人的退休金时,澳门行政当局应按照作出有瑕疵行为时在澳门生效的有关法律,全面计算上诉人在葡萄牙或其前海外行政当局提供服务的全部时间,且在该段时间曾作有关扣除,当中包括上诉人根据《澳门组织章程》第 69 条第 1 款的规定在澳门服务的时间,以及上诉人在澳门本身编制内服务的时间,并必须计算出葡萄牙退休金管理局和澳门退休基金会之间各自承担的份额。只有这样才能使法律秩序得以重建,使原会出现的状况得以回复。

6. 除此之外,还应补偿上诉人在没有作出被撤销行为的情况下便应获得的所有款项,并对每一部分欠款自它们的到期日起加上以法定利率计算的补偿利息。

7. 如果对被管理者更有利时(正如本个案),司法争讼的撤销具追溯力,意味着被撤销的行为被看成从未出现过,并重建如果没有出现违法情况时会出现的状态。

8. 与其严格执行作出的裁判,通过重建原会出现的状态,来恢复被违反的法律秩序,接到申请的机构却选择了完全重复被法院撤销的行为。因此,根据《行政诉讼法典》第 187 条第 1 款 a 项以及《行政程序法典》第 122 条第 2 款 h 项的规定,该行为无效。

9. 由法院确定了执行某一裁判时应作出的"行为和行动",行政当局必须执行有关决定。否则,以执行该判决为名所作的行为,如与之不符,将变成无效。

10.《行政诉讼法典》除规定不遵守法院裁判的行为无效外,还在第 186 条第 1 款规定,当法院得悉有关的裁判未被自愿执行时,可以对有权命令执行的行政机关据位人采取一项强制措施,同时也令有关的公法人以及其机关的据位人,对利害关系人造成的损失负上连带责任(《行政诉讼法典》第 186 条),有权执行的机关的据位人还可因为不执行而负上纪律责任,甚至刑事责任(《行政诉讼法典》第 187 条第 1 款 c 项及第 2 款 a 项)。

11. 被上诉的裁判总结出:"有关的新行为(澳门特别行政区经济财政司司长的批示)必然被认为是没有执行或履行原澳门高等法院的撤销性裁判,因为与已被司法撤销的原行政行为的结果一样。"

12."如果没有"随着 1999 年 12 月 20 日发生的政权转移而出现的"澳门不

同的政治地位的变更"，被上诉的裁判中可能会有这样的决定。

13. 主流的理论和司法见解认为，作出一个新的行为来取代另一个已被撤销的行政行为，且当中要求重建对被管理者更有利的原会出现的状况时，上述行为的效果应追溯到作出首个行为的时间，引用当时生效的，即使现在已被废止的规范。

14. 如果对被管理者更有利（正如本个案），司法争讼的撤销具有追溯力，这意味着被撤销的行为被看作从未存在过，并重建如果没有出现违法情况时会出现的状态。

15. 根据最高行政法院于 1997 年 7 月 10 日在第 27739-A 号案件中作出的裁判，重建原会出现的情况的原则逻辑上要求执行裁判所作出的行政行为追溯到作出被撤销的行为的时刻。因此，一开始时执行的行为和行动必须考虑这一时刻的事实状况和法律规定。

16. 仅以被撤销的行为之后的法律规定为基础，作出一个不利于上诉人要求的新的行政行为，并没有完全执行撤销性裁判，除非出现具追溯力的法律制度的变迁，但这在 1999 年 12 月 20 日发生的政权转移中并没有出现。

17. 在被上诉的裁判本身也有同样的理解，当中裁定"由于禁止法律追溯力的一般原则的要求（根据澳门《民法典》第 11 条），行政当局不能因据以裁判的法律现已失效或被废止而不履行一个撤销性裁判，否则将完全忽略法律的安全性和确定性，以及利害关系人在过去和现在对之前有效的、且唯独与其主观法律状况有联系的法律的信任"。

18. 注意到上述观点和被上诉法院推断出违反了已确定裁判和违法地没有执行判决，应只能宣告行政当局在没有遵守该判决的情况下所作的行为无效。而与作出被撤销的行为时生效的法律是否符合《基本法》规定的问题完全无关。

19. 总结出经济财政司司长在 2000 年 7 月 11 日作出的批示中，并没有执行澳门高等法院在第 1153 号行政司法上诉案中作出的撤销性判决。这样，唯一的结果就只能是根据《行政程序法典》第 122 条第 2 款 h 项以及《行政诉讼法典》第 184 条第 2 款和第 187 条第 1 款 a 项的规定，宣告上述批示无效。

20. 在被上诉的裁判中没有作出这样的决定，就违反了《行政诉讼法典》第 174 条、第 175 条、第 184 条、第 186 条和第 187 条，《民法典》第 11 条，《行政程序法典》第 122 条第 2 款 h 项以及《基本法》第 8 条的规定。

21. 除了违反上述规范之外，被上诉的裁判在引用《基本法》第 8 条、第 45 条、第 50 条、第 98 条、第 145 条和《回归法》第 3 条、第 5 条及第 6 条时出现错误。

上诉人要求裁定其胜诉，撤销被上诉的裁判和宣告刊登在 2000 年 7 月 19

日的《公报》第 29 期第二组、由澳门特别行政区政府经济财政司司长在 2000 年 7 月 11 日作出的批示无效。同时亦要求向澳门特别行政区政府经济财政司司长适当地采取《行政诉讼法典》第 186 条规定的强制措施。

被上诉方总结

被上诉方在其理由陈述中总结如下：

1. 原高等法院于 1999 年 12 月 3 日作出的撤销性合议庭裁判,已由经济财政司司长通过以一个新的行为取代被质疑的行为的形式,于 2000 年 7 月 11 日作出的批示所履行。

2. 在作出这一新行为时,必须遵守澳门特别行政区现行法律,否则,会造成与《基本法》第 98 条的规定出现实质性不兼容的情况。

3. 从另一个角度考虑有关的事实,上诉人取得退休金的权利由葡萄牙国家授予,并通过第 357/93 号法令,给予原澳门总督处理有关事项的专有权限。

4. 因此,在回归后,上述由葡萄牙国家机关授予某些行政机关的职权消失了。

5. 在这种情况下,上诉人为实现本身的权利,应向葡萄牙的有权限当局提出申请,因为澳门特别行政区行政当局在其职责范围内没有这些权限。

6. 但是,为延续原社会事务暨预算政务司在 1999 年 12 月 13 日,作出执行原高等法院 1999 年 12 月 3 日合议庭裁判的决定,并为恢复被违反的法律秩序。

7. 需要引用已失效的法律(参照第 43/94/M 号法令和第 14/94/M 号法令)。如果没有这些法律,是不可能定出一个新的退休金,也不能解释对有关份额的转移。

8. 为此,在澳门特别行政区行政当局获授予的职权范围内,及符合《基本法》第 98 条规定的情况下,经济财政司司长于 2000 年 7 月 11 日作出订定新的退休金的批示,应被视为履行了原高等法院于 1999 年 12 月 3 日在第 1153 号行政司法上诉案作出的合议庭裁判。

9. 认为中级法院于 2 月 1 日在上述上诉案作出的合议庭裁判中存在所指的瑕疵的理由陈述是缺乏连贯性的。

10. 即在合议庭裁判里出色地提出在恢复被违反的法律秩序时的法律的可追溯适用性(参照合议庭裁判第 38 页第 2 段)、过去法律体系的延续性(参照合议庭裁判第 24 页至第 27 页),以及在《基本法》里所塑造出的法律至上原则(参照合议庭裁判第 38 页)。

被上诉人要求维持中级法院的裁判,驳回上诉。

助理检察长意见书

检察院助理检察长提交了意见书，主要内容如下：

根据《行政诉讼法典》的有关规定，法院在行政上之司法争讼程序中作出的确定判决具有强制性及执行力。

遵行判决指的是视乎具体情况作出一切必需的法律行为及事实行动以便有效地重建被违反的法律秩序及回复原会出现的状况（第 174 条第 3 款）。

而只有绝对及最终不能执行，以及遵守判决将严重损害公共利益，才可视为不执行的正当理由。这是《行政诉讼法典》第 175 条第 1 款明确规定的。

在我们正在讨论的上诉案中，行政当局并没有提出存在任何不遵行原高等法院判决的正当理由。因此，原则上应作出新的行政行为（就上诉人退休金的订定发出内容不同的批示）以遵行上述判决。

如执行的内容为作出某一事实（这正是本上诉案的情况），而行政机关在法定期间内未能完全遵行有关判决时，法律赋予利害关系人请求法院执行该判决的权利（《行政诉讼法典》第 180 条第 1 款）。

以上所述是在一般情况下的基本理论和法律规定。在本案中原高等法院的裁判是在 1999 年 12 月 3 日作出的，为执行该判决，经济财政司司长于 2000 年 7 月 11 日发出了重新订定上诉人退休金的批示。但该批示并没有完全按照法院判决的内容去订定上诉人的退休金，没有适用作为法院判决依据的法律条文。这是否正确呢？

1999 年 12 月 20 日，澳门经历了一件重大的历史政治事件：中华人民共和国政府对澳门恢复行使主权，澳门从此脱离葡萄牙共和国的管治而成为中华人民共和国澳门特别行政区。

政权的移交及澳门的回归对澳门的法律体系及公共行政有什么影响呢？

首先，澳门特别行政区成立后，其原有的制度，包括法律制度基本保持不变。应该说，澳门的原有法律一般不包括延伸至澳门适用的葡萄牙法律，即葡萄牙主权机构专门为澳门制定的法律，以及葡萄牙主权机构确定在葡萄牙全境和海外属地普遍适用、并循法定程序确认在澳门适用的法律。所以《回归法》特别规定"原适用于澳门的葡萄牙法律，包括葡萄牙主权机构专为澳门制定的法律，自 1999 年 12 月 20 日起，在澳门特别行政区停止生效"（第 4 条第 4 款）。

因此，《澳门组织章程》及作为规范澳门公职人员纳入葡萄牙公共行政部门编制的法律文件的第 357/93 号法令也在 1999 年 12 月 20 日后停止生效，因为两者都出自于葡萄牙主权机关。法律的适用是一个涉及国家主权的问题，在一个国家的领土上只适用本国的法律，作为中华人民共和国组成部分的特别行政区当然不能再适用葡萄牙的法律。

另一方面,在澳门的原有法律中,也只有那些不抵触《澳门特别行政区基本法》的才能保留;而那些已采用为澳门特别行政区法规的原有法律,在适用时也要为符合中华人民共和国对澳门恢复行使主权后澳门的地位和《澳门特别行政区基本法》的有关规定而进行必要的变更、适应、限制或例外(《回归法》第 3 条及其附件一至附件三)。

可以看到,在法律的适用问题上,立法者十分强调对中华人民共和国的主权、对中华人民共和国对澳门恢复行使主权后澳门的地位和《澳门特别行政区基本法》的尊重,以此作为标准来决定某一法律是否仍在澳门特别行政区适用。

问题是,当澳门法院在回归前适用了这些已不能在特别行政区继续适用的法律作出了撤销行政行为的确定性判决,那么回归后行政当局是否仍应适用这些法律来达到执行法院判决的目的呢?

我们认为,如果这些法律的适用涉及国家主权的问题,与中华人民共和国对澳门恢复行使主权后澳门的地位不相符或与《澳门特别行政区基本法》的有关规定相抵触的话,行政当局就不应该再加以适用,相反则仍可以适用。当然这样做会影响到对法律的安全、肯定及信任的原则,但是由于国家主权是一个属于更高层次的,更重大的利益,所以当两种利益发生冲突时,应选择维护更重大的利益。

澳门在 1999 年 12 月 20 前由葡萄牙共和国管治,其组织架构是由《澳门组织章程》订定的。其后,葡萄牙于 1993 年颁布了第 357/93 号法令,这是因应过渡时期所出现的有关公务员的问题而制定的,目的在于保障澳门公务员纳入葡萄牙共和国公共部门编制的权利及保障已退休的公务员或在 1999 年 12 月 20 日前具备条件退休的公务员,能将支付退休金之责任转移至葡萄牙。为适用该法规并使之具体化,澳门政府颁布了第 14/94/M 号法令及第 43/94/M 号法令。

在以上这些法规中,澳门总督都是以葡萄牙主权机关在澳门的代表的身份来参与澳门公务员纳入葡萄牙公共部门编制的程序,并且根据第 357/93 号法令第 12 条的规定享有为在澳门地区适用该法令而制定施行细则的专属权限(为此而制定和颁布了第 14/94/M 号法令及第 43/94/M 号法令)。

但是,随着政权的移交和澳门的回归,澳门的政治地位发生了根本的改变,完全与葡萄牙共和国脱离了关系。澳门总督作为葡萄牙主权机关在澳门的代表已不复存在,他在纳编过程中所具有的权限等也已完全消失,现在澳门没有任何人代表澳门特别行政区向葡萄牙共和国承担责任,除非存有其他协议。因此,如果澳门特别行政区政府再继续适用上述法规的话,将严重违背澳门在政权移交的政治地位,影响到中华人民共和国的主权。

法律保证公共行政、行政行为的延续。但公共行政的延续及行政行为的继续有效也是以不抵触《澳门特别行政区基本法》为前提的，受《澳门特别行政区基本法》的限制和约束。

关于公务人员，《中葡联合声明》和《澳门特别行政区基本法》都确定的一个基本原则是：澳门原有的公务人员可以继续留用，原有的公务人员制度基本保留。这是为了保障公务人员的利益。

另外，根据《中华人民共和国政府和葡萄牙共和国政府关于澳门问题的联合声明》（以下简称《中葡联合声明》），"澳门特别行政区成立后退休的上述公务人员，不论其所属国籍或居住地点，有权按现行规定得到不低于原来标准的退休金和赡养费"。

《澳门特别行政区基本法》第98条第2款也明确规定："依照澳门原有法律享有退休金和赡养费待遇的留用公务人员，在澳门特别行政区成立后退休的，不论其所属国籍或居住地点，澳门特别行政区向他们或其家属支付不低于原来标准的应得的退休金和赡养费。"

在这里，法律明确了澳门特别行政区向退休公务人员支付退休金和赡养费的责任，这种责任的承担受以下条件的限制：

第一，只有依照澳门原有法律享有退休金和赡养费待遇的留用公务人员才享有由澳门特别行政区政府支付退休金和赡养费的待遇，也就是说，澳门特别行政区政府只承担向那些在回归后继续为特区工作的公务人员支付退休金和赡养费的责任。

第二，只有在澳门特别行政区成立后退休的公务人员才享有由澳门特别行政区支付退休金和赡养费的待遇。

只有这两个条件兼备，澳门特别行政区才会向其支付退休金和赡养费。

立法者在这个问题上的意图是很明显的，我们从与香港特别行政区的情况比较中也可以得出这样的结论。

我们注意到，两个特别行政区政府承担的退休金责任是不同的。

根据《中华人民共和国政府和大不列颠及北爱尔兰联合王国政府关于香港问题的联合声明》附件一第4段及《香港特别行政区基本法》第102条的规定，香港特别行政区政府不但对在香港特别行政区成立后退休的公务员承担支付退休金的责任，对在特区成立之前退休的公务员也承担支付责任。

由此可以看到，《澳门特别行政区基本法》的立法者是将澳门特别行政区政府支付退休金的责任限制在一定范围内，只向那些在特别行政区政府成立后的公务人员或其家属支付退休金和赡养费。在特别行政区成立前退休的公务人员的退休金和赡养费，则应由葡萄牙管治下的澳门政府在1999年12月20日前负责解决,澳门特别行政区不承担支付责任[1]。

我们也看到,在依照原高等法院的判决内容执行该判决和遵守《澳门特别行政区基本法》第 98 条的规定之间存在不兼容的矛盾。

这个矛盾是在特定的历史和政治条件下产生的——澳门的回归引致澳门政治地位的完全改变,而不是在普通情况下新旧法律的交替所带来的法律适用的冲突(比如,在同一政治及法律体系下也会产生同样的冲突),而且澳门的回归是一个涉及国家主权的问题,随着这个事件的发生,澳门脱离葡萄牙的管治而成为中华人民共和国一个特别行政区。因此,我们在解决这个矛盾时就一定要考虑到其产生时所发生的历史及政治变化。

另一方面,《澳门特别行政区基本法》是在实施"一国两制"基本国策的条件下产生的,体现了"一国两制"的精神,把国家对澳门的基本政策用法律的形式规定下来。在国家的法律体系中,其地位仅次于宪法,是国家的基本法律。基本法在特别行政区体系内,其地位高于其他法律。正因为《澳门特别行政区基本法》具有高于其他任何澳门特别行政区法律的地位,对其他法律的适用都不可以与基本法相抵触,这也是法律的一个基本原则。

基于以上理由,行政当局不应当适用那些与澳门特别行政区新的政治地位不兼容、并违反《澳门特别行政区基本法》的法律,即使是为了执行法院的判决亦然。根据行政合法性的原则,在 1999 年 12 月 20 日之后,任何人都不能以执行原高等法院判决的名义要求行政当局适用这些法律并承担支付退休金的责任。

当涉及两个主权国家时,一个国家(包括其组成部分)向另一个国家承担某一种责任或义务只能以双边或多边协议作为前提。在《中葡联合声明》中,澳门特别行政区(作为中华人民共和国的一部分)只承担向那些在特别行政区成立后退休的公务人员或其家属支付退休金和抚恤金,并无义务去支付在这之前已退休的公务人员的退休金,如果特别行政区政府愿意支付这些人的退休金的话,也只能是出于自愿原则。

综上所述,由于作为原高等法院判决依据《澳门组织章程》、第 357/93 号法令、第 14/94/M 号法令及第 43/94/M 号法令因不符合中华人民共和国对澳门恢复行使主权后澳门的地位而不能被适用,即使是为执行法院的已确定判决亦然;其次,也由于《中葡联合声明》及《澳门特别行政区基本法》明确限定了澳门特别行政区向退休公务人员支付退休金的范围,澳门特别行政区政府只负责支

---

[1]　参阅杨静辉、李祥琴:《港澳基本法比较研究》,北京大学出版社,1997 年,第 302 页。

付在特别行政区成立后退休的、依照澳门原有法律享有退休金待遇的留用公务人员的退休金。因此，公共行政当局不能适用这些法律来重新订定上诉人的退休金，更不能向上诉人支付按这个标准订定的退休金。

基于行政合法性的原则，公共行政当局只依据符合中华人民共和国对澳门恢复行使主权后澳门的地位以及不与《澳门特别行政区基本法》相抵触的法律来订定退休金。因此上诉人向中级法院提出的按原高等法院判决的内容执行判决的申请是缺乏依据的。

基于以上理由，应驳回上诉人提出的上诉。

经助审法官检阅。

二、理 据

根据澳门退休基金会 1996 年 7 月 9 日第 0861/DS/FPM/96 号报告：

——原澳门总督在 1995 年 5 月 22 日作出批示，承认上诉人退休并把有关退休金的责任转往葡萄牙退休事务管理局的权利；

——1995 年 7 月 11 日，上诉人根据第 14/94/M 号法令第 3 条和第 10 条第 8 款，申请提前在 1995 年 11 月 7 日退休；

——上诉人用于退休的工龄超过 28 年；

——原社会事务暨预算政务司于 1996 年 7 月 15 作出了批示，当中只以上诉人在澳门工作的 4 年时间定出上诉人的退休金金额。

对此批示上诉人于 1996 年 9 月向葡萄牙最高行政法提起司法争讼。

该司法争讼于 1999 年 7 月移交原澳门高等法院审理。

原高等法院于 1999 年 12 月 3 日就该司法争讼判处上诉人胜诉。

有关裁判在 2000 年 1 月 6 日成为确定性裁判。

上诉人申请执行的原高等法院裁判的主要内容是：

事实上，上诉人——虽然聘自（葡萄牙）共和国——在 1986 年 1 月 1 日已开始在澳门地区工作，并于 1990 年 12 月 10 日成为澳门退休基金会的供款人。如果在此日期之前不是其供款人，在计算退休金额时也把他看成已是供款人，因为成为葡萄牙退休事务管理局的供款人属强制性的。

那么，根据第 14/94/M 号法令第 14 条和第 15 条的规定，虽然承担和支付上诉人退休金的责任，已被转到葡萄牙退休事务管理局，澳门退休基金会必须把相当于登记前的所有时间，或根据第 357/93 号法令第 9 条第 4 款在给予退休金时考虑的时间的供款款项转往葡萄牙当局。

也就是说，而且也是根据葡萄牙退休事务管理局在 1996 年 7 月 12 日发来的传真上所表达的看法，正确和合法的应该是，上诉人的退休金应全部由澳门行政当局根据澳门有关的现行法律定出,在订定时应考虑所有在葡萄牙和在其前海外行政部门工作且有供款的时间,当中包括根据《澳门组织章程》第 69 条第 1 款的规定在澳门的服务时间,以及上诉人在澳门本身编制内的工作时间,然后对葡萄牙退休事务管理局和澳门退休基金会各自的负担作必要的划分。

因而出现违反法律,判处上诉人胜诉及撤销被上诉的行为。

该被撤销的行为即上述原社会事务暨预算政务司于 1996 年 7 月 15 日作出的批示,当中定出上诉人退休金金额。

被上诉的经济财政司司长,以执行原高等法院裁判的名义,于 2000 年 7 月 11 日作出如下批示[2]:

(一)为执行原澳门高等法院于 3/12/1999 对撤销原社会事务暨预算政务司于 15/7/96 批准订定及转移 Manuel Maria da Paiva 之退休金之合议庭裁判。同时,根据第 1/1999 号法律第 3 条及第 6 条,依照澳门的退休金及抚恤金制度及配合《澳门特别行政区基本法》的规定,核准退休金的重新订定:

原澳门旅游司第三职阶一等技术员 Manuel Maria da Paiva,每月的退休金根据 5 月 25 日第 27/92/M 号法令第 3 条第 2 款规定,由 1995 年 11 月 7 日开始以相等于现行薪俸索引表内的 70 点订出,是按照 12 月 21 日第 87/89/M 号法令所核准,8 月 17 日第 11/92/M 号法律所修订过的《澳门公共行政工作人员通则》第 264 条第 1 款及第 265 条第 2 款计算出来,由于根据 8 月 15 日第 43/94/M 号法令第 1 条第 1 款,计算其 28 年工作年数内,并考虑同条第 2 款及《澳门公共行政工作人员通则》第 264 条第 3 款之规定,以其在澳门工作至 1995 年 11 月 6 日为止的 4 年服务工龄作为退休金之计算基础。另根据上述通则第 180 条第 1 款表二及第 183 第 1 款之规定,在该退休金加上相对于五个年资奖金的金额。

(二)7 月 8 日第 5/96/M 号法律第 2 条规定,特许自 1996 年 7 月 1 日起已将该退休金调高澳门币 210.00。

(三)有关在澳门服务时间的退休金支付责任已被澳门地区所确定。

(四)根据 2 月 23 日第 14/94/M 号法令第 14 条及第 15 条规定,已将有关退休金之支付责任转移予葡国退休事务管理局。

上诉人向中级法院要求执行原高等法院于 1999 年 12 月 3 日在第 1153 号

---

[2] 刊登在 2000 年 7 月 19 日《澳门特别行政区公报》第二组第 29 期。

案件作出的裁判。上诉人认为，被上诉的行政当局为执行该裁判所作出的行为，几乎是一字一句完全重复被撤销行为的内容，并没有正确地执行该裁判。同时根据《行政诉讼法典》第 184 条第 2 款和第 187 条第 1 款 a 项以及《行政程序法典》第 122 条第 2 款 h 项的规定，认为该行为无效。

执行的客体是法院在行政争讼程序中作出撤销行政行为的判决。在这个判决终局确定之后，有关的行政当局应在最多 30 日内，主动执行判决，作出所有必需的行为和措施，以恢复被违反的法律秩序，并重建原应出现的状态（《行政诉讼法典》第 174 条第 1 款和第 3 款）。

在一般的情况下，行政当局应该主动执行法院的判决，作出一个新的、具追溯力的、符合法律的行政行为，代替已被撤销的行政行为，排除不符合法律的状况。[3]

但本案有一个特殊之处，就是被撤销的行政行为是在 1996 年由原澳门政府的社会事务暨预算政务司作出的，有关撤销性裁判是原澳门高等法院在 1999 年 12 月 3 日作出，而到这个裁判终局确定时已是 2000 年 1 月 6 日，即澳门特别行政区成立之后。也就是说，要由现在的澳门特别行政区政府执行一个在澳门回归前由原高等法院作出的决定。因此，在行政当局活动的合法性原则之下，执行该原高等法院裁判时，不能不首先考虑《澳门特别行政区基本法》（以下简称《基本法》）和澳门特别行政区第 1/1999 号法律（《回归法》）等法规对澳门特别行政区法律制度的规定。

首先，我们研究在回归前和回归后澳门法律制度的变化。

为此，有需要对《基本法》和《回归法》等法律中的某些条款进行解释，以确定它们的涵义。

《民法典》第 8 条规定了对法律条文的解释："一、法律解释不应仅限于法律之字面含义，尚应尤其考虑有关法制之整体性、制定法律时之情况及适用法律时之特定状况，从有关文本中得出立法思想。二、然而，解释者仅得将在法律字面上有最起码文字对应之含义，视为立法思想，即使该等文字表达不尽完善亦然。三、在确定法律之意义及涵盖范围时，解释者须推定立法者所制定之解决之方案为最正确，且立法者懂得以适当文字表达其思想。"

回归前澳门的法律包括法律、法令、行政法规和其他规范性文件，这些原在澳门适用的法律，既有澳门本地立法机关制定的法律，也有由葡萄牙有关当局制定的葡萄牙法律和专门为澳门或前葡萄牙海外地区制定的法律。

---

〔3〕 参阅 Diogo Freitas do Amaral：《行政法院判决的执行》，第 2 版，Almedina 出版社，1997 年，第 92 页。

1993 年 3 月 31 日,全国人民代表大会通过了《中华人民共和国澳门特别行政区基本法》,由中华人民共和国主席命令公布,并在 1999 年 12 月 20 日即澳门特别行政区成立当日开始实施。

《基本法》是全国人民代表大会根据《中华人民共和国宪法》第 31 条制定的,它属于澳门特别行政区的宪法性法律,是特区各项制度和政策的依据。澳门特别行政区的任何法律、法令、行政法规和其他规范性文件均不得与《基本法》相抵触(《基本法》第 11 条第 2 款)。

《基本法》第 18 条规定,在澳门特别行政区实行的法律除了《基本法》和列于其附件三的全国性法律之外,还包括《基本法》第 8 条规定的澳门原有法律和澳门特别行政区立法机关制定的法律。

而《基本法》第 8 条规定:"澳门原有的法律、法令、行政法规和其他规范性文件,除同本法相抵触或经澳门特别行政区的立法机关或其他有关机关依照法定程序作出修改者外,予以保留。"

也就是说,澳门特别行政区的法律等规范性文件均不得抵触《基本法》,而回归前的澳门原有的法律如抵触《基本法》,原则上不能被保留在澳门特别行政区实施。

这与《中葡联合声明》中的规定是一致的。其中第 2 点第 4 款规定:"澳门现行的社会、经济制度不变;生活方式不变;法律基本不变。……"这里可明显看到,与社会、经济制度和生活方式不同,对澳门原有法律体系的过渡是采取基本不变的原则,这意味着会有一定程度的变化。

事实上,澳门原有的法律,有澳门本地立法机关制定的法律,也有由葡萄牙有关当局制定的葡萄牙法律。因为澳门在回归后成为中华人民共和国的一个特别行政区,基于主权原因,原在澳门适用的葡萄牙法律不能在特别行政区继续适用。而澳门本地制定的法律,如果是体现葡萄牙对澳门的管治,或与《基本法》规定的制度相抵触,也不能被采用为澳门特别行政区的法律。这是因应澳门政治地位的转变而在法律体系层面必须作出的变更。

对澳门原有法律的处理,《基本法》第 145 条第 1 款规定:"澳门特别行政区成立时,澳门原有法律除由全国人民代表大会常务委员会宣布为同本法抵触者外,采用为澳门特别行政区法律,如以后发现有的法律与本法抵触,可依照本法规定和法定程序修改或停止生效。"

1999 年 10 月 31 日,全国人民代表大会常务委员会作出了关于根据《中华人民共和国澳门特别行政区基本法》第 145 条处理澳门原有法律的决定[4]:

---

〔4〕 刊登在 1999 年 12 月 20 日《澳门特别行政区公报》第一组第 1 期。

一、澳门原有的法律、法令、行政法规和其他规范性文件,除同《基本法》抵触者外,采用为澳门特别行政区法律。

二、列于本决定附件一的澳门原有法律抵触《基本法》,不采用为澳门特别行政区法律。

三、列于本决定附件二的澳门原有法律抵触《基本法》,不采用为澳门特别行政区法律,但澳门特别行政区制定新的法律前,可按《基本法》规定的原则和参照原有做法处理有关事务。

四、列于本决定附件三的澳门原有法律中抵触《基本法》的部分条款,不采用为澳门特别行政区法律。

五、采用为澳门特别行政区法律的澳门原有法律,自 1999 年 12 月 20 日起,在适用时,应作出必要的变更、适应、限制或例外,以符合中华人民共和国对澳门恢复行使主权后澳门的地位和《基本法》的有关规定。

除符合上述原则外,澳门原有法律中:

(一)序言和签署部分不予保留,不作为澳门特别行政区法律的组成部分。

(二)规定与澳门特别行政区有关的外交事务的原有法律,如与在澳门特别行政区实施的全国性法律不一致,应以全国性法律为准,并符合中央人民政府享有的国际权利和承担的国际义务。

(三)任何给予葡萄牙特权待遇的规定不予保留,但有关澳门与葡萄牙之间互惠性规定不在此限。

(四)有关土地所有权的规定,依照《基本法》第七条的规定和解释。

(五)有关葡文的法律效力高于中文的规定,应解释为中文和葡文都是正式语文;有关要求必须使用葡文或同时使用葡文和中文的规定,依照《基本法》第九条的规定办理。

(六)凡体现因葡萄牙对澳门管治而引致不公平的原有有关专业、执业资格的规定,在澳门特别行政区对其作出修改前,可作为过渡安排,依照《基本法》第一百二十九条的规定参照适用。

(七)有关从澳门以外聘请的葡籍和其他外籍公务人员的身份和职务的规定,均依照《基本法》第九十九条的规定解释。

(八)在条款中引用葡萄牙法律的规定,如不损害中华人民共和国的主权和不抵触《基本法》的规定,在澳门特别行政区对其作出修改前,可作为过渡安排,继续参照适用。

六、在符合第五条规定的条件下,采用为澳门特别行政区法律的澳门原有法律,除非文意另有所指,对其中的名称或词句的解释或适用,须遵循本决定附件四所规定的替换原则。

七、采用为澳门特别行政区法律的澳门原有法律,如以后发现与《基本法》相抵触者,可依照《基本法》的规定和法定程序修改或停止生效。

原适用于澳门的葡萄牙法律,包括葡萄牙主权机构专为澳门制定的法律,自 1999 年 12 月 20 日起,在澳门特别行政区停止生效。

全国人民代表大会常务委员会法制工作委员会在提交上述决定(草案)时作出了说明:

原则上,澳门原有的法律等规范性文件,如果是与《基本法》相抵触的,都不被采用为澳门特别行政区的法规。当中有的是体现葡萄牙对澳门的统治,有的是与《基本法》规定的政治体制和其他制度直接抵触,整部不能被采用为特区的法规。

有些原有法律整体上是抵触《基本法》的,不应采用为特区法规。但由于这些法律所规范的内容涉及范围较广,且具有较强的延续性,关系到具体权利和义务的承袭,如果简单地将之废除,会影响澳门的平稳过渡。因此,对这类原有法律不采用为特区法规,但特区在制定新法规之前,可按《基本法》规定的原则和参照原有做法处理有关事务。

原有法律中大多数的法律和法令在整体上不抵触《基本法》,但其中有部分条款与《基本法》相抵触,则这些原有法律除了抵触《基本法》的条款之外,可采用为特区法规。[5]

澳门特别行政区成立后,根据上述决定制订了《回归法》,从中体现了澳门特别行政区的制度和政策以《基本法》为依据和原在澳门生效的法律的有条件过渡这两个原则。《回归法》第 3 条第 1 款至第 4 款规定:

一、澳门原有的法律、法令、行政法规和其他规范性文件,除同《澳门特别行政区基本法》抵触者外,采用为澳门特别行政区法规。

二、列于本法附件一的澳门原有法规抵触《澳门特别行政区基本法》,不采用为澳门特别行政区法规。

三、列于本法附件二的澳门原有法规抵触《澳门特别行政区基本法》,不采用为澳门特别行政区法规,但澳门特别行政区制定新的法规前,可按《澳门特别行政区基本法》规定的原则和参照原有做法处理有关事务。

四、列于本法附件三的澳门原有法规中抵触《澳门特别行政区基本法》的部分条款,不采用为澳门特别行政区法规。

―――――――――――――

[5] 参阅郑言实编:《澳门过渡时期重要文件汇编》,澳门基金会出版,2000 年,第 116—117 页。

对于被采用为特区法规的澳门原有法律，《回归法》第3条第5款规定："采用为澳门特别行政区法规的澳门原有法规，自1999年12月20日起，在适用时，应作出必要的变更、适应、限制或例外，以符合中华人民共和国对澳门恢复行使主权后澳门的地位和《澳门特别行政区基本法》的有关规定。"

《回归法》第4条第3款又规定："采用为澳门特别行政区法规的澳门原有法规，如以后发现与《澳门特别行政区基本法》相抵触者，可依照《澳门特别行政区基本法》的规定和法定程序修改或停止生效。"

根据《回归法》的规定，原澳门立法机关制定的法规，除因抵触《基本法》列于《回归法》附件一、附件二和附件三的之外，其他均采用为澳门特别行政区法规，纳入澳门特别行政区法律体系。而被采用的原澳门立法机关制定的法规，因为是在回归前葡萄牙管治时期制定的，所以在澳门回归之后被适用时，为符合澳门新的政治地位和《基本法》的有关规定，需要作出必要的变更、适应、限制或例外。如果以后发现这些被采用的原澳门立法机关制定的法规与《基本法》相抵触，也不能继续保留在澳门特别行政区的法律体系内，必须按照《澳门特别行政区基本法》的规定和法定程序修改或停止生效。

对原在澳门生效的葡萄牙法律，《回归法》第4条第4款规定："原适用于澳门的葡萄牙法律，包括葡萄牙主权机构专为澳门制定的法律，自1999年12月20日起，在澳门特别行政区停止生效。"

而第4条第1款第8项则规定："在条款中引用葡萄牙法律的规定，如不损害中华人民共和国的主权和不抵触《澳门特别行政区基本法》的规定，在澳门特别行政区对其作出修改前，可作为过渡安排，继续参照适用。"

基于主权的原因，在中华人民共和国对澳门恢复行使主权之后，原在澳门适用的葡萄牙法律，停止在澳门特别行政区生效。但由于在被采用为澳门特别行政区法规的澳门原有法规中，有出现引用葡萄牙法律的条款。为避免在特区成立时出现过多的法律真空，如果这些被引用的葡萄牙法律不损害中华人民共和国的主权和不抵触《基本法》的规定，在澳门特别行政区对上述条款作出修改之前，可以作为过渡安排，继续参照适用。

由此可见，澳门原有法律要能被采纳为澳门特别行政区的法律，并继续生效，必须符合中华人民共和国对澳门恢复行使主权之后澳门的地位，同时符合《基本法》的规定，不能与之相抵触。因此，这不是一种完全的、无条件的法律过渡，而是以《基本法》为标准，有条件、有选择性的法律过渡。原澳门的法律体系与现在的澳门特别行政区的法律体系存在原则性的差异，这是在适用法律，特别是澳门原有法律时必须注意的。

现在，我们研究需执行的原澳门高等法院裁判所针对的问题。

　　被撤销的行为是原社会事务暨预算政务司在 1996 年 7 月 15 日作出的批示,当中考虑了上诉人在原澳门政府编制内工作的 4 年时间定出了上诉人的退休金金额。在司法争讼中的问题焦点在于是否应考虑上诉人在公共部门的全部工作时间,包括在葡萄牙及其过去的海外行政部门工作总计超过 28 年的时间,来计算他的退休金金额。

　　在针对这个批示的司法争讼中,原高等法院裁定:"上诉人的退休金应全部由澳门行政当局根据澳门有关的现行法律定出,在订定时应考虑所有在葡萄牙和在其前海外行政部门工作且有供款的时间,当中包括根据《澳门组织章程》第 69 条第 1 款的规定在澳门的服务时间,以及上诉人在澳门本身编制内的工作时间,然后对葡萄牙退休事务管理局和澳门退休基金会各自的负担作必要的划分。"

　　上诉人在 1995 年退休,退休前在原澳门旅游司任技术员。订定其退休金金额的批示是原澳门社会事务暨预算政务司在 1996 年 7 月 15 日作出,当中仅计算了上诉人在澳门的 4 年工作时间,并订明有关退休金的支付全部由澳门地区承担,而支付责任则转移到葡萄牙退休事务管理局。

　　上诉人认为,根据《行政诉讼法典》第 174 条第 3 款的规定,被上诉的行政当局,在执行这个裁判,重新定出退休金金额时,应计算上诉人在葡萄牙和在其前海外行政部门,以及在澳门行政部门的所有工作时间,同时补偿他一直少收的款项和相应的法定利息。

　　上诉人又认为,在执行原高等法院的裁判时,应沿用作出被撤销行为时适用的法律,特别是第 357/93、14/94/M 和 43/94/M 号法令,至于这些法律"是否符合《基本法》是完全无关重要的,甚至无需在此讨论这个问题"。

　　上诉人的观点是没有根据的。

　　回顾中华人民共和国政府和葡萄牙共和国政府在 1987 年签署的《中葡联合声明》和根据澳门特别行政区的法律,上诉人的退休金不是由澳门特别行政区承担。

　　《中葡联合声明》的附件一,"中华人民共和国政府对澳门的基本政策的具体说明"中的第 6 点规定:"澳门特别行政区成立后,原在澳门任职的中国籍和葡籍及其他外籍公务(包括警务)人员均可留用,继续工作,其薪金、津贴、福利待遇不低于原来的标准。澳门特别行政区成立后退休的上述公务人员,不论其所属国籍或居住地点,有权按现行规定得到不低于原来标准的退休金和赡养费。……"

　　在《中葡联合声明》里已经表明,澳门特别行政区只承担在其成立后才退休的公务人员的退休金和赡养费。而不会承担在其成立之前退休的公务人员的退休金和赡养费,这一部分的退休金和赡养费,应由葡萄牙共和国承担,因为澳门在过渡期的行政管理是由葡萄牙共和国政府负责的(根据《中葡联合声明》第三点)。

这一点在《基本法》里作了具体规定。其中第 98 条第 2 款规定:"依照澳门原有法律享有退休金和赡养费待遇的留用公务人员,在澳门特别行政区成立后退休的,不论其所属国籍或居住地点,澳门特别行政区向他们或其家属支付不低于原来标准的应得的退休金和赡养费。"

所以,享受特区政府支付退休金和赡养费人员的资格,一是必须为"依照澳门原有法律享有退休金和赡养费待遇的留用公务人员";二是必须为"在澳门特别行政区成立后退休的"。因此,对于在澳门回归前任职的公务人员,必须是在澳门特别行政区成立后获得留用,随后退休,且按照澳门原有法律享有退休金和赡养费待遇的,才会得到澳门特别行政区向他们或其家属支付不低于原来标准的应得的退休金和赡养费。因为中葡联合声明谈判时,双方代表达成协议,由中方向澳门特别行政区成立后退休的留用公务人员发放退休金和相应的赡养费,基本法只能依此作出规定。[6]

关于这个问题,《中葡联合声明》和《基本法》的规定是非常清晰的。

另外,全国人民代表大会澳门特别行政区筹备委员会在 1999 年 12 月 17 日作出的工作情况报告中提到:"《中葡联合声明》规定,1999 年 12 月 20 日前退休的澳门政府公务员在 1999 年后的退休金支付责任应由葡方负担,但中葡联合联络小组在落实此项规定时却遇到了困难。由于此问题涉及澳门公务员的切身利益和公务员队伍的稳定,关系到未来特别行政区政府的行政运作和重大财政责任,筹委会对此表示了关注,并提出了相关的建议。经过中葡多次磋商,这个问题基本得到解决。"[7]

如果与《中华人民共和国政府和大不列颠及北爱尔兰联合王国政府关于香港问题的联合声明》(以下简称《中英联合声明》)和《中华人民共和国香港特别行政区基本法》就同一问题作比较,就会更加清楚上述规定的内涵。事实上,《中英联合声明》和《香港特别行政区基本法》的签署和制定均先于《中葡联合声明》和《澳门特别行政区基本法》,同时中华人民共和国对澳门和香港的基本政策是一致的。然而,由于两地的历史、政治、经济和社会情况均有不同程度的差异,所以,对同一个问题,在有关的联合声明和基本法里有不同的规定。退休金的承担问题就是一个明显的例子。

---

〔6〕 参阅肖蔚云主编:《一国两制与澳门特别行政区基本法》,北京大学出版社,1993年,第 301 页。

〔7〕 参阅郑言实编:《澳门过渡时期重要文件汇编》,澳门基金会出版,2000 年,第 138 页。

在 1984 年签署的《中英联合声明》的附件一,"中华人民共和国政府对香港的基本方针政策的具体说明"中的第 4 点规定:"香港特别行政区成立后,原在香港各政府部门(包括警察部门)任职的公务人员和司法人员均可留用,继续工作;其薪金、津贴、福利待遇和服务条件不低于原来的标准。对退休或约满离职的人员,包括 1997 年 7 月 1 日以前退休的人员,不论其所属国籍或居住地点,香港特别行政区政府将按不低于原来的标准向他们或其家属支付应得的退休金、酬金、津贴及福利费。……"

《基本法》第 102 条同样规定:"对退休或符合规定离职的公务人员,包括香港特别行政区成立前退休或符合规定离职的公务人员,不论其所属国籍或居住地点,香港特别行政区政府按不低于原来的标准向他们或其家属支付应得的退休金、酬金、津贴和福利费。"

由此我们可以看到,对于退休金的承担问题,澳门特别行政区和香港特别行政区的法律规定有所差异:澳门特别行政区只承担在其成立后退休的公务人员的退休金和赡养费。而在香港特别行政区却没有这个限制,即无论是在香港特别行政区成立前或成立后退休或符合规定离职的公务人员,其退休金等福利均由香港特别行政区政府承担。[8]

上诉人要求上诉行政机关作出的行为,明显不符合《基本法》第 98 条第 2 款关于退休金承担的规定。首先,上诉人在澳门特别行政区成立前已经退休,完全不属于特区成立时留用且随后退休的公务人员,所以他要求特区政府考虑其所有在澳门、葡萄牙及其前海外行政部门工作的时间,从而定出及支付其退休金,并且向他补偿少收的款项及法定利息,这在特区的法律体系里是没有根据的。

按照《中葡联合声明》,在澳门特别行政区成立前退休的公务人员的退休金和赡养费应由葡萄牙共和国负责。因此,根据《基本法》第 98 条第 2 款的规定,特区政府不承担有关上诉人的退休金的支付责任,上诉人亦无权要求特区政府支付其退休金。另外,定出上诉人的退休金金额的行为原属当时向葡萄牙共和国负责的澳门政府的职权,在澳门回归之后,澳门特别行政区是中华人民共和国的一个享有高度自治权的地方行政区域,特区政府不可能就此问题作出一个约束葡萄牙行政当局的行为。

特区政府的行政运作需要遵守合法性原则,《基本法》第 65 条规定,"澳门特别行政区政府必须遵守法律"。而特区政府在行使行政管理权,处理行政事

---

〔8〕 参阅杨静辉、李祥琴著:《港澳基本法比较研究》,北京大学出版社 1997 年版,第302 页。

务时,也必须符合《基本法》的规定(《基本法》第16条)。

对于在澳门特别行政区成立之前,由原澳门行政机关所作的行政行为的效力问题,《回归法》第6条规定:"1999年12月20日前依原有法规作出的全部行政行为,在不抵触《澳门特别行政区基本法》、本法或其他可适用法规的前提下,在该日后继续有效及产生效力,并视为澳门特别行政区相应人员或实体作出的行政行为。"

澳门特别行政区成立前作出的行政行为,只有在符合《基本法》的条件下才继续有效及产生效力。在特区成立后作出的行政行为,也必须以《基本法》为准则,不能以任何名义作出违反《基本法》的行政行为。

上诉人的要求违反《基本法》第98条第2款的规定,也不符合《中葡联合声明》的精神。根据行政活动的合法性原则,被上诉的行政机关不应作出上诉人所要求的行为。

这不是单纯的适用法律的交替问题。如果没有澳门回归,澳门的政治地位和法律体系没有改变,那么被上诉行政机关原则上必须按照原高等法院的裁判作出一个新的行为,即使在作出被撤销行为时适用的法律已被修改。因为在这种情况下,澳门的法律体系没有发生根本变化,应保持法律适用的连续性。

但不能回避的是,1999年12月20日澳门特别行政区成立了,在同一日开始实施的《中华人民共和国澳门特别行政区基本法》和《回归法》对澳门的原有法律制度作了原则性的改变,使其适应澳门特别行政区新的政治地位。在法律基本不变的原则下,澳门原有的法律体系以《基本法》为标准,有条件、有选择性地过渡到澳门特别行政区法律体系。这不是一般情况下的法律更替,而是整个法律体系的原则性变更,不符合新法律体系原则的旧有法律不被采纳,不能再继续适用。在一个法律体系里,不能接受一个违反其原则的新法律事实的出现。因此不能以一般的法律交替为理由,在新的法律体系里适用违反其原则的旧有法律。

对于由澳门原有法律体系过渡到澳门特别行政区法律体系而产生的法律适用问题,不能只用一般的法律交替原则来解决,而必须首先以不抵触《基本法》为前提。

这种罕有的法律体系过渡可能会损害某些法律状况的确定性和安全性,但这是澳门政治地位改变所不能避免的。

正如终审法院在刚完成后作出的多个裁判[9],就根据新的《司法组织纲要法》,终止了以违反葡萄牙共和国宪法为理由的上诉程序。

---

[9] 于2000年2月分别在第1/2000、2/2000和4/2000号案件作出的裁判。

在《基本法》里,除了第 8 条和第 145 条第 1 款有关澳门原有法律的过渡问题的规定之外,第 145 条第 2 款的规定也同样体现出这种特殊的法律体系过渡:"根据澳门原有法律取得效力的文件、证件、契约及其所包含的权利和义务,在不抵触本法的前提下继续有效,受澳门特别行政区的承认和保护。"

至于本上诉所针对的退休金问题,在刊登于 1988 年 6 月 7 日第 23 期《澳门政府公报》第三副刊的《中葡联合声明》已有清楚的说明,上诉人在退休前已应该知道退休金的承担责任问题,从而不能说损害了有关利害关系人的正当期望。

《回归法》第 10 条规定:"在不抵触《澳门特别行政区基本法》、本法及其他可适用法规的前提下,1999 年 12 月 20 日前的司法程序、诉讼文件及司法制度包括本地编制的确定性委任的司法官已取得的权利予以延续。"

澳门原有司法体系的过渡,同样遵循有条件过渡的过则。原有的司法制度,包括各种司法程序、诉讼文件,都必须符合《基本法》、《回归法》和其他适用法规,特别是《司法组织纲要法》(第 9/1999 号法律),才能得到延续。这体现了《基本法》在特区法律体系里的宪法性地位,以及《基本法》作为特区各种制度和政策的依据这一原则。

因此,在澳门特别行政区司法体系下,要执行一个在澳门特别行政区成立以前法院作出的判决,首要条件是这个判决没有抵触《基本法》、《回归法》和其他适用法规,这是必须满足的一个前提。

如果按照原高等法院的裁判作出一个新的行政行为,必然导致此行为违反《基本法》第 98 条第 2 款,鉴于《基本法》在特区法律体系里的宪法性地位和行政活动的合法性原则,被上诉的行政机关不应作出一个原高等法院裁判所要求的行为,该裁判是不能被有关的行政当局执行的。

由于原高等法院裁判不能被执行,所以对被上诉行政机关以执行该裁判为名,于 2000 年 7 月 11 日对上诉人作出的批示,不能以没有执行裁判为理由而被撤销,至于这个批示的合法性,则不是本上诉要审理的问题。

三、决　定

综上所述,本法院裁定驳回上诉。

上诉人须缴付 5 个计算单位(即澳门币 2500 元)的司法费和其他诉讼费用。

法官:朱健(裁判书制作法官),利马,岑浩辉

2001 年 9 月 26 日

【案例评述】

这是澳门终审法院通过审理上诉作出的判决，产生上诉的一审程序是执行之诉。该执行之诉是直接在澳门中级法院提起的，因为执行申请人要求执行的判决是前澳门高等法院于 1999 年 12 月 3 日在第 1153 号上诉案中作出的。

前澳门高等法院的上述判决宣判现执行申请人胜诉，从而撤销了前社会事务暨预算政务司所作的确定其退休金金额的批示，它于 2000 年 1 月 6 日成为确定判决。为履行这份判决，作为前社会事务暨预算政务司在权限方面的继承人，澳门特别行政区经济财政司司长作出批示——重新确定现执行申请人的退休金金额。现执行申请人认为，经济财政司司长的批示没有完整履行前澳门高等法院的判决，于是提起执行之诉。

在第 1153/A 号执行案中，澳门中级法院宣判现执行申请人的请求败诉，澳门终审法院则宣判现执行申请人的上诉败诉，并维持了中级法院的判决。

这份判决最重要的价值在于它的判决理由：终审法院之所以驳回现执行申请人的执行请求，不是依据普通法律，而是直接依据《澳门特别行政区基本法》第 98 条和《中葡联合声明》中的有关规定。如此一来，不仅维护了澳门特别行政区的利益，也确认了《澳门特别行政区基本法》在澳门法律体系中的至上地位。

5 卫生局局长上诉案[*]

【判决书】

一、概　述

卫生局对中级法院 2005 年 7 月 14 日在第 117/2005 号案件中作出的合议庭裁判提起上诉,其理据是,根据《行政诉讼法典》第 161 条至第 168 条的规定,该合议庭裁判(下称"被上诉的裁判")与同一法院于 2003 年 10 月 30 日在第 85/2003 号案件中作出的合议庭裁判(下称"作为理据的裁判")互相对立。

本案中,吴添伟和吴嘉骏在行政法院对护士陈焕霞和卫生局提起宣告之诉,请求因非合同责任连带判处其支付澳门币 3806000.00 元,其依据是第一被告造成产妇在仁伯爵综合医院死亡的不法和过错事实。

行政法院法官认为,本案涉及的是医院的合同责任,裁定免除被告陈焕霞的责任,判处卫生局向两原告支付澳门币 2644650.00 元的款项。

卫生局向中级法院提起上诉,中级法院裁定该上诉败诉,维持第一审的决定。本上诉就是以合议庭裁判互相对立为理据,针对中级法院的上述裁判向终审法院提起的。

在本终审法院,通过裁判书制作法官的批示裁定,在法律规范未作变更的情况下,所提出的两个合议庭裁判在同一基本法律问题上存在互相对立(被上诉的裁判决定,对于公立医院中给使用者造成损害的损害赔偿之诉适用的民事责任制度为合同民事责任制度;而在作为理据的裁判决定,对同一诉讼适用的民事责任制度为非合同民事责任制度)。

_*　卷宗编号:终审法院第 23/2005 号上诉案。

上诉人卫生局的结论

上诉人卫生局归纳出以下结论:

1. 中级法院于 2003 年 10 月 30 日在第 85/2003 号案件中作出的合议庭裁判裁定维持行政法院在第 209/99 号案件中作出的判决,在该判决中,因公共卫生机构仁伯爵综合医院的卫生技术人员在提供助产卫生护理服务中作出的行为,以本地区公共行政当局非合同民事责任的名义,判处澳门卫生局支付巨额的损害赔偿。

2. 用于确定当时被告之责任所适用的法规是 4 月 22 日第 28/91/M 号法令。

3. 与此相反,现在被上诉的决定确认了行政法院对卫生技术人员在公立医院职责范围内提供卫生护理服务的行为方面适用合同民事责任制度(《民法典》第 787 条和第 596 条)的看法。

4. 如果关于同一法律问题,且事实情况基本相同,合议庭裁判采取了相反的解决办法,则存在裁判的互相对立(在这方面,见终审法院 2004 年 7 月 21 日第 16/2004 号案件的裁判和 2004 年 10 月 20 日第 29/2004 号案件的裁判,载于 www.court.gov.mo)。

5. 在本案中,上述提到的两个合议庭裁判之间明显对立:两者都是由中级法院作出的,前者认为,对由公立医院卫生技术人员在提供卫生护理服务中作出的行为所适用的民事责任法律制度为 4 月 22 日第 28/91/M 号法令中规定的制度,而后者却认为,根据《民法典》第 787 条(和 556 条)的规定,对由公立医院卫生技术人员在提供卫生护理服务中作出的行为所适用的民事责任法律制度是合同责任制度。

6. 合同责任是因未履行合同、单方法律行为或法律产生的义务造成的,而非合同责任则是由于侵犯绝对权利或者实施某些虽然合法但却给他人造成损失的某些行为而产生的。

7. 在公共卫生机构与其使用者的关系之下,隐藏的是一种权利——一种不可侵犯的绝对权利——即后者必须得到适当和殷勤的对待。

8. 葡萄牙最高行政法院的比较司法见解一直认为,在这种情况下"……我们面对的是一种纳入'非合同民事责任规则适用范围'的具体情况。实际上,凡是到公立卫生机构就医的使用者,都是根据使用者行政法律关系去做的,这种关系由法律规范,受先前制定的一般法律制度和规章制约,一律平等地适用于该公共部门的所有使用者,确定其一整套权利、义务和所受的约束,并且不得通过协议,以引入正面或负面不平等待遇的规定将其废除。因此,其使用者并不是以合同缔约方的身份去做的,即使有一个假设的定式合同或者根据事实上的合同关系也不是以缔约方的身份去做的。在这方面，请看主流学说的论述（Freitas do Amaral，"Natureza da Responsabilidade Civil Por Actos Médicos Praticados em Estabelecimentos Públicos de Saúde"，见"Direito da Saúde e Bioética"，LEX 出版社 1991 年，第 123 页及续后各页；Sérvulo Correia，"As Relações Jurídicas de Prestação de Cuidados pelas Unidades de Saúde do Serviço Nacional de Saúde"，见"Direito da Saúde e Bioética"，AAFDL 出版社 1996 年，第 21 页至第 27 页；以及 Guilherme de Oliveira，《RLJ》期刊，第 125 期，第 34 页，(……)和本最高法院的司法见解(例如，1997 年 6 月 17 日的合议庭裁判——第 38856 号上诉案——和 2000 年 3 月 9 日的合议庭裁判——第 42434 号上诉案)。显而易见，我们面对的这种具体情况属于非合同民事责任规则的适用范围，这是因为，各方之间没有任何债务关系。"(载于 www. dgsi. pt，最高行政法院 2004 年 4 月 20 日合议庭裁判，第 0982/03 号案件)

9. 因此，应当得出结论认为"公共机构中提供卫生护理服务的作为和不作为的责任具有非合同性质"(见最高行政法院 1999 年 9 月 4 日和 2003 年 1 月 16 日的合议庭裁判，分别为第 044467 号和 04512 号案件，载于 www. dgsi. pt)。

10. 公共卫生机构中提供卫生护理服务的法律性质与提供服务的合同所含关系的性质相似，不足以说明本案中的医疗行为属于合同民事责任制度的适用范围，因为前者欠缺适用该制度的基本前提要件，即债务关系。

11. 要说对于公立医院的医疗行为适用合同责任制度比适用非合同责任制度更为适当、更为公正，这既不真实，也没有依据，因为其病患者不具备证明卫生技术人员在工作中是否有应有的热诚的知识，而如果适用合同责任制度的话，则应当由卫生技术人员去证明其在工作中具有应有的热诚。

12. 为了克服当事人在证明需要具备特别的技术知识才能证明的事实方面遇到的困难，立法者把鉴定规定为证明的手段。

13. 法医鉴定的规定在《民事诉讼法典》第 496 条及续后数条中，任何一方当事人均可以在完全平等的情况下向独立机构或实体提出申请。

14. 如果说，既然公立医院和私立医院的相关卫生技术人员实施的医疗行为之间没有差别，因此公立医院实施的医疗行为就应被视为私法管理行为，这是不正确的。

15. 公共行政实体的特点之一是相对于其他实体而言享有特别地位以及特权，因此，公立医院有一种不同于私立医院的特定责任制度，就无须大惊小怪了。

16. 这一制度规定在对公共行政当局因公共管理行为而承担民事责任的法令中(4 月 22 日第 28/91/M 号法令)。

17. 一个履行劳动合同的卫生技术人员提供其业务活动,是以其所服务的实体的名义进行的;如果在一家公立医院工作,是以一个公共实体的名义提供服务的;如果在一家私立医院工作,则是以一个私人实体的名义提供服务的。

18. 主流学说认为,公共卫生机构技术人员的行为如果是在其职权范围内作出的,即属公共管理行为。

19. 因此,如果上述技术人员作出的不法事实与其职权之间有直接和内部的因果关系,则适用对公共管理行为的非合同民事责任制度。

20. 综上所述,被上诉裁判认为对仁伯爵综合医院卫生技术人员在本案的主要问题——助产——中提供医疗服务的行为适用合同责任制度,是缺乏法律依据的。

21. 该裁判违反了《民法典》第798条和续后数条以及第596条,还有4月22日第28/91/M号法令的全部规定。

22. 它亦与中级法院第85/2003号合议庭裁判互相对立。

助理检察长意见书

助理检察长出具了以下意见书:

澳门特别行政区卫生局不服中级法院于2005年7月14日在第117/2005号案件中作出的裁判,以裁判互相对立为依据提起本上诉,指出上述裁判与同一法院于2003年10月30日在第85/2003号案件中作出的另一个裁判明显互相对立。

我们认为,两个相关合议庭裁判之间确实就同一基本法律问题存在互相对立。

在这两个案件中,须解决的问题都是,对于如仁伯爵综合医院这样的公立医院医护人员的行为造成的损害应承担的责任应适用哪种制度(合同民事责任制度还是非合同民事责任制度)。

在第117/2005号案件中已经明确提出和讨论了与有关责任的性质和类别相关的问题,被上诉的法院作出决定,完全同意行政法院的解决办法,认为在讨论中有争议的实质关系应定性为事实上的合同关系,因此适用合同民事责任制度,并在合议庭裁判的摘要中作出以下决定:"市民因公立医院医疗过失造成损害获得赔偿的权利应通过合同民事责任制度来实现,而不是通过4月22日第28/91/M号法令规范的公共实体非合同民事责任制度实现,这是因为,案件中有争议的实质关系在法律上应当定性为典型社会行为产生的公众关系中自然出现的一种事实上的合同关系。"

而在第85/2003号案件中,虽然同一问题并未被明确提出,但可以肯定的是,问题的解决不能不取决于所适用的民事责任制度。

中级法院在判决中确认了行政法院作出的决定,后者适用第 28/91/M 号法令规定的公共管理领域违法行为责任制度和《民法典》在非合同责任方面的规定,判处被告——澳门卫生局——支付损害赔偿。

因此我们认为,中级法院最终就这一问题作出了宣示,虽然并不明确,但毕竟表明了自己的立场。

关于同一基本法律问题,两个互相对立的决定摆在我们面前,两者都是在第二审级作出的(甚至事实情况也类似)。

关于相关问题的法律规范未有任何实质性变更。

综上所述,必须得出的结论是,已经具备《行政诉讼法典》第 161 条第 1 款 b 项规定的前提要件,本上诉应继续进行。

＊　＊　＊

关于实体问题——公立医院医护人员的行为所造成损害的责任的性质,法学理论和司法见解分为两派,一些人倾向于合同责任,而另一些则倾向于非合同责任。

我们认为,将其视为非合同责任的看法更站得住脚,而且这也是主流观点。

众所周知,民事责任分为合同责任和非合同责任,根据是"因未履行合同、单方法律行为或法律产生的债务而出现的责任"还是"因违反绝对权利或实施某些虽然合法但对他人造成损失的行为而产生的责任"来加以区分。(见 Antunes Varela,"Das Obrigações",第一卷,第 473 页)

我们相信,本案中不存在因合同而产生的任何债权或债务问题,存在的是受害人的绝对权利问题。

这就是一些学者将公共机构中实施的造成损害的医疗行为产生的责任定性为非合同责任的决定性原因。

"应当认为,在我们讨论的这个特定领域之内,鉴于面对的问题是侵害绝对实体权利——具体指人格权,从而违反了尊重的一般义务,所以其责任为非合同责任。请不要以下面的话来提出争辩:在病患者与公共卫生机构之间建立了一个权利义务联系,此后可以体现为类似定式合同、事实上的合同关系或者公众关系的合同责任。在这种情况下,看来现在的问题是存在一种行政法中的特别关系,包括使用者、卫生单位和卫生专业人员(行政当局公务员或人员)之间的关系。这是多边法律关系的一个典型例证。这种法律关系产生了其使用者所拥有的一系列实体性法律地位(主观权利和受法律保护的利益)和卫生当局的权力,两者不能构成合同。"(Ana Raquel Gonçalves Moniz,"Responsabilidade Civil Extracontratual por Danos Resultantes da Prestação de Cuidados de Saúde em Estabelecimentos Públicos：O Acesso à Justiça Administrativa",第

15 页至第 18 页)

确实,在提供卫生护理服务的公共实体和接受该服务的使用者之间不存在任何合同关系。

正如葡萄牙最高行政法院于 2004 年 4 月 20 日在第 0982/03 号案件中作出的合议庭裁判中所说:"实际上,凡是到公立卫生机构就医的病患者,都是根据使用者的行政法律关系去做的,这种关系由法律规范,受先前制定的一般法律制度和规章制约,一律平等地适用于该公共部门的所有使用者,确定其一整套权利、义务和所受的约束,并且不得通过协议,以引入正面或负面不平等待遇的规定将其废除。因此,使用者并不是以合同缔约方的身份去做,即使有一个假设的定式合同或者根据事实上的合同关系也不是以缔约方的身份去做的。"

因此,将公共卫生机构中的医疗行为造成的损害赔偿定性为非合同民事责任范围是有依据的。

同一合议庭裁判中引用的主张非合同责任的著作包括:Freitas do Amaral,"Natureza da Responsabilidade Civil Por Actos Médicos Praticados em Estabelecimentos Públicos de Saúde",见"Direito da Saúde e Bioética",LEX 出版社出版,1991 年;Sérvulo Correia,"As Relações Jurídicas de Prestação de Cuidados pelas Unidades de Saúde do Serviço Nacional de Saúde",见"Direito da Saúde e Bioética",AAFDL 出版社出版,1996 年,以及同一法院的司法见解。

Sérvulo Correia 对公共卫生机构与其使用者之间的法律关系进行了一番分析,他认为,"该等单位(国家卫生机关的卫生单位)提供服务的关系有一个共同点,就是其非合同性。因此我们确实不相信,建立国家卫生机关的医院或卫生中心的使用关系的行为是双边行为,也就是说,不相信在该行为中所体现的是合意"。

"私人和卫生当局所表达的意愿的重要性与所行使的职能和权利是不对等的。私人的意思表示为作出正面或负面决定创造了前提,而产生所追求的法律效果只能由卫生当局通过意思表示证实和宣告(即使可能是默示的宣告)申请人具有法定要件并将其列入享受该等服务的计划来实现。这就是与国家卫生机关的卫生机构的管理有关的行政权力。因此,要求私人作为个人分享行使该权力,是不可理解的。在结构层面,预约挂号或决定住院都是行政当局意思的单方面表示,与私人的意思表示相联系,构成提供卫生护理服务的一种特定关系。"

"关于决定该制度内容的直接渊源方面,国家卫生机关卫生单位之使用者的公法状况具有源自法律和规章的性质。使用者以这种身份必须服从在法规层面预先规定的法律制度。其权利、权能、义务和制约一方面来自适用于公共服务所有使用者的一般原则：服务正确进行和所有使用者平等对待的权利。"

"使用者不能指望通过与该机构达成协议来确定与后者关系的特定方式，但不违反平等对待公共机关使用者的一般原则的某些情况例外。不过，这种例外即使存在，也一定极为罕见。所以，两者之间的法律关系不是由法规直接规定便是由行政行为按照该法规规定。"（见上述著作，第22页至第26页）

我们完全同意以上所援引的有见地的分析以及主流司法判例的见解，认为适用于本个案的制度应当是非合同民事责任制度而不是合同民事责任制度。

还要补充的是，我们也认为应当把公立医院医护人员在履行其职责时实施的行为视为公共管理行为。

根据规范本地区行政当局及其他公法人在公共管理行为领域的非合同民事责任的第28/91/M号法令第2条的规定，这些实体"对其机关或行政人员在履行职务中以及因为履行职务而作出过错之不法行为，应向受害人承担民事责任"。

所谓公共管理行为，是指"那些包括在行使公共权力之内，其本身构成实施法人公共职务的行为，不论该等行为中是否使用强制手段，也不论在实施该等行为时应当遵守的是何种技术或其他性质的规则"（最高行政法院于1980年11月5日在第000124号案件和2005年2月2日在第026/03号案件中作出的合议庭裁判）。

在本案中，造成损害的行为是由作为公立医院成员的医护人员在履行公职的过程中作出的，而他们履行公职的目的是为了保障澳门特别行政区的所有市民均可享受医疗服务。

将公立医院作出的行为与私立医院作出的行为加以区分，看来是适当的，因为正如本案上诉实体所言，后者无疑应当纳入私法管理行为的范畴。

综上所述，我们认为，应裁定上诉理由成立，废止被上诉的裁判，并确定司法见解，认为非合同民事责任制度适用于因公立机构（医护人员）在提供卫生护理服务中的行为造成的损害而进行的赔偿。

二、事　实

被上诉的合议庭裁判已认定以下事实，其中葡萄牙文字母指已认定事实中的项数，数字指对疑问表中相关问题的答复的条数。

1994年7月19日，原告吴嘉骏在仁伯爵综合医院诞生，其父为原告吴添伟，其母为已故的邓锦英（见卷宗第24页文件，a项）。

1994年7月20日，33岁的邓锦英女士在仁伯爵综合医院死亡，该女士为吴添伟之妻（见卷宗第23页文件，b项）。

由于邓锦英的死亡，开始进行第 5088/94 号初步调查程序，而后者导致第一刑事预审法庭第 43/1998 号预备性预审案的产生（见卷宗第 26 页和第 27 页的文件，c 项）。

卫生暨社会事务政务司通过 1994 年 8 月 31 日的批示命令展开调查，以查明邓锦英死亡时的情况，调查中作出的最后报告建议对护士陈焕霞和朱德慧提起纪律程序（见卷宗第 28 页至第 64 页的文件，d 项）。

根据经社会事务暨预算政务司于 1996 年 9 月 3 日批准的卫生司司长 1996 年 6 月 11 日的批示，展开了对女护士陈焕霞的第 1/96 号纪律程序（见卷宗第 65 页至第 80 页的文件，e 项）。

在这一纪律程序中，通过社会事务暨预算政务司 1997 年 5 月 22 日的批示，对嫌疑人陈焕霞处以停职 60 日的纪律处分（见卷宗第 83 页至第 87 页文件，f 项）。

卷宗第 27 页至第 87 页、第 139 页和第 140 页各文件的内容（g 项）。

邓锦英怀有吴嘉骏之后，一直得到医疗关注，首次就诊是在 1994 年 1 月 18 日（第 1 条）。

此后的 7 个月中，邓锦英一直在塔石卫生中心就诊，其妊娠状况的发展一直在正常范围之内（第 2 条）。

虽然如此，接诊医生在首几次及倒数第二次诊疗中记录了某种担心，指产生这种状态的原因是由于孕妇将要分娩以及为乙型肝炎带菌者（第 3 条）。

7 月 18 日，邓锦英怀孕 41 个星期之后，卫生中心以临床表现出宫缩，考虑到可能进行引产，让其转往仁伯爵综合医院产科急诊室（第 4 条）。

根据卫生中心对其进行检查的医生的建议，孕妇于 14 点 40 分携带卫生中心医生的信件到仁伯爵综合医院产科急诊室就诊，信件中有转介信和孕妇保健手册，接待她的女护士 Leong Iok Sim 填写了入院表和临床病历（第 5 条）。

经病人待产室的值班产科医生检查之后，于 16 时 30 分开始引产，后于 22 时整中止引产（第 6 条）。

第二天，即 1994 年 7 月 19 日，在值班产科医生再次对其检查之后，重新对其进行引产，此次引产是在 0 时整开始的（第 7 条）。

经过 19 日的分娩工作之后，邓锦英在 23 时宫颈口开全，处于临产状态（第 8 条）。

决定通过实施预防性儿头引产进行分娩（第 9 条）。

在 23 时 15 分左右实施儿头引产，实施过程中未出现明显问题（第 10 条）。

胎盘出来之后，产科医生进行了外阴缝合术（第 12 条）。

产科医生说，在进行儿头引产以及外阴缝合术期间，未出现出血现象（第

13 条)。

孕妇到了产后室,接受点滴补液注射,给其开的药物是 Syntocinon 和 Methergine lu (第 16 条)。

此时,子宫收缩和宫颈均正常(第 17 条)。

20 日 0 时 10 分左右,邓锦英被转到病房,由护士陈焕霞接收(第 18 条)。

护士陈焕霞将其送到病房的床上(第 19 条)。

护士陈焕霞没给邓锦英量血压(第 20 条和第 22 条)。

约一个小时以后,当邓锦英所接受点滴注射完成的时候,护士陈焕霞没有为邓锦英量血压,没有计算失血量,也没有察看子宫收缩的发展情况以了解是否一切良好(第 23 条)。

邓锦英在进入病房半个小时后摔倒在床上(第 25 条)。

这时,在同一病房的一位产妇叫来护士陈焕霞并帮助邓锦英躺下(第 26 条)。

在一个未确定的时刻,邓锦英又摔倒了,这一次倒在婴儿床旁边(第 32 条)。

其旁边病床上的产妇去要求帮助,护士陈焕霞和朱德慧赶到现场(第 33 条)。

这时,邓锦英说感到难受,脊背疼痛,出血很多,床上、地上和衣服上都有血迹(第 34 条)。

护士陈焕霞首先换了床和衣服,然后为邓锦英量了血压,发现其高压为 70,低压为 0,看到这些数值,叫来医生(第 35 条)。

产科医生 Wong Kam Weng 来到时,邓锦英已经处于昏迷状态(第 36 条)。

产科医生按了按邓锦英的子宫,发现没有一滴血流出,因为产妇已经没有血了(第 37 条)。

邓锦英的死因是失血(第 38 条)。

邓锦英进入病房时随身带来的病历上没有明确说明要为其量血压(第 45 条)。

Wong Kam Weng 医生发现按邓锦英的子宫时已经没有血液流出,必须立即输血(第 47 条)。

当时还是实习医生的 Wong Kam Weng 感到在所处的条件下自己不具备输血的技术能力,决定叫 Rolando Martins 医生,该医生于 3 时 40 分左右到达(第 48 条)。

Rolando Martins 医生立即要求给邓锦英插管,这一点在 José Alberto Carvalho 医生和内科专科实习医生 Victal 来到以后才得以实施,他们是在 4 时以后到达的(第 49 条)。

José Alberto 医生和 Victal 医生发现邓锦英心肺功能停顿(第 50 条)。

面对这种状态,必须用适当的器材,例如"呼吸辅助器"、"气管插管"和"喉镜",以使其苏醒(第 51 条)。

但是,在产妇们所在的楼层没有该等器材(第 52 条)。

需要到手术楼去取该等器材(第 53 条)。

尽管如此,Rolando 医生对邓锦英施行插管并立即对其进行心外压,但她没有苏醒过来(第 54 条)。

Victal 医生以用于新生婴儿的器材给邓锦英插了管(第 55 条)。

José Alberto 医生从手术楼来了,插了较大的导管,邓锦英恢复了心脏跳动,但呈现出中枢神经系统受到了严重的、不可逆转的伤害(第 56 条)。

邓锦英于 5 时 10 分被转移到深切治疗部,并于 7 时 15 分左右在那里死亡(第 57 条)。

在一个不确定的时段,邓锦英遭受了痛苦、焦躁和不安(第 59 条)。

原告吴添伟为邓锦英的丧葬花费了澳门币 44650 元(第 60 条)。

邓锦英于 1992 年 3 月 3 日至 1994 年 1 月 31 日期间在盛丰珠宝金行(Seng Fong Jewellery Co.)工作(第 61 条)。

邓锦英辞职是为了和儿子在一起,帮助和关心儿子(第 62 条)。

邓锦英的月薪收入为澳门币 4200 元(第 63 条)。

原告吴添伟由于妻子的死亡而身心遭受痛苦,情绪受到打击,到今天情况仍然如此(第 64 条)。

原告吴嘉骏由于失去母亲,失去母亲的关心和爱护,也会非常伤心和痛苦,这种情况将伴随他一生,因为其出生与母亲的死亡联系在一起(第 65 条)。

三、法　律

1. 要解决的问题。

本案要解决的问题是要确定,对因在公立医院内对使用者造成之损害而提起的赔偿之诉,是适用合同民事责任制度还是非合同民事责任制度。

众所周知,该两种民事责任制度在许多方面存在差异,因此,选择其中一种,是或可能是重要的。

2. 合议庭裁判的互相对立。

如上所述,通过裁判书制作法官的批示,已确定在同一基本法律问题上,两个合议庭裁判存在所提出的互相对立。

该决定对评议会没有约束力(《行政诉讼法典》第 166 条第 3 款),因此,对此问题要再行审议,因为对案中实体问题的决定取决于合议庭裁判中存在互相对立。

根据《行政诉讼法典》第 161 条规定,本上诉的要件是,在法律规范未有实质变更亦无具强制力之司法见解的情况下,中级法院作为第二审级作出的两个合议庭裁判就同一法律基本问题存在互相对立。

让我们看在所提出的两个合议庭裁判中是否出现上述的要件。

3. 于 2005 年 7 月 14 日在第 117/2005 号案件作出的现被上诉之合议庭裁判的个案中,因仁伯爵综合医院的助产工作而导致一位患者死亡,提起了一个诉讼,欲追究澳门卫生局之非合同民事责任,提出一赔偿请求。

行政法院法官依职权认为,对该案应适用合同责任制度,而不是原告所提出的非合同民事责任,因为这样"更符合实际和导致更公正的结果",并判处被告向原告支付赔偿。

被告不服,而在上诉中,对选择适用民事责任制度提出明确质疑,认为应适用非合同民事责任而不是合同民事责任制度。

但中级法院在其现被上诉的合议庭裁判中,明确表示赞同被上诉判决的理解,认为:"我们完全赞同原审法官所持的具见地的观点,该观点把在案中讨论的有争议的实质关系在法律上定性为事实上的合同关系。"

之后,该合议庭裁判还认为:"基于对本案适用的合同责任制度的法律和逻辑结果,对我们来讲,一如原审法官具见识的陈述那样,很明显,同时存在所有法律要求的要件以便原告成功追究被告的民事责任。"

最后,被上诉裁判驳回了上诉。

于 2003 年 10 月 30 日在第 85/2003 号案件中作出的现作为理据的合议庭裁判中,也是因仁伯爵综合医院的助产工作,导致一位患者死亡,追究澳门卫生局之非合同责任而提出的赔偿请求。

法官接受了原告认为澳门卫生局负有非合同民事责任的观点,并判处被告向原告支付赔偿。

提出上诉后,现作为理据的裁判驳回上诉,确认了被上诉之判决并明确宣示其观点,即被告负有非合同民事责任,该裁判提到:

"对支持在被上诉的判决中所作的决定而言,唯一重要的是要判断,面对当时所发生的涉及受害者的情况,是否集合了所有确认被告(因非法行为)承担非合同责任所必需的法定要件(该等要件为:(1)行政机关或其工作人员在履行职责过程中以及因履行该等职责而自愿实施的作为或不作为;(2)该公共管理作为(作为或不作为)的不法性;(3)行政人员的运作过错;(4)被管理者受到损失或损害;(5)在公共管理行为与该等损失或损害之间,存在适当的因果关系),因此,根据由第一审认定的事实,我们认为毫无疑问的是,在本案中,该些法定要件均已具备,其实,关于此点,完全赞同驻中级法院的检察院司法官当时提交的最后意见书内作出的精辟分析,该意见书载于卷宗第 247 页至第 256 页。"

4. 就同一法律问题,两个合议庭裁判存在明显、正面的互相对立。

法律规范没有变更,因为两个裁判所涉事实均发生于 1994 年。

关于此问题没有订定具强制力的司法见解。

因此,明显的是已符合所有要件以便可以对实体问题进行审理。

5. 上诉主体的限定。

本诉讼乃针对两个被告,即澳门特别行政区卫生局和护士陈焕霞,行政法院法官的判决判处卫生局败诉,但完全驳回对被告陈焕霞的请求。对此决定,只有卫生局向中级法院提起上诉,而原告没有提起,尽管对他们而言,针对被告陈焕霞之请求败诉。因此,对被告陈焕霞来说,第一审判决已确定。

这样,本上诉就仅涉及对卫生局的判决部分。

6. 适用的法律。

首先确定的是,所适用的民事法律是 1994 年事实发生时生效的 1966 年《民法典》,而规范公共实体民事责任的行政法律是今天仍然生效的 4 月 22 日第 28/91/M 号法令。

此外,或许还必须考虑 3 月 8 日第 39/99/M 号法令第 12 条的规定,该条规定:如新《民法典》内有关合同以外之民事责任及损害赔偿之债之规定,对责任人较为有利,或就多人分担之责任去除其中任一人之过错推定,则有关规定亦适用于此法典生效前发生之事实。

7. 在公立医院内对患者造成损害的赔偿之诉。非合同民事责任与合同民事责任。多种责任的竞合。

问题是想知道,对公立医院的使用者造成损害的行为的民事责任,是由合同责任制度还是非合同民事责任制度予以调整。

理论上,很容易区分这两种形式的民事责任。

非合同责任的依据为对不作为的一般义务的违反,该等义务是针对绝对权利而言的,如生命权或人身完整权。

合同责任则来之于没有履行本身在债权关系方面所承担的义务。[1]

众所周知,有时候同一行为可以同时带来合同责任和非合同责任,如私家医生在外科手术中过错地造成病人死亡的情况,因违反一属债权的义务而构成合同责任,同时因侵犯了他人绝对的生命权而构成非合同民事责任。

---

[1] Antunes Varela,Das Obrigações em Geral,Almedina 出版社,2003,第 1 卷,第 10 版,第 521—522 页。

对这些以及其他相类似情况,应适用哪种制度值得探讨。这里不是对此问题进行深入讨论的地方,因为这点对本案没有直接意义,但存在下列观点:(一)受害人可以选择一混合制度,选取两种制度中最为有利的方面;另一方面,也有学者认为,(二)只适用其中一种制度;最后如 Antunes Varela[2] 等学者认为,(三)受害人,作为赔偿之诉的原告,应有权做出取舍,选择其中一种制度,并对其所作选择承担风险。

8. 合同责任。

当涉及公共医疗机构时,学术界绝大多数人认为应适用非合同责任制度,排除适用合同责任的可能,因为他们认为没有合同存在。因此对他们来讲,不可能有多种责任的竞合。

但也有人认为对此等案件,适用合同责任。

被上诉之合议庭裁判所运用的、支持这一观点的理据为 J. Figueiredo Dias 和 Sinde Monteiro(在已有一段时期的文章中表达且属展望性多于对生效法律的解释)[3]所归纳,其意思是存在一定式合同或适用于公众关系的事实上的合同关系。

定式合同是,在该等合同中,合同一方——客户与消费者——在合同条款的准备和草拟上没有任何参与,仅接受由合同另一方向整体公众利害关系人提供的合同文本。[4]

但在定式合同中,仍存在一个合同。尽管客户必须整体接受向他提出的合同,且不可以就合同中确定的实质内容进行讨论,但是,他们之间仍存在一个是否订立该合同的合意。[5]

公立医院使用者的情况与定式合同不同。没有让使用者签署载有双方义务的具体文本,亦不受另一方建议文本约束。这些是定性为定式合同的要素,

---

〔2〕 Antunes Varela,上述著作、版和卷,第 637 页。关于此一问题,也可参阅:M. J. Almeida Costa,O concurso da responsabilidade civil contratual e da extracontratual,在"Ab Uno Ad Omnes,75 anos da Coimbra Editora",2003,第 555 页和续后各页,M. Teixeira de Sousa,O Concurso de Títulos de Aquisição da Prestação,Almedina 出版社,科英布拉,1988,第 136—159 页及 Sobre o ónus da prova nas acções de responsabilidade civil médica,在 Direito da Saúde e da Bioética,AAFDL 出版社,里斯本,1996,第 127—128 页和 A. Pinto Monteiro,Cláusulas Limitativas e de Exclusão de Responsabilidade Civil,Almedina 出版社,科英布拉,2003(再版),第 425—437 页。

〔3〕 J. Figueiredo Dias e Sinde Monteiro,Responsabilidade médica em Portugal,Boletim do Ministério da Justiça,第 332 期,第 50 页。

〔4〕 Antunes Varela,前述著作、版和卷,第 252—253 页。

〔5〕 Antunes Varela,前述著作、版和卷,第 252 页。

是其标志。

作为适用于整体大众关系的事实上的合同关系似乎也不很合适（在整体大众法律关系中，双方的关系建基于表现交易意愿的事实行为，但其中没有任何使用者意愿的表达，如在使用公共运输方面即如此）。

法律界一直没有认为上指大众关系具有太大作用，因为即使在此等情况下，毫无疑问存在一个合同，而我们的法律承认默示意思表示（1966 年《民法典》第 217 条第 1 款）。

9. 非合同责任。

那些如 Sérvulo Correia[6] 等学者则从葡萄牙国家卫生部门之卫生单位提供服务的法律关系的非合同特点出发，认为具有非合同民事责任。使用者申请就诊后，即决定向其立即提供治疗或预约候诊，通常与治疗相配合，可以决定在医院内留医，

这样，根据个人的请求作出行政行为，或（在决定住院的情况下）随后获其同意。私人和卫生当局所表述的意愿的价值，以及两者所行使的权能和权力均为不对等的。私人的意思表示为作出正面或负面决定创造了前提，而产生所追求的法律效果只能由卫生当局通过意思表示证实和宣告（即使可能是默示的宣告）申请人具有法定要件并将其列入享受该等服务的计划来实现。这就是与国家卫生机关的卫生机构的管理有关的行政权力。因此，要求私人作为个人参与行使该权力，是不可理解的。在结构层面，预约候诊或决定住院都是行政当局意思的单方面表示，与私人的意思表示相联系，构成提供卫生（护理）服务的一种特定关系。从是否依法取决于使用者的预先请求或事后同意出发，个人的意思表示构成了行政决定的有效或具效力的要件。

是否依法取决于使用者的预先请求或事后同意出发，个人的意思表示构成了行政决定的有效或具效力的要件。

5. 关于决定该制度内容的直接渊源方面，国家卫生机关卫生单位之使用者的公法状况具有源自法律或规章的性质。使用者（第 48/90 号法律，纲要 14 和 25）以这种身份必须服从在法规层面预先规定的法律制度。其权利、权能、义务和制约一方面来自适用于公共服务所有使用者的一般原则：获得机构运作、得到服务、机构正确运作和所有使用者平等对待的权

---

〔6〕 Sérvulo Correia, As relações jurídicas de prestação de cuidados pelas unidades de saúde do Serviço Nacional de Saúde, 在 Direito da Saúde e da Bioética, AAFDL 出版社，里斯本，1996，第 121 页及续后各页。

利。除了这些具有广泛内容的法律状况之外,还有与如第 48/90 号法律(纲要 5 和 14)和其他法律规范特别为国家卫生机关使用者设定的法律状况。最后,还有适用于国家卫生机关每个卫生部门的规章文件,这些文件部分是由具有这方面职权的相关机关制订的,并对部门的组织和运作作出规定。

使用者不能指望通过与该机构达成协议来确定与后者关系的特定方式,但不违反平等对待公共机关用户的一般原则的某些情况例外,不过,这种例外即使存在,也一定极为罕见。所以,两者之间的法律关系不是由法规直接规定便是由行政行为按照该法规规定。以《行政诉讼法典》第 179 条所规定的一般许可为据,以一个合同来代替一个行政行为的做法,碰到了要落实该重要原则中最后部分所罗列的例外的情况,"但法律规定或基于关系的特质而另行规定除外"。

6. 因此,使用者的状况具有普遍和受法规规范的特点:除了符合宪法规则的以实质标准为据的法律规定的情况外,不得以协议予以排除,也不得加入正面或负面的特殊对待。基于法律、规章和具规范性许可的行政行为,在整体上,而不是具体个案上,使用者的法律状况是可以自由变更的,这是因为这种状况是"客观"的,不是说面对国家卫生机关卫生单位,个人不具有实体权利,而是那些权利是被在每一时刻生效的法规所确定的。[7]

这也是 Ana Raquel Moniz 的理解[8]。对她来说,"在公共医疗机构、卫生医护人员与患者/使用者之间所建立的关系,归入为行政法的特别关系的类别:法律关系确立后(一般来讲,通过作出行政行为,有时该等行为需要配合),即出现一个状态,并从中产生一个由一系列权利和义务组成的特定法律规则,并以此与规范其他公民面对行政机关的行为的法律制度区分开来"。[9]

---

〔7〕　Sérvulo Correia,前述著作,第 23—26 页。

〔8〕　Ana Raquel Moniz,Quando caem em desgraça os discípulos de Hipócrates... Algumas questões sobre responsabilidade civil médica da Administração,在 Cadernos de Justiça Administrativa,第 50 期,2005 年 3—4 月,第 15 页及续后各页。

〔9〕　同样观点,见同一作者 Ana Raquel Moniz,Responsabilidade Civil Extracontratual por Danos Resultantes da Prestação de Cuidados de Saúde em Estabelecimentos Públicos:O Acesso à Justiça Administrativa, Faculdade de Direito da Universidade de Coimbra, Centro de Direito Biomédico,科英布拉,2003,第 14—18 页。

Marcello Rebelo De Sousa [10]和 M. Teixeira De Sousa[11] 也持相同观点。

10. 澳门法律。

现在让我们看看，澳门的法律是否也确认前面介绍的葡萄牙法律中包含的概念：在公共卫生机关与患者之间没有订立合同。在发生本案事实的 1994 年，澳门卫生局受 6 月 8 日第 29/92/M 号法令规范。[12]

卫生局的职责是：提供初级和专科卫生护理服务（第 3 条第 1 款 b 项）。

仁伯爵综合医院构成一个次级服务体系，以便提供专科卫生护理服务，并由其以急诊、住院和门诊方式确保专科、治疗和康复卫生护理（第 5 条第 3 款和第 20 条）。

过去，求取卫生护理服务受经 10 月 9 日第 68/89/M 号法令修改的 3 月 15 日第 24/86/M 号法令所规范，今天亦然。

总体卫生护理服务规定在第 24/86/M 号法令第 2 条中（下文我们将提到该法规），该条规定"本地区全体居民均可按照本法规所定的条件，求取由卫生局属下部门及单位直接提供的或由其他实体间接提供的卫生护理服务"。

公共机构和单位提供卫生护理服务之负担全部或部分由本地区总预算支付（第 3 条第 1 款），向孕妇、临产妇、产妇、10 岁以下的儿童、65 岁以上个人、公共机关职员及其家属和囚犯等组别人士提供免费卫生护理服务（第 3 条第 2 款，文本经第 68/89/M 号法令修改）。

通过与卫生局签订之协议并支付全部相关费用，公共和私人企业职员及其家属可以享有公共卫生机构提供的卫生护理服务。同样，通过与卫生局签订之协议，享有个人医疗保险制度的受益人也可享受公共卫生机构提供的卫生护理服务（第 14 条）。

那些不享有免费权利的使用者对所获取的卫生护理服务支付百分之七十的费用（第 15 条）。

通过登记和缴交相关费用，或通过与卫生局有协议的实体发出的请求文件，接纳那些不享受免费服务的使用者求诊（第 17 条第 1 款）。

11. 从上述制度可见，没有任何迹象显示使用者向相关公共医疗机构获取卫生护理服务是通过合同进行的。

在公共及私人企业职员和家属、个人医疗保险制度受益人向公共医疗机关

---

[10] Marcello Rebelo De Sousa, Responsabilidade civil dos estabelecimentos públicos: culpa do agente ou culpa da organização? 在 Direito da Saúde e da Bioética，AAFDL 出版社，里斯本，1996，第 157 页。

[11] M. Teixeira De Sousa，前述著作第 128 页。

[12] 已被 11 月 15 日第 81/99/M 号法令所取代。

求取卫生护理服务的个别情况中,可能存在合同,但该等合同也不是与使用者直接订立的,而是由卫生局与企业或管理医疗保险制度的实体签订的,使用者作为合同的受益人,是第三者。

本案中,后来死亡的患者是以孕妇、临产妇和产妇身份获取免费卫生护理服务的,因此,与任何其他孕妇、临产妇或产妇一样,在同等条件下享受澳门公共卫生护理服务制度,而不是以合同方身份进行的。

"个人希望享用公共服务或公共物品的单方意愿的表达即为产生这种关系的事实要素,亦使个人取得了使用者的地位。"[13]

结论是,除了根据法律规定,使用者是通过合同获得公立机构的卫生护理服务(如第 24/86/M 号法令第 14 条 a)和 b)项规定的情况)之外,因在公共医院造成的损害而提起的赔偿之诉,所适用的民事责任制度为非合同责任制度。

因此,我们应确定下列强制性司法见解:

在公共医疗机构内,因向 3 月 15 日第 24/86/M 号法令第 3 条第 2 款所指使用者提供卫生护理服务过程中的作为或不作为而要承担的民事责任具非合同性质。

此部分上诉胜诉。

12. 本案实体问题的审理。

根据如《行政诉讼法典》第 167 条第 6 款的规定,我们仍须依照所确定的统一司法见解,对本上诉标的进行审理。

在某些情况下,具强制力司法见解的确定导致立即对案件作出一定含义的决定,而在另一些情况下则不能,这取决于对案件事实的审查以及可能有的其他法律问题的分析。

本案即属第二种情况。事实上,尽管卫生机构的民事责任具有非合同责任性质,但并不表示没有证明构成该类民事责任的所有要件,从而可导致维持裁定卫生局败诉的判决。

除已作出决定的合议庭裁判互相对立这个问题外,上诉人在上诉中仅提出了与卫生机构公共管理活动相关的问题。

上诉人没有向法院提出任何希望法院审理的其他问题。由于两种责任形式的民事责任的构成要件是一样的,只是涉及过错这一要件有所不同——众所周知,在非合同责任中,由诉讼的原告证明对方存有过错,而合同责任中,则由

---

[13]　Marcello Caetano, Manual de Direito Administrativo, Almedina 出版社,科英布拉,1980,第 1 卷,第十版,第 574 页。

被告证明其没有过错 ——我们仅仅就原告是否证明了被告有过错进行审理，因为这是诉讼胜诉的一个要件。

因为上诉人没有向本法院提出请求，故对其在向中级法院上诉时所提出的其他问题不予审理，因为这些问题中没有一个是属于依职权审理的问题。而本法院必须根据《行政诉讼法典》第 167 条第 6 款规定，对本上诉标的进行审理，不可以把本案发还中级法院审理。

我们仅审理另一个与民事责任性质相联系、由上诉人提出且行政法院法官在其判决中审议过的法律问题。该法官倾向于存在合同责任，但声称即使问题属于卫生局的非合同责任，卫生护理服务也不属于公共管理行为，而是私法管理行为，因此，根据《民法典》第 493 条和第 494 条规定，无论是否有过错，皆因风险责任而使卫生局承担责任，这样也肯定导致判处被告败诉。

我们由此开始分析。

13. 公共实体的非合同责任。公共管理和私法管理。

如上所述，行政法院法官的判决倾向存在合同责任，但声称即使问题在于卫生局的非合同责任，卫生护理服务也不属于公共管理行为，而是私法管理行为，因为在医院提供的医疗服务中，不存在公权力或具公权力性质的规章，而这正是用来区分公立医院与私立医院所提供的医疗服务的。

但不是如此。

关于行政机关非合同民事责任制度，最终获得确认的 1966 年《民法典》立法者的选择是，受私法规范的行政机关活动由《民法典》规定——具管辖权对该等活动进行审理的法院为普通管辖法院——受公法规范的行政机关活动改由行政法律规定——具管辖权对该等活动进行审理的法院为行政法院。

在葡萄牙，这后一种意愿由从未在澳门生效的 1967 年 11 月 21 日第 48051 号法令予以落实。在澳门，则由第 28/91/M 号法令来完成这一任务，由其对公共实体受行政法律规范的活动的非合同民事责任作出规范。

在澳门，随着 4 月 27 日第 129/84 号法令的通过，对司法组织进行了修改，把因国家及其他公共实体的公共管理行为造成的损害的民事责任而提起的诉讼的审理权赋予行政法院（第 51 条第 1 款 h 项），而基于剩余管辖权原则，把因国家及其他公共实体的私法管理行为造成的损害的民事责任提起的诉讼的审理权赋予普通管辖法院，这一制度经适用"修改必须变更之处"（mutatis mutandis）后，在现行《司法组织纲要法》中予以保留（第 30 条第 2 款第 3 项 IV）。

1966 年《民法典》第 501 条规定："国家和其他公法人之机关、人员或代表在从事私法上之管理活动中对第三人造成损害的，国家或公法人须按委托人就受托人所造成之损害负责任之有关规定,对该等损害承担民事责任。"[14]

一直以来,对公共管理和私法管理的区分标准存在争议。

行政法院法官的判决为 Marcello Caetano[15] 所支持的以公权力作为标准的观点辩护,但现在该观点已几乎被抛弃。因为如该观点正确,那么所有在原则上不行使公权力的行政机关的实质活动,尤其是提供服务性行政活动[16]都排除在行政法范畴和行政法院管辖范围之外,这是很难让人理解的。

然而,似乎明显的是,在寻找"一个识别公共管理行为标准时,必须以目的性作引导,也就是说,不是抽象地进行,而是考虑以行政法及相关的行政诉讼来规范某部分根据其性质和欲追求的目标应受其规范的活动这一根本目的"。[17]

因此,目前被称之为职责框架标准观点占据主导地位,根据该论点,公共管理行为是,公共行政的机关或人员在行使一公权力时所作出的行为,或者说,在公法范畴领域内行使一项公共职能时所作出的行为,即使不涉及或不显示行使强制手段亦然,也不管在作出行为过程中是否应当遵循技术规则或其他性质的规范。[18]

Ana Raquel Moniz 总结认为[19],把此一标准适用于医疗活动时,必然"认为该活动属于公共管理活动"。

Freitas do Amaral 也这样理解[20]:"因此,对我们来说,如果在其实施或行使过程中,一项事实行动或非法律活动受到追求集体利益的影响,就应被界定为公共管理活动——或者因为其人员正在行使公权力,又或者其正在履行义务

---

[14]　1999 年《民法典》中的制度相似(第 494 条)。

[15]　Marcello Caetano,前述著作和卷数,第 431 页。

[16]　关于服务性行政活动或服务行政法,参阅 Sérvulo Correia,前述著作第 19 页及续后各页。

[17]　Ana Raquel Moniz,Responsabilidade...,第 37 页。

[18]　Freitas do Amararal,A natureza da responsabilidade civil por actos médicos praticados em estabelecimentos públicos de saúde,在 Direito da Saúde e da Bioética,Lex 出版社,里斯本,1991,第 127—128 页,Ana Raquel Moniz,Responsabilidade...,第 39—40 页。持同样观点的还有 A. Vieira Cura,Responsabilidade civil da administração por factos lícitos,载于 Estudos em Homenagem ao Prof. Doutor Rogério Soares,科英布拉,出版社,2001,第 1226 页,注释(6),强调这是法学界和司法界的一致理解,Vaz Serra,Revista de Legislação e Jurisprudência,103 年度,第 348 页 以 及 Antunes Varela,Revista de Legislação e Jurisprudência,124 年度,第 59—60 页。

[19]　Ana Raquel Moniz,Responsabilidade...,第 42 页。

[20]　Freitas do Amaral,Direito Administrativo,AAFDL 出版社,里斯本,第 3 卷,第 493—494 页,同时参阅 Freitas do Amaral,A natureza...,第 129 页。

或服从于特定的行政约束，即行政人员本身受到的约束。相反的情况则属私法管理活动。

"比如，国家医疗人员履行其专业活动必须被界定为公共管理活动，不是由于其活动性质有别于私人领域的医疗人员，而是由于前者隶属于行政部门，他们在部门规则限制下，只能根据相关主管的命令以团队形式开展活动。"

"至于一位司机在驾驶一辆国家所有的汽车过程中，根本不受行政当局本身的原则或规则影响：其活动一如其他私人司机，属私法管理活动。"

结论是，本案所涉活动属公共机构的公共管理活动，这没有大的疑问。

14. 非合同民事责任的要件：过错。

我们必须查明所认定的事实是否构成公务人员的过错。

在此类民事责任中是由原告去证明所有的要件。根据第 28/91/M 号法令，可考虑公务人员的作为或不作为，行为的不法性，公务人员的过错，损害以及在事实与损害之间的因果关系。

那么让我们看看是否证明了公务人员存在过错。

我们认为所证明的事实显示女护士陈焕霞存有过错，以及医院有运作或部门的过错。

1994 年 7 月 18 日，邓锦英转入仁伯爵综合医院以便生一小孩。

邓锦英的儿子于次日出生。

1994 年 7 月 20 日，邓锦英在仁伯爵综合医院死亡。

邓死亡的原因是失血（第 38 条）。

遗憾的是未能查明失血的具体原因，尽管验尸报告显示在分娩过程或分娩后失血，但原告们在起诉状内没有适当地提出该部分的陈述。

所认定的事实显示医院和一名护士存有缺失。具体地讲，就是在发现邓锦英的出血症状，以及对患者进行适当的护理以及使其苏醒等方面存在缺失。

确实，分娩完毕后，邓锦英约于 20 日 0 时 10 分被转入病房，并由护士陈焕霞接收（第 18 条）。

护士陈焕霞没给邓量血压（第 20 条和第 22 条）。

约一个小时以后，当邓锦英所接受点滴补液注射完成的时候，护士陈焕霞没有为邓锦英量血压，没有计算失血量，也没有察看子宫收缩的发展情况以了解是否一切良好（第 23 条）。

邓锦英在进入病房半个小时后摔倒在床上（第 25 条）。

这时，在同一病房的一位产妇叫来护士陈焕霞并帮助邓锦英躺下（第 26 条）。

上述所提到的事实已应提醒该护士，邓锦英出现了一些不正常情况，但她没有采取任何行动。

在一个未确定的时刻,邓锦英又摔倒了,这一次倒在婴儿床旁边(第 32 条)。

其旁边病床上的产妇去要求帮助,护士陈焕霞和朱德慧赶到现场(第 33 条)。

这时,邓锦英说感到难受,脊背疼痛,并正在大量出血,床上、地上和衣服上都有血迹(第 34 条)。

护士陈焕霞首先换了床和衣服,然后为邓锦英量了血压,发现其高压为 70,低压为 0。看到这些数值,叫来医生(第 35 条)。

也就是说,面对大量失血,该护士不是担心正在发生的不正常情况,而首先担心的是卫生护理,之后才是患者的健康。

这些和前面所述事实显示出护士在护理方面存在缺失,因为在这种情况下,她理应被要求做出其他一些举措。

确实,常人亦知道,自然分娩有导致出血的危险,而该护士在妇产科住院部工作,对此应当知道,且肯定已知道。

血压是血液流动时对动脉内壁所产生的压力指针。

内部出血一段时间后,才在外部显示出来,故对其进行监控的方法之一是量血压。如属因出血而失血的情况,则血液量减少,血压亦随之降低。这也是众所周知的。

而陈护士从未量过血压,直至明显及大量失血。同时,当看到患者摔倒在床上时,没有采取任何措施,没有给予任何特殊的护理,也没有召唤当值医生。

当该护士量血压时,邓锦英已处于生命终结的状况,因为其低压为 0,高压为 70。

当时生效的第 28/91/M 号法令第 4 条第 1 款规定[21]:"机关据位人或行政人员之过错,须按《民法典》第 487 条之规定予以认定。"

也就是说,"在无其他法定标准之情况下,过错须按每一具体情况以对善良家父之注意要求予以认定"(1966 年《民法典》第 487 条第 2 款)[22]。

结论是,在该具体情况下,应当要求陈护士做出更加迅速的举措,但没有做,故其在护理上存在明显的缺失。

15. 医院运作或部门上的过错。

一如 Freitas do Amaral 写道:[23]"……在我们现今的时代,我们面临越来

---

[21]　现行文本由 12 月 13 日第 110/99/M 号法令第 4 条加入。

[22]　1999 年《民法典》中的制度相似(第 480 条)。

[23]　Freitas do Amaral, Direito…,第 3 卷,第 503—505 页。

越多的情形是,造成损害的非法及过错行为,尤其当其以不作为形式出现时,不能将之归责于某一特定或多个行为人,而是应把之归责于被作为整体考虑的公共服务机构。

因此而必须承认的是,由于公共行政范围的非常广泛性、其职能的复杂性、其服务对象的不断变更、工作程序的缓慢、严格的财政规则以及其他可产生相似后果的因素,常常把一连串可原谅的小失误甚至困难和合理的延误演变为在整体上被事后定性的不法过错行为。

在这些情形里,行政当局向受害者承担责任是毫无疑问的;但根本上不存在一个应受谴责的个人行为。"

对如上面所述的情况,学术界构建了一个源自法国且获得司法见解认同的理论,即运作或部门过错理论。对此我们予以赞同。

就是在那些情形中,不可能将不法行为"视为出自某一特定人员的法律——职业操守上可被谴责的行为,而是由于部门运作上的缺失的结果[24]——在该等情形中,不能主观地把损害行为归责于工作人员或公务员,而仅仅应归责于对运作负有责任的公法人"。

现在让我们看看,哪些事实可显示出仁伯爵医院运作或部门上的过错。

当产科医生 Wong Kam Weng 来到时,邓锦英已处于昏迷状态(第 36 条)。

产科医生按了按邓锦英的子宫,发现没有一滴血流出,因为产妇已经没有血了(第 37 条)。

Wong Kam Weng 医生发现按邓锦英的子宫时已经没有血液流出后,必须立即输血(第 47 条)。

当时还是实习医生的 Wong Kam Weng 感到在所处的条件下自己不具备输血的技术能力,决定召唤 Rolando Martins 医生,该医生于 3 时 40 分左右到达(第 48 条)。

Rolando 医生立即要求给邓锦英插管,这一点在 José Alberto Carvalho 医生和内科专科实习医生 Victal 来到以后才得以实施,他们是在 4 时以后到达的(第 49 条)。

José Alberto 医生和 Victal 医生发现邓锦英心肺功能停顿(第 50 条)。

面对这种状态,必须用适当的器材,例如"呼吸辅助器"、"气管插管"和"喉镜",以使其苏醒(第 51 条)。

但是,在产妇们所在的楼层没有该等器材(第 52 条)。

需要到手术楼去取该等器材(第 53 条)。

---

[24] Ana Raquel Moniz, Quando caem em desgraça..., 第 18 页。

尽管如此,Rolando 医生对邓锦英施行插管并立即对其进行心外压,但她没有苏醒过来(第 54 条)。

Victal 医生以用于新生婴儿的器材给邓锦英插了管(第 55 条)。

当 José Alberto 医生从手术楼到来时,已插了较大的导管,邓锦英恢复了心脏跳动,但呈现出中枢神经系统受到了严重的和不可逆转的伤害(第 56 条)。

邓锦英于 5 时 10 分被转移到深切治疗部,并于 7 时 15 分左右在那里死亡(第 57 条)。

下面可显示出仁伯爵医院的运作过错:

1)在产科住院部服务的是一位实习医生。

这名医生没有能力进行使患者苏醒的程序,因为没有为邓锦英插管以便向其输血,这是她所急需的。

这里不存医生过失的问题——她仅仅是一名实习医生——处于缺乏熟练技术的状态。

就对医生的熟练技术和能力的程度的预期方面,J. A. Álvaro Dias[25] 认为,就出现一个错误处理或欠缺恰当处理而言,只要在实践中没有显示这种熟练技术与谨慎,我们认为即存在一个过失的举措,但"关于这一问题,尤其令人存疑的是涉及实习医生或刚开始从事医生职业的医生的情况,预期他们具有经很多年职业训练才可能获得的那种职业技能是有点不合理的"。

问题出在医院的服务存在不足,因为派遣了一位(仅一位)仍处在学习阶段的还没有培训好的医生去应付发生在产科护理方面的紧急情况。

2)因此召唤了 Rolando Martins 医生,该医生于 3 时 40 分左右到达(第 48 条)。

Rolando 医生立即要求给邓锦英插管,这一点在 José Alberto Carvalho 医生和内科专科实习医生 Victal 来到以后才得以实施,他们是在 4 时以后到达的(第 49 条)。

同样,加上在没有直接理由情况下,在插管上出现的 20 分钟延误。

3)José Alberto 医生和 Victal 医生发现邓锦英心肺功能停顿(第 50 条)。

面对这种状态,必须用适当的器材,例如"呼吸辅助器"、"气管插管"和"喉镜",以使其苏醒(第 51 条)。

但是,在产妇们所在的楼层没有该等器材(第 52 条)。

需要到手术楼去取该等器材(第 53 条)。

---

〔25〕　J. A. Álvaro Dias, Dano Corporal, Quadro Epistemológico e Aspectos Ressarcitórios, Almedina 出版社,科英布拉,2001,第 441 页,注释 983。

尽管如此，Rolando 医生对邓锦英施行插管并立即对其进行心外压，但她没有苏醒过来（第 54 条）。

Victal 医生以用于新生婴儿的器材给邓锦英插了管（第 55 条）。

当 José Alberto 医生从手术楼到来时，已插了较大的导管，邓锦英恢复了心脏跳动，但呈现出中枢神经系统受到了严重的和不可逆转的伤害（第 56 条）。

从这里可以看出，除了那些仅适用于初生婴儿的器材外，那些插管也无法用于成年人。

也就是说，在需要进行紧急救护的地方医院没有适当的器材去应付该等情况。

这是医院服务运作上的又一缺失。

结论是，除了护士的过失外——她因此而被医院处以纪律处分——医院方面明显存在运作或部门上的过错。

因此，出现了所有卫生局非合同责任的要件，而关于本案标的方面，上诉理由不成立。

四、决　定

综上所述，裁定上诉部分胜诉并：

（一）根据《司法组织纲要法》第 44 条第 2 款第 1 项以及《行政诉讼法典》第 167 条第 4 款规定，统一司法见解并确定如下见解：

在公共医疗机构内，因向 3 月 15 日第 24/86/M 号法令第 3 条第 2 款所指使用者提供卫生护理服务过程中的作为或不作为而要承担的民事责任具非合同性质。

（二）驳回针对本案标的所提出的上诉，维持判处卫生局向众原告支付＄2644650.00 澳门元（贰佰陆拾肆万肆仟陆佰伍拾澳门元）的决定。

因卫生局获豁免而不判处诉讼费用。

裁判转确定后，在《特区公报》上刊登本裁判。

法官：利马（裁判书制作法官），岑浩辉，朱健，

赖健雄（附"表决落败声明"），蔡武彬

出席评议会检察院司法官：宋敏莉

2006 年 1 月 18 日，于澳门

赖健雄之表决落败声明

基于下述理由,本人不认同本合议庭裁判:

本人的理解与本合议庭的多数表决理解不同之处是在于被上诉的中级法院裁判与作为上诉依据的中级法院裁判间是否存在相互对立的情况。事实上,本人认为不存在对立情况。

根据法学者 Alberto dos Reis 教授所言,"如就相同的法律问题却有着不同理解的方法解决问题,则出现相互对立理解。"(见 Alberto dos Reis, Código de Processo Civil anotado,第 6 卷,第 246 页)。

就这一问题,某些学说认为作为统一司法见解前提的对立情况,不足以是默示的对立,而必须是明示的对立。

就这一论点,Alberto dos Reis 教授作出更深入的精辟见解时指出:

"一、相互对立有否必要明示,抑或默示的对立已足够?

二、是指判决的主文部分相互对立? 还是指判决依据部分相互对立?

一如我在先前的研究中曾指出,我们绝对不接受默示的对立,相反,亦无必要要求是绝对明示的。因此,问题应从另一层面探讨。如其中一判决明确就一法律问题作出法律理解,而另一判决虽无明示作出于之相对立的理解,但若其判决主文是具有必然与另一判决所表述的意思相互对立的意思时,则存在对立情况……"(见同一著作)

虽然上述的学说是根据 1939 年《民事诉讼法典》相应条文而作出,但其就"相互对立"所作的定义仍然适用于现行法律中的"相互对立"的文字表述。

在本上诉中,我们可毫无疑问地肯定被上诉的中级法院判决曾就民事责任的适用制度表达明确立场,清楚认定在该个案中适用合同民事责任制度。事实上,这一问题亦正是该上诉的标的。

然而,作为本上诉依据的中级法院的判决并不曾就同一的法律问题作明示的表态。

我们知道作为支配民事诉讼,行政诉讼和甚至刑事诉讼上诉提起的当事人主义只容许上诉法院在法律列为不可补正的无效情事的情况,或基于重大公义的理由的情况下方可依职权审查上诉主体未有在其上诉状中提出的事宜。

为了更好地了解作为本上诉依据的中级法院判决有否就行政当局的责任属非合同民事责任问题作明确表态,最佳方法似乎是查究上诉人有否在其上诉状中提出这一问题。

细阅有关判决,不难发现上诉人没有就民事责任的制度(即属合同民事责任或非合同民事责任)提出争议,而其上诉标的亦仅限于法院的管辖权、证据的适当性、因果关系、事实的不法性、行政当局的过错以及赔偿金额的多少问题。

基于当事人主义的限制，中级法院只能就上诉具体提出问题作审理，因此，中级法院根本未有机会就适用合同民事责任或非合同民事责任的问题表态。

另一方面，鉴于由上诉人具体提出请求中级法院审理的问题并不是非合同民事责任制度专有的问题，反之这些问题是合同民事责任和非合同民事责任共通的成立要件，因此，曾就这些问题作审理不能被解读为表态认定行政当局的行为责任属非合同民事责任，因而亦不会发出能导致与被上诉判决中同一法律问题的解决方法相互对立的意思。

事实上，作为区分合同民事责任制度和非合同民事责任制度主要之处的举证责任谁属问题并不是该上诉的审理范围。

综上所述，本人认为本上诉不具备《行政诉讼法典》第 161 条第 1 款 b 项规定的两判决互相对立的上诉前提，因此，亦不能作出有关民事责任问题的统一司法见解。

法官：赖健雄

2006 年 1 月 25 日

【案例评述】

这是澳门终审法院在行政赔偿范畴所作的统一司法见解的判决，产生诉讼的事实原因是发生在澳门仁伯爵综合医院这家公立医院的医疗事故——产妇（邓锦英女士）在分娩婴儿之后死亡。邓锦英女士去世后，其生前配偶吴添伟及其所生婴儿吴嘉骏，以澳门卫生局和一名失职的护士为共同被告，在澳门行政法院提起非合同民事责任之诉，请求判处两名被告承担赔偿责任。

经过审理，行政法院法官在判决中变更了两名原告（吴添伟、吴嘉骏）在起诉书中对基础法律关系的定性：法官认为，在邓锦英女士和澳门卫生局（第一被告）之间存在合同关系，故此，宣判作为第二被告的失职护士对两名原告不承担任何赔偿责任，只有澳门卫生局承担赔偿责任。

不服行政法院法官的判决，澳门卫生局（第一被告）对该判决向中级法院提起上诉。中级法院合议庭宣判澳门卫生局之上诉的败诉，完全确认并维持行政法院法官的判决。

在行政诉讼领域，澳门《行政诉讼法典》第 150 条第 1 款 c 项确立了"二审终审"的一般原则。澳门卫生局之所以能对中级法院的合议庭裁判向澳门终审法院提起上诉，是因为存在合议庭裁判之间的对立——在由其在之前作出的另一份合议庭裁判中，中级法院认定：发生在公立医疗机构的医疗事故产生非合同民事责任，更准确地说，产生侵权民事责任。

针对上述不协调，澳门终审法院根据《司法组织纲要法》第 44 条第 2 款第 1

项及《行政诉讼法典》第 167 条第 4 款规定,在本判决中确立了具有普遍约束力的统一司法见解,其内容是:"在公共医疗机构内,因向 3 月 15 日第 24/86/M 号法令第 3 条第 2 款所指使用者提供卫生护理服务过程中的作为或不作为而要承担的民事责任具非合同性质。"

经第 68/89/M 号法令修订的第 24/86/M 号法令第 3 条第 2 款列举了 6 项"免费医疗"的情况,故此,如果公立医疗机构之医疗事故的受害人是"免费医疗"制度的受益人,由此产生的赔偿责任是非合同性质的侵权民事责任。

6 Lei Sio Tong 诉前"保安政务司"案 *

【判决书】

1. Lei Sio Tong,身份资料如本卷宗所示,对前保安政务司 1999 年 10 月 22 日依据第 19/99 号纪律程序(上诉人是该程序的嫌疑人)对其实施撤职处分的第 130/SAS/99 号批示提起司法上诉。上诉人于起诉状之结尾部分请求:

> (……)应判决本上诉理由成立,并根据所指明之违法性宣告本司法上诉所针对之行为无效,并因之产生一切法律后果。
>
> 因此,应恢复该处分行为前之情形,使现在的上诉人随即重返澳门保安部队。
>
> 相应支付自彼时起延付之薪酬及法定息。

司法上诉所针对之实体被妥当通知后,依据《行政诉讼法典》第 52 条适时进行答辩,驻本院之检察官在初端检阅中提出,上诉人的"使现在的上诉人随即重返澳门保安部队"、"并向上诉人相应支付自彼时起即延付之薪酬及法定利息"之请求部分在法律上不可接受,主张对部分的上诉予以初始驳回,仅对上诉之其余部分继续进行正常法律程序。

上诉人依据《行政诉讼法典》第 61 条第 1 款被听取意见时辩护称,尽管其本人不希望法院取代行政机关,但由于请求后半部分乃法院宣告司法上诉所针对之行为无效而产生之直接及必然法律后果,故而不应部分驳回上诉。

鉴于问题简单,免除法定检阅。

现审理如下。

2. 正如人们所知,《澳门行政诉讼法典》第 20 条明确规定:

"在司法上诉中仅审理行为之合法性,其标的在于撤销司法上诉所针对之

---

* 卷宗编号:澳门中级法院第 35/2000 号。

行为,或宣告其无效或法律上不存在;但另有规定者除外。"

正如旧《行政及税务法院通则》第 6 条规定,"在司法上诉中仅审理行为之合法性,其标的在于宣告司法上诉所针对之行为无效或对其予以撤销",从而将行政行为无效或法律上不存在之情形纳入宣告非有效的范围。选举上之司法争讼却与之相反,依据《行政法院诉讼法》第 61 条规定,法院对之有完全审判权,这构成了上述《行政及税务法院通则》第 6 条(即同今《澳门行政诉讼法典》第 94 条)之其中一个例外。

换言之,行政法院或类似职能法院行使监督职能,而非取代行政机关,行政法院不构成更高等级之行政机关,法官不可超越宣告被诉行为无效或撤销该行为。据此,上诉人只可请求宣告司法上诉所针对之行为不存在、无效或对之予以撤销组成;任何其他请求必将被视为法律上不可接受(见 Santos Botelho:《行政诉讼评注及司法见解》对《行政及税务法院通则》第 6 条注释,Almedina 出版社,科英布拉,1995 年,第 48—49 页;鉴于《澳门行政诉讼法典》第 20 条之规定,此项法理教义今日仍效力完整)。

其理由显而易见,在行政司法上诉中,将完全审判权引入任何法庭皆会真正并不可挽回地有损于作实质法治国家支柱结构之一的纵向和实质意义的分权原则,仅在极少数情况下出现对《行政诉讼法典》第 20 条(原《行政及税务法院通则》第 6 条)明文规定的仅审理行为合法性原则构成屈指可数的例外。

然而,本法院在司法上诉中仅行使"废止法院"之职能。据此,在本司法上诉理由成立的情况下出现的只能是宣告司法上诉所针对之批示无效,而上诉人及司法上诉所针对之实体则应从终局裁判中得出应有的和必要的法律后果。

在本案具体情况中,根据上诉人的最后请求的内容,并经上诉人在对检察官所提问题的答复进行明确解释后,上诉人只希望本法院对司法上诉所针对之批示作出有追溯效力(而非无追溯力)之无效宣告,其本人亦承认重回保安部队及向其支付薪酬仅为宣告行为无效之必然法律后果(见案卷第 44 页至第 46 页)。

我们相信,根据《行政程序法典》所规定之行政行为无效制度,无论是否宣告行为无效,无效行为均不产生任何法律效力(见 10 月 11 日第 57/99/M 号法令核准之新《行政程序法典》第 123 条第 1 款,或 7 月 18 日第 35/84/M 号法令核准之旧《行政程序法典》第 115 条第 1 款)。为此,宣告行为无效必定在本案中产生有追溯力(而非无追溯力)的效力,因为对本案不适用新《行政程序法典》第 123 条第 3 款或旧《行政程序法典》第 115 条规定的例外制度,比如法理上常提到的"误想公务员"案例。

然而,尽管上诉人在案卷第 44 页至第 46 页之答复中已作出明确解释,我们仍认为必须正式驳回其请求之后半部分,以避免产生任何疑点。这当然不会妨碍在上诉理由成立情况下,上诉人有权获恢复先前的职业状况,即恢复在其为嫌疑人的纪律程序中未受到撤职处分时的状况,作为上诉所针对之行为无效制度之法律效力。

3. 根据以上说明,合议庭裁判,对上诉人关于重回澳门保安部队及向其支付延付薪酬及法定利息之请求部分予以驳回,但关于宣告司法上诉所针对之行为无效之请求应继续进行诉讼程序。

根据《法院诉讼费用制度》第 15 条、第 89 条第 1 款及第 84 条,本随附事项的诉讼费由最后败诉方承担,司法费为 1UC。

予以通知。

陈广胜(裁判书制作人),白富华(Sebastião Póvoas),赖健雄

【案例评述】

葡文 recurso contencioso 的中文翻译既不规范也不统一:在一些法规中译为"司法上诉",在另一些法规中译为"司法争诉"或"司法争讼"。我们认为"司法争诉"是正确的翻译,但为与《行政诉讼法典》第二章的标题保持一致,故使用"司法上诉"一词。在葡萄牙行政法学界,当代理论普遍认为:司法上诉是"诉"不是上诉。葡萄牙 2002 年《行政法院程序法》已经不再使用"司法上诉"这一称谓。

在行政诉讼领域,司法上诉是最主要的诉讼类型,其主要特征在于:(1)其客体必须是行政行为,行政规章及行政合同不得成为司法上诉的客体;(2)其被告(被上诉人)必须是机关——形式行政机关或行使行政权的机关;(3)法官仅享有"半审判权"——只作合法性审查,不能审查行政行为的合理性,而且一般只能撤销行政行为或宣告其无效;(4)诉讼一般不具有中止效力。

这份判决是澳门中级法院合议庭在"司法上诉"中作出的,由于被诉行政机关是回归前的"保安政务司"——相当于回归后的"保安司长",所以中级法院在本案中是作为一审法院运作,申言之,本诉讼是由中级法院直接立案处理的。这份判决的特征在于:它不是结案判决,而是中间判决——初端驳回了上诉人的部分诉求。

在起诉书中,司法上诉人提出了三个诉求:第一诉求是请求法院宣告构成诉讼客体的行政行为无效;第二诉求是请求法院命令行政机关"恢复处分行为前之情形"并使他"随即重返"澳门保安部队;第三是请求法院命令行政机关"相应支付自彼时起延付之薪酬及法定利息"。在这份判决中,中级法院合议庭依据《行政诉讼法典》第 20 条初端驳回了第二诉求和第三诉求,只继

续审理第一诉求。

　　这份判决最主要的价值,在于明确了法院审判权的范围:作为一般规则,法院仅审查行政行为的合法性及有效性,在发现存在"非有效"时,将宣告行政行为之法律上不存在或无效,或撤销行政行为。在司法上诉范畴,法院行使半审判权是常态和规则,完全审判权仅是一种例外。

7 前"澳门政府船坞"代厂长上诉案 *

【判决书】

一、案情叙述及原审裁决的事实和法律依据

2005 年 5 月 12 日,行政法院法官对属行政法诉讼程序的第 RCA197/02-ADM 号司法上诉案作出了如下一审裁决:

卷宗编号:RCA197/02-ADM

谢子猷,详细身份资料记录于卷宗内,就澳门政府船坞代厂长于 2002 年 8 月 7 日对其的特别工作评核结果的认可决定,向本院提起司法上诉,要求撤销有关决定,理由是该决定存有事实前提的错误和错误适用法律。

被诉当局作出答辩,认为应判处上诉理由不成立,因对上诉人之评核决定法理依据充分,对事实方面认定也没有瑕疵。

检察院认为应撤销被诉当局的认可决定。

本院对此案有管辖权。

本案诉讼形式恰当及有效。

诉讼双方具有当事人能力及正当性。

不存在待解决之无效、抗辩或其他先决问题。

根据本卷宗及其附卷之资料,本院认定以下事实:

上诉人自 2000 年 8 月 16 日起以临时委任方式出任政府船坞临时委任第一职阶二等技术辅导员职任。

根据有关开考通告,有关技术辅导员职务分为三个范畴:(1)机械范畴;(2)电力范畴;(3)船舶建造范畴。

---

* 卷宗编号:澳门中级法院第 224/2005 号。

　　而上诉人考取的范畴为船舶建造范畴,根据开考通告第四点 C 项,船舶建造范畴是"负责协调和跟进政府船坞之船舶建造及维修工程,尤其是评估及检查现有设施,编写工程的工作内容书,所需材料的清单和工作进度表"。

　　而根据开考通告第七点 C 项,船舶建造范畴需具备的专门知识为:(1)船体的建造及维修;(2)焊接程序的设计;(3)油漆的选用;和(4)船体结构图的制作和阅读。

　　上诉人是在有关公开考试中甄选且以第一名的成绩获委任上述职位。

　　于 2002 年 7 月 19 日,上诉人的直属上级即评核人岑咏雪对上诉人的临时委任第二阶段(即 2001 年 8 月 16 日至 2002 年 8 月 15 日)作出以下评核:

工作素质 ……………………………… 5

工作数量 ……………………………… 5

进修 …………………………………… 8

责任感 ………………………………… 5

工作上之人际关系 …………………… 6

勤谨及守时 …………………………… 8

主动性及创造力 ……………………… 5

物料保存 ……………………………… 6

得分 ……………………………… 6(平)

　　上述评核事实理据载于本卷宗第 47 页至第 48 页的综合报告内,有关内容在此视为完全转录。

　　于 2002 年 8 月 2 日,上诉人就上述评核提起声明异议。

　　于 2002 年 8 月 7 日,政府船坞代厂长邝锦成就声明异议作出决定,否决了上诉人的声明异议。

　　同日,政府船坞代厂长邝锦成认可由评核人于 7 月 19 日所作的评核。

　　鉴于上诉人的临时委任状况,上述的工作评核"平"使上诉人的临时委任自动终止。

　　上诉人所负责的工作繁复、数量多,且有些不属其专业范畴(船舶建造),例如编写管路程序说明书,该工作乃属机械范畴。

　　上诉人与其他同事一直保持良好之关系,并未有出现任何不愉快事件。

　　从 2001 年 8 月 1 日至 2002 年 5 月 31 日期间,上诉人仅在 2001 年 11 月 13 日下午上班时间迟到了一分钟,换句话说,上诉人在整个评核年度期间,仅有一天迟到了一分钟。

　　同时,上诉人亦没有任何不合理缺勤记录。

　　上诉人更经常自愿地以无偿方式进行超时工作,通常每天早上八时多便上班。

且让我们分析有关上诉理由是否成立。

经分析本卷宗及其附卷的所有资料,本院认为被诉当局对上诉人的工作评核确实存有事实前提的错误,尤其在以下项目中:

(一)"工作上之人际关系"

在上述项目,上诉人所获得分数为"6"分

根据有关评核表里的评分指引,"6"分是给予人际关系可被接纳,不妨碍但亦不改善工作环境。

有关评核人给予"6"分的理由是,上诉人"于工作上未能努力营造一个良好的工作环境,但其个人工作态度及行为则经常对其他同事造成相当的负面影响"。

上述评核人的结论,与本院所审理查明的事实不符。

本院听取的所有人证中,无论是上诉人所提交的证人,或是被诉当局所提交的,除了原厂长周进因与上诉人没有直接工作接触而对其不认识,以及评核人岑咏雪本人外,均异口同声表示上诉人是一位容易相处的人,在工作上人际关系良好,与其合作愉快。

相反,对上诉人当时的上司,即评核人岑咏雪,则有证人表示其并不易相处,为人多疑及挑剔。

从而可见,给予"6"分是明显偏低且事实理据明显不足。按照相关的法定评分指引,本院认为应给予不少于"8"分。

(二)"勤谨及守时"

在这一方面,根据上诉人的出勤记录,从 2001 年 8 月 1 日至 2002 年 5 月 31 日期间,上诉人仅在 2001 年 11 月 13 日下午上班时间迟到 1 分钟。因此,按相关的法定评分指引,本院认为应给予不少于"9"分,而非"8"分。

(三)"物料保存"

在上述事项,上诉人在其被评核的期间(2001 年 8 月 16 日至 2002 年 8 月 15 日),并没有任何损坏物料的记录,却只获得"6"分。

相反,在上一评核期间(2000 年 8 月 16 日至 2001 年 8 月 15 日),上诉人曾于 2001 年 7 月 16 日不小心遗失一部数码相机,但获得"7"分。

在此,有关评分明显出现偏差。

按有关的法定评分指引,本院认为应给予不少于"8"分。

(四)"工作数量"

"工作数量"方面的评分,也明显偏低,因为上诉人不但要负责其专业范畴内的工作,还要应付其他专业范畴的工作。

　　评核人一方面认为上诉人工作能力低,无论在数量上或质量上均未能达标,但另一方面却不断委派不同范畴的工作给他,这是否自相矛盾? 最后更以不属于上诉人本身专业范畴的工作表现,来订出评分的标准,这明显对上诉人不公平,违反了公正原则。

　　本院认为上诉人在此方面应得之分数不少于"7"分。

　　以上种种,足以证明被诉行为存有事实前提错误的瑕疵,故应予撤销。

　　综合所述,撤销澳门政府船坞代厂长于 2002 年 8 月 7 日对谢子猷的特别工作评核结果的认可批示。

　　……(参见载于案件卷宗第 315 页至第 317 页的判决书内容)

　　而在这之前,行政法院法官就上述被诉行政机关在 2004 年 10 月 12 日的答辩书内所提出的抗辩问题,亦曾于 2005 年 1 月 27 日作出内容如下的裁定:

　　被诉当局在答辩中提出被诉行为是受必要行政申诉约束的行为,因此不具有可诉性,要求驳回本司法上诉。

　　上诉人持相反意见,其见解详载于卷宗第 233 页至第 235 页,在此视为完全转录。

　　检察院也认为被诉行为具可诉性,其见解详载于卷宗第 237 页至第 238页,在此视为完全转录。

　　本院现就有关问题作出审理。

　　驻本院检察官就被诉当局所提出的不可诉抗辩,作出以下意见:

　　　　在答辩状(卷宗第 136 页至第 165 页)的第 3 条至第 27 条,作为"被诉当局"的政府船坞之代厂长提出一项抗辩:本案的被诉行为是不确定行为,从而作为诉讼客体的行为不具"可诉性"(recorribilidade),因此应被初端驳回。

　　　　针对被诉当局的抗辩,司法争诉人提交了"答复"(卷宗第 233 页至第235 页),认为抗辩的理由不成立,本诉讼应继续进行。

　　　　在《行政诉讼法典》第 28 条之第 1 款及第 2 款,立法者确定的规则是:针对受"必要行政申诉约束"的行政行为不可以提起司法争诉,除非基于法律或行政决定,此等行为必须立即执行。质言之,受"必要行政申诉约束"的行政行为不可以成为司法争诉的客体,不具有可诉性。同《法典》第 46条第 2 款 C)项进一步规定:以下具可诉性之行政行为为客体的司法争诉将被驳回。

　　　　不错,以列举厂长之权限为宗旨的第 8 条也没有列出人事管理的权限,这一点与第 6 条相似。但就事物的属性来判断,我们认为,政府船坞的内部人事管理是厂长的"默示权力"（poder implicito），属于厂长之权限的范畴。这部分权限之所以应当属于厂长而非行政管理委员会，是因为：

首先，就其性质而言，政府船坞的厂长（director）属于"领导"级的公共官职（第 40/98/M 号法令第 4 条第 3 款及第 85/89/M 号法令第 2 条第 2 款 b 项），而人事管理是行政部门之"领导"的当然权力，除非立法者作出明示排除；

其次，第 40/98/M 号法令第 17 条第 1 款明确规定，对政府船坞之人员适用公共行政工作人员之一般制度，只有特别法作出例外规定时除外，关于政府船坞之人员，立法者恰恰没有制定特别制度。

基于此，顺理成章的结论是：对政府船坞之人员的评核而言，澳门《公共行政工作人员通则》第 167 条第 1 款所规定的"核准"是厂长的权限，而且是他的专属权限，厂长所作的核准是确定行政行为，不受必要诉愿的约束，故此，本案的客体具备可诉性。

综上所述，检察院建议法官阁下：

(1)宣判被诉当局所提出之抗辩的理由不成立，着令诉讼继续进行；

(2)指定取证日，听取双方之证人的证言。

经分析有关法规后，本院完全认同检察院的意见，事实上，政府船坞厂长与其行政管理委员会之间并不存在行政等级关系，而厂长作为船坞的领导，必然具有人事管理权限。因此，其所作出的"核准"有关评核建议是一确定行政行为，不受必要行政申诉约束，是可诉的。

综合所述，裁定被诉当局提出之被诉行为不可诉抗辩不成立。

……（参见载于案件卷宗第 239 页至第 240 页的裁定书内容）

被诉行政机关不服上述两项裁判，遂通过其律师向本中级法院先后提出两个上诉。

就 2005 年 1 月 27 日的裁定而言，被诉行政机关在载于案件卷宗第 304 页至第 310 页的 2005 年 4 月 6 日的葡文上诉理由阐述书中，认为司法上诉人向法院提出司法上诉前，必须先向前政府船坞的行政管理委员会提起必要行政诉愿，因为根据 9 月 14 日第 40/98/M 号法令第 8 条第 1 款 a 项和 b 项的规定，政府船坞厂长得受制于行政管理委员会的上级权力，如此，其对司法上诉人的工作评核事宜所作的决定，并非最后的行政决定，故行政法院在《行政诉讼法典》第 46 条第 2 款 c 项的规定下，当初实不应受理有关司法上诉。据此，被诉行政机关应被开释。

另就行政法院的最后判决而言，被诉行政机关在载于案件卷宗第 323 页至第 335 页的 2005 年 6 月 27 日的葡文上诉理由阐述书中,主要指出本案的被诉行政行为,因涉及对员工的工作评核,属非本义的自由裁量权范畴,故只有在发生明显的裁量错误下,才可成为司法上诉的对象(见《行政诉讼法典》第 21 条第 1 款 d 项的规定)。行政法院是以行政机关在作出该行为犯事实判断错误为由,决定撤销同一行为。然而,事实上根本并不存有任何所谓之事实判断错误,故行政机关就司法上诉人的工作评核所作的判断的适当性与否,是不得成为司法争议的课题。再者,原审法院在断案时,引用了一未经司法上诉人主张的事实,是违反了《民事诉讼法典》第 5 条所指的处分原则。而无论如何,原审法院所打的有关评分与行政机关所给予者之间的差距实属轻微,故原审法院不应单纯以后者的有关评分不恰当为由,撤销被诉的行政行为。另即使部分评分项目的分数应被撤销,由于各评分项目是相对独立的,没有明显错误的评分理应被保留,否则便违背了诉讼经济原则。基于这种种理由,请求本院废止原审裁决,让整个被诉行政行为得以维持,或至少命令只撤销该行为有瑕疵的评分部分,以便没有问题的其余分项评分得以保留。

就被诉行政机关的两个上诉,原审司法上诉人只对后者于 2005 年 7 月 27 日行使答复权,认为由于政府船坞已于 2005 年 7 月 1 日被撤销,根据《行政诉讼法典》第 84 条 e 项规定,有关上诉程序因嗣后出现进行诉讼属不可能或无用之情况而应被宣告消灭;倘上诉法院不这样理解,则请求维持一审的终局判决;但万一法院认为行政机关提出的上诉依据成立,则根据《民事诉讼法典》第 590 条规定,补充请求审理其于 2002 年 9 月 6 日提交的起诉状中提出的但未被原审法院采纳的其他司法上诉依据(诸如:法律上的瑕疵、欠缺听证、违反平等原则、行政决定欠缺理由说明,及违反公正原则等),并以此撤销有关行政行为或宣告其无效(见载于卷宗第 337 页至第 347 页的上诉答复书内容)。

案件被上呈予本中级法院后,驻本审级的尊敬的检察官依法对之作出了检阅,并在其于卷宗第 402 页至第 405 页发表的葡文法律意见书中,认为虽然行政机关在作出被诉行政行为时,在对事实前提判断方面确实有错误,但原审法院不应在其判决书内,自行替行政当局就司法上诉人的部分工作评核项目作出具体的最起码评分,因此举违反了《行政诉讼法典》第 20 条的规定及三权分立原则,故上诉法院不应维持该一审终局判决。

随后,本院依法组成合议庭,并业已对卷宗的所有文件材料作出了审视。现须于下文具体对本案作出决定。

二、本上诉裁判书的判决依据说明

首先,我们得指出,上诉法院除了法律另有规定须依职权主动审理的问题外,只解决上诉人在上诉理由阐述书的总结部分所具体提出和框划的上述问题(此一见解已尤其载于本中级法院第1220号案的2000年1月27日的裁判书和第130/2005号案的2005年6月23日的裁判书内);此外,即使在行政法范畴的上诉案中,亦得适用Jose Alberto dos Reis教授在其Codigo de Processo Civil Anotado(Vol. V, Coimbra Editora,1984,《民事诉讼法典注释》,第五册(再版),科英布拉出版社,1984年)一书中第143页所阐述的如下学说:当诉讼当事人向法院提出某一问题时,必在每一处借助多种理由或理据以支持其观点的有效性;对法院而言,所须做的是要对所提出的问题作出决定;法院并无责任去审议当事人赖以支持其请求的所有理据或理由(此一见解已载于本中级法院第127/2000号案的2000年9月21日的裁判书内,当然同一见解并不妨碍上诉法院在认为适宜时,就上诉人在其理由阐述书总结部分所主张的任何理由发表意见的可能性)。

然而,在解答上诉行政机关的上述问题前,本院需在此表明本二审上诉的诉讼程序不会如司法上诉人所主张般,基于政府船坞已于二审上诉提出后被撤销,而应被宣告消灭。原因是根据下令撤销政府船坞的第4/2005号行政法规第21条第1款的规定,该机关的原有职能现已由港务局负责,故在诉讼属面来看,港务局已承接了原被诉行政机关在本案中的诉讼地位,因此本院有义务继续审理其提出的上诉。

言归正传,现须对前政府船坞代厂长所持的上诉理由作出如下响应。

就第一个上诉而言,本院认为前政府船坞行政管理委员会实无权介入船坞厂长在人事评核方面所作出的行政行为。这是因为9月14日第40/98/M号法令第8条第1款a和b项所指的指引和决议,根据同一法令第6条第1款的规定,只应限于经济及财政管理的范畴。此外,该法令第17条第1款所援引适用的《公共行政工作人员通则》第167条第1款所指的"核准"行为,实属作为船坞最高行政领导人的船坞厂长的当然权限,再加上根据同一法令第1条的规定,前政府船坞本身已具独立的法人资格,故船坞厂长在人员评该方面所作出的核准决定本身已是最终和确定的行政行为,亦不受必要行政诉愿的约束。故此,本案的被诉行政决定实具备司法可诉性。这样,第一个上诉理由完全不成立。

如此,本院须于下文处理第二个上诉。

首先,一如驻本审级的检察官所指,本院亦认为行政法院在审理司法上诉时,绝对可行使《行政诉讼法典》第67条所明确赋予的权力,主动调查有助公正断案的事实。这样,行政法院可引用一些虽未经司法上诉人事先主张的、但已被法院依该职权调查属实的事实去判案。如此,政府船坞代厂长在这方面的上诉理由是不成立的。

至于其被诉行为可否成为司法上诉的标的,就要看其所实质确认的工作评核行为是否违法。因为虽然根据现今行政法学说,属非本义的自由裁量权范畴的行政行为(例如评核行为),只在发现明显裁量错误的情况下才可被法院质疑,但这论点并不排除该等裁量行为因违法(这里所指的违法当然包括对裁量行为的事实或法律前提错误判断的情况)而被法院撤销的可能性,原因是任何行政行为均不得以不实或不存在的法律情况为前提,否则便属违法。故监察行政行为的事实或法律前提已是本义合法性的范畴,而非自由裁量的范畴。换言之,行政机关只可在真实和实在的事实和法律前提下行使其自由裁量权。

如此,本院经详细分析案件所有证据材料,亦完全认同行政法院所已作出的事实审,并进而同样得出涉案的评核行为在判断赖以评分的事实前提是否存在方面,确实在"工作上的人际关系"、"勤谨及守时"、"物料保存"和"工作数量"这四个评分项目上明显出错的司法结论。基此,该评核行为得应司法上诉人的请求被法院撤销。

然而,原审法院实不应在其判决书内,过当地也就司法上诉人的这些工作评核项目作出具体的最起码评分,即使此举只是为了加强其判决理据的说服力亦然。如此,上诉行政机关在这方面的上诉理由是成立的,但本院不会因此废止整个原审判决,而是只会严格遵守《行政诉讼法典》第 1 条所准许援引的《民事诉讼法典》第 571 条第 1 款 d 项的规定,宣告原审判决就上述四个评分项目所作的(涉及司法上诉人应得的最起码评分的)过当宣示部分无效。换言之,有关撤销被诉行政行为的一审司法决定依然应予维持。

最后值得一提的是,被诉的行政行为是一个最终涉及整体裁量司法上诉人工作表现的实质评核行为,因此,行政当局既然在作出该行为时,在判断事实层面上犯下明显错误,便须承受该行为被整体撤销的法律后果(见《行政诉讼法典》第 20 条的规定),而不应要求不撤销"没有问题"的项目评分。

三、判 决

基上所述,中级法院合议庭裁定前政府船坞代厂长的第一个上诉理由不成立和第二个上诉理只部分成立,进而宣告行政法院 2005 年 5 月 12 日的判决书就"工作上的人际关系"、"勤谨及守时"、"物料保存"和"工作数量"这四个评分项目所作的涉及司法上诉人谢子猷应得的最起码评分的过当宣示部分无效,但仍维持撤销被诉行政行为的原审裁决。

对本案毋须科处诉讼费(见《法院诉讼费用制度》第 2 条第 1 款 b 项的

规定）。

命令把本裁判书的内容亦通知予谢子猷和港务局知悉（通知信内附同本裁判书和原审判法书的影印本）。

裁判书制作法官：陈广胜

第一助审法官：José Maria Dias Azedo（司徒民正）

第二助审法官：赖健雄

2006 年 2 月 23 日，澳门

【案例评述】

这是澳门中级法院之合议庭通过审理上诉所作出的判决，关于被提起上诉的原审判决，可参阅案例 8。澳门中级法院合议庭之判决的第一部分（一、案情叙述及原审裁决的事实和法律依据）只是全文转录了原审判决的内容。其第二部分（二、本上诉裁判书的判决依据说明）才是对上诉的审理。

在第一审阶段，被诉机关（原澳门政府船坞代厂长）的答辩状由两部分组成：首先是抗辩，之后是反驳。行政法院法官首先裁定抗辩的理由不成立，并在之后的判决中判定被诉机关败诉。被诉机关对行政法院法官的两份裁判（中间裁定及结案判决）均提起上诉，所以，中级法院合议庭须审理同一诉讼程序中出现的两个上诉。中级法院之判决有两个价值：

其一，通过引述葡萄牙法学家的著述，阐明了上诉审的范围："当诉讼当事人向法院提出某一问题时，必在每一处借助多种理由或理据以支持其观点的有效性；对法院而言，所须做是要对所提出的问题作出决定；法院并无责任去审议当事人赖以支持其请求的所有理据或理由（此一见解已尤其载于本中级法院第127/2000 号案的 2000 年 9 月 21 日的裁判书内，当然同一见解并不妨碍上诉法院在认为适宜时，就上诉人在其理由阐述书总结部分所主张的任何理由发表意见的可能性）。"

其二，中级法院认定第二个上诉（对原审法院之结案判决的上诉）的理由部分成立，因为"原审法院实不应在其判决书内，过当地也就司法上诉人的这些工作评核项目作出具体的最起码评分，即使此举只是为了加强其判决理据的说服力亦然"。尽管如此，中级法院并没有废止被提起上诉的原审法院之结案判决，只是宣告原审判决之"过当宣示部分"无效，但仍然维持了原审判决。

8　谢子猷诉"澳门政府船坞"代厂长案 *

【判决书】

　　谢子猷,详细身份资料记录于卷宗内,就澳门政府船坞代厂长于 2002 年 8 月 7 日对其的特别工作评核结果的认可决定,向本院提起司法上诉,要求撤销有关决定,理由是该决定存有事实前提的错误和错误适用法律。

　　被诉当局作出答辩,认为应判处上诉理由不成立,因对上诉人之评核决定法理依据充分,对事实方面认定也没有瑕疵。

　　检察院认为应撤销被诉当局的认可决定。

　　本院对此案有管辖权。

　　本案诉讼形式恰当及有效。

　　诉讼双方具有当事人能力及正当性。

　　不存在待解决之无效、抗辩或其他先决问题。

　　根据本卷宗及其附卷之资料,本院认定以下事实:

　　上诉人自 2000 年 8 月 16 日起以临时委任方式出任政府船坞临时委任第一职阶二等技术辅导员职位。

　　根据有关开考通告,有关技术辅导员职务分为三个范畴:(1)机械范畴;(2)电力范畴;(3)船舶建造范畴。

　　而上诉人考取的范畴为船舶建造范畴,根据开考通告第四点 C 项,船舶建造范畴是"负责协调和跟进政府船坞之船舶建造及维修工程,尤其是评估及检查现有设施,编写工程的工作内容书,所需材料的清单和工作进度表"。

　　而根据开考通告第七点 C 项,船舶建造范畴需具备的专门知识为:(1)船体的建造及维修;(2)焊接程序的设计;(3)油漆的选用;和(4)船体结构图的制作

---

　　* 卷宗编号:197/02-ADM。

和阅读。

上诉人是在有关公开考试中甄选且以第一名的成绩获委任上述职位。

于 2002 年 7 月 19 日,上诉人的直属上级即评核人岑咏雪对上诉人的临时委任第二阶段(即 2001 年 8 月 16 日至 2002 年 8 月 15 日)作出以下评核:

1. 工作素质 ………………………………… 5

2. 工作数量 ………………………………… 5

3. 进修 ……………………………………… 8

4. 责任感 …………………………………… 5

5. 工作上之人际关系 ……………………… 6

6. 勤谨及守时 ……………………………… 8

7. 主动性及创造力 ………………………… 5

8. 物料保存 ………………………………… 6

得分 ……………………………………… 6(平)

上述评核事实理据载于本卷宗第 47 页至第 48 页的综合报告内,有关内容在此视为完全转录。

于 2002 年 8 月 2 日,上诉人就上述评核提起声明异议。于 2002 年 8 月 7 日,政府船坞代厂长邝锦成就声明异议作出决定,否决了上诉人的声明异议。同日,政府船坞代厂长邝锦成认可由评核人于 7 月 19 日所作的评核。

鉴于上诉人的临时委任状况,上述的工作评核"平"使上诉人的临时委任自动终止。

上诉人所负责的工作繁复、数量多,且有些不属其专业范畴(船舶建造),例如编写管路程序说明书,该工作乃属机械范畴。

上诉人与其他同事一直保持良好之关系,并未有出现任何不愉快事件。

从 2001 年 8 月 1 日至 2002 年 5 月 31 日期间,上诉人仅在 2001 年 11 月 13 日下午上班时间迟到了一分钟,换句话说,上诉人在整个评核年度期间,仅有一天迟到了一分钟。同时,上诉人亦没有任何不合理缺勤记录。

上诉人更经常自愿地以无偿方式进行超时工作,通常每天早上八时多便上班。

且让我们分析有关上诉理由是否成立。

经分析本卷宗及其附卷的所有资料,本院认为被诉当局对上诉人的工作评核确实存有事实前提的错误,尤其在以下项目中:

(一)"工作上之人际关系"

在上述项目,上诉人所获得分数为"6"分。

根据有关评核表里的评分指引,"6"分是给予人际关系可被接纳,不妨碍但亦不改善工作环境。

有关评核人给予"6"分的理由是,上诉人"于工作上未能努力营造一个良好的工作环境,但其个人工作态度及行为则经常对其他同事造成相当的负面影响"。

上述评核人的结论,与本院所审理查明的事实不符。

本院听取的所有证人中,无论是上诉人所提交的证人,或是被诉当局所提交的,除了原厂长周进因与上诉人没有直接工作接触而对其不认识以及评核人岑咏雪本人外,均异口同声表示上诉人是一位容易相处的人,在工作上人际关系良好,与其合作愉快。

相反,对上诉人当时的上司,即评核人岑咏雪,则有证人表示其并不易相处,为人多疑及挑剔。

从而可见,给予"6"分是明显偏低且事实理据明显不足。按照相关的法定评分指引,本院认为应给予不少于"8"分。

(二)"勤谨及守时"

在这一方面,根据上诉人的出勤记录,从2001年8月1日至2002年5月31日期间,上诉人仅在2001年11月13日下午上班时间迟到了一分钟。换句话说,上诉人在整个评核年度期间,仅有一天迟到了一分钟。因此,按相关的法定评分指引,本院认为应给予不少于"9"分,而非"8"分。

(三)"物料保存"

在上述事项,上诉人在其被评核的期间(2001年8月16日至2002年8月15日),并没有任何损坏物料的记录,却只获得"6"分。

相反,在上一评核期间(2000年8月16日至2001年8月15日),上诉人曾于2001年7月16日不小心遗失一部数码相机,但获得"7"分。

在此,有关评分明显出现偏差。

按有关的法定评分指引,本院认为应给予不少于"8"分。

(四)"工作数量"

"工作数量"方面的评分,也明显偏低,因为上诉人不但要负责其专业范畴内的工作,还要应付其他专业范畴的工作。

评核人一方面认为上诉人工作能力低,无论在数量上或质量上均未能达标,但另一方面却不断委派不同范畴的工作给他,这是否自相矛盾?最后更以不属于上诉人本身专业范畴的工作表现,来订出评分的标准,这明显对上诉人不公平,违反了公正原则。

本院认为上诉人在此方面应得之分数不少于"7"分。

以上种种,足以证明被诉行为存有事实前提错误的瑕疵,故应予撤销。

综合所述,撤销澳门政府船坞代厂长于 2002 年 8 月 7 日对谢子猷的特别工作评核结果的认可批示。

作出适当通知。

法官:何伟宁

2005 年 5 月 12 日

【案例评述】

这份判决是行政法院法官在"司法上诉"中作出的,在澳门,上级对下级的纪律处分和工作评核,都可以成为诉讼的客体。但在纪律程序或评核程序中,上级享有广泛的自由裁量权或解释"不确定概念"的广泛判断余地,所以法官的审判权比较有限——多数场合,只能审查是否存在程序瑕疵或事实认定是否存在明显错误。

这份判决的价值在于:它所审查的事项是被诉行政行为(工作评核)的客观方面,法官指出了行政机关在事实认定方面的错误,从而宣判司法上诉人谢子猷胜诉;同时,给行政机关行使裁量权设立了标准。被上诉机关(原澳门政府船坞代厂长)对该判决不服,并且向中级法院提起真正的司法上诉,这就是"案例7"的来历。

9 梁月嫦诉"澳门退休基金会"行政管理委员会案*

【判决书】

梁月嫦,详细身份资料载于卷宗内,向本院提起确认权利或受法律保护之利益之诉,要求确认其于 1985 年 11 月 14 日至 1992 年 1 月 5 日期间以散位合约向政府所提供的服务时间计算在退休服务时间内。为此,同时要求本院命令退休基金会发出缴款凭单,以便其缴付有关退休金供款。

被告退休基金会指出本诉讼程序不可行,因不符合《行政诉讼法典》第 100 条所规定的诉讼前提。

检察院也持同一意见。

原告认为其诉讼符合有关诉讼前提,应予继续审理。

现本院就有关问题,作出审理。

《行政诉讼法典》第 100 条规定如下:"一、如未有作出行政行为,亦无默示驳回之情况,且诉之目的在于宣告出现争议之行政法律关系之内容,而不欲法院命令作出任何行政行为,则得提起确认权利或受法律保护之利益之诉,尤其是确认下列权利:a)一项针对行政当局行使之基本权利;b)要求支付一定金额之金钱之权利;c)要求交付一物之权利;d)要求作出事实之权利。二、对已作出之事实行动或已作出而属无效或法律上不存在之行政行为未有提起司法上诉时,亦得提起上款所指之诉。"

根据上述规定,只有在行政当局没有作出可撤销的明示或默示否决行为时,才可提起确认权利或受法律保护之利益之诉。换言之,当出现一争议的行政法律关系,行政当局没有作出任何决定,且这不作为不被视为默示否决时,利害关系人可向本院提起上述诉讼。

---

* 卷宗编号:54/04-RDILP。

然而，倘行政当局作出了否决决定，无论是明示或默示，只要不属无效或法律上不存在的行为，利害关系人只可就有关行为提起司法上诉，而非确认权利或受法律保护之利益之诉，否则，立法者对可撤销行为订下提出司法上诉的期限（《行政诉讼法典》第 25 条第 2 款之规定），便变得无意义，因即使没有适时提起有关司法上诉也可在确认权利或受法律保护之利益之诉中达到同样目的。

在本个案中，原告表示于 1985 年 12 月 27 日申请加入公务员退休金制度，并于 1986 年 1 月 28 日被当时财政司司长否决。于 2000 年 1 月 5 日，原告再次提出申请，并于同年 3 月 14 日通过退休基金会第 00014/0362/DS/FP/2000 号公函被通知其申请被否决和有关申诉的权利。于 2002 年 11 月 22 日，原告向经济财政司司长请求重新审理其个案。

经济财政司司长于 2003 年 6 月 6 日在报告书编号 167/DS/FP/2003 作出批示，同意无法重新审理原告的申请的意见，同时命令由退休基金会通知原告上述决定。通过 2003 年 6 月 13 日第 01342/0353/DS/FP/2003 号公函，退休基金会将上述司长的决定通知了原告。

从以上事实可见，行政当局就原告每次的请求，均作出了不批准决定，而该等决定并没有任何无效或法律上不存在的瑕疵，因此，本案明显不符合《行政诉讼法典》第 100 条所规定的诉讼前提。

基于此，本院判处被告的延诉抗辩成立，驳回原告的起诉。

诉讼费用由原告支付。作出适当通知。

法官：何伟宁

2005 年 4 月 1 日

【案例评述】

这是行政法院法官在"确认权利及受法律保护利益之诉"中所作的判决，判决的内容不是败诉，而是驳回起诉。因为，法官认为原告梁月嫦提起的诉讼不具备诉讼前提。换言之，本案中存在阻碍法官认定主问题的妨害性问题。这里的"妨害性问题"是：通过明示行政行为，行政当局数次拒绝原告提出的加入公务员退休制度的请求，而原告对行政当局的决定从未提起司法上诉。

葡萄牙的行政法理论和司法见解一致认为，如果行政当局明示或默示地否决私人的权利主张，权利确认之诉具有补充性。补充性的含义是：就行政当局的明示否决或默示否决，私人必须"先"提起司法上诉，只有在司法上诉不足以完整保护私人遭受侵害的权利或利益时，才能就未获保护的部分提起确认之诉；如果由于私人自身的过错或懈怠没有提起司法上诉，此等过错或懈怠阻碍私人提起确认之诉。

　　澳门《行政诉讼法典》基本维持了这一传统,所以,其第 100 条第 2 款规定了一项排除:如果行政当局所作的明示或默示地否决私人之权利主张的决定是可撤销行政行为,若私人不在法定期间内提起司法上诉,也不可以提起确认权利及受法律保护利益之诉。

10 贺征嫱诉"澳门税务执行处"案 *

【判决书】

贺征嫱,详细身份资料载于卷宗内,就卫生局通过财政局税务执行处以税务执行程序向其追收不应收取之父母家庭津贴澳门币 48760.00 元和相应之执行费用提出反对,理由是其于 1990 年至 2000 年 1 月份之不当收取款项的退款时效已完成。

检察院认为被执行人所提出的反对理由不成立。

卫生局认为被执行人所提出的部分理据成立,于 1998 年 11 月 15 日前的不当收取款项的退款时效已完成。

根据本卷宗的资料,本院认定以下事实:

于 2003 年 10 月 28 日,社会文化司司长作出批示,当中要求被执行人在知悉有关批示之日起 15 日内退还不应收取之父母家庭津贴等事项。

被执行人于 2003 年 11 月 14 日签署知悉上述批示。

于 2004 年 10 月 20 日,卫生局通知被执行人需退回自 1990 年 7 月 1 日至 2003 年 10 月 31 日止之父母家庭津贴合共澳门币 48760.00 元。

被执行人于 2004 年 10 月 26 日签署知悉有关通知。同日,被执行人申请分期退还上述金额。

卫生局于 2004 年 12 月 7 日否决其申请。被执行人于 2004 年 12 月 15 日知悉上述决定。

于 2005 年 1 月 27 日,卫生局发出本卷宗第 3 页之证明书,有关内容在此视为完全转录,要求财政局税务执行处作出强制征收。

其后,财政局税务执行处以上述证明书作为依据,展开有关执行程序,并于

---

* 卷宗编号:29/05-EF。

2005年2月3日传唤了被执行人。

被执行人于2005年2月14日向行政法院提交了反对执行。

现就有关问题作出审理。

根据12月5日第59/94/M号法令第7条规定,退回款项义务之时效期间为五年,由收取不当收取之款项之日起算。但上述法令并没有就时效的中止和中断作出规范,因此适用《民法典》的有关规定。

《民法典》第295条规定如下:"一、时效之放弃,仅在时效期间届满后作出,方予容许。二、放弃得以默示为之,且无须受益人之接受。三、具有正当性放弃时效之人,仅为对时效所生利益可予处分之人。"

被执行人于2004年10月26日获悉卫生局要求其退还不应收取之父母家庭津贴澳门币48,760.00元。对于有关决定,被执行人并没有作出任何异议,且于同日申请分期退还上述金额。

就其申请分期退款的行为,本院认为产生以下法律效果:一、放弃了当时已届满的时效;二、向执行人承认了退款的义务。因此,就于2004年10月26日已完成的时效,被执行人不能再主张。此外,就当时尚未完成的时效,则根据《民法典》第317条的规定,因向权利人承认其权利而中断。

被执行人于2005年2月3日被传唤,根据《民法典》第315条的规定,时效因作出传唤而再次中断。而时效中断后,有关期间重新开始进行(《民法典》第318条的规定)。

基于被执行人曾放弃已届满的时效和存有导致时效中断的情况,其主张的退款时效已完成的反对执行理由并不成立。

综合所述,本院判处被执行人的反对执行理由不成立。

诉讼费用由被执行人支付。作出适当通知。

法官:何伟宁
2005年5月5日

【案例评述】

这是澳门行政法院法官在"税务执行程序"中所作的判决,它所审理的诉讼类型是税务执行反驳。税务执行程序是行政强制执行的一种,负责执行的机构是附属于澳门财政局的税务执行处,其客体只能是私人承担的金钱给付。可通过税务执行程序来征收的款项包括税款、罚款等。在税务执行程序中,执行反驳是被执行人所享有的保障。

尽管税务执行程序是行政强制执行的一种,由行政机构负责操作,但审理被执行人提出的执行反驳却是司法机关的权限。显而易见,这是自然公正原则的要求。第 9/1999 号法律(澳门司法组织纲要法)第 30 条第 3 款第 7 项将该权限赋予澳门行政法院,对行政法院的判决不服可向中级法院提起上诉。

该判决宣判贺征嫱提出之税务执行反驳败诉,因为她曾经提起过以分期付款方式返还所欠款项的请求。这份请求意味着她默示承认了承担返还款项的法律义务,依据《澳门民法典》第 295 条及第 317 条,债务人的承认——不论明示或是默示——意味着放弃了已完成之时效,并导致未完成时效的中断。基于此,被执行人不得再以时效为理由而提起执行反驳。

这份判决所处理的事实问题及法律问题均不复杂,其特征在于:依据《民法典》的规定判断行政法所订立的时效,并且直接依据《民法典》的条文裁判行政案件。该判决表明,法律体系(legal sistem)是系统不是堆砌,不仅规范之间要保持协调一致,法律部门之间也要连贯和谐。缺乏连贯性的法律体系,很难具有确定性,也很难保障法律交易的安全。

后　记

编写本书的起因,说来有些机缘巧合:著名行政法学家应松年教授曾亲自率团考察澳门的行政诉讼和行政审判制度,之后,应老师决定组织编写"中国大陆、台湾、香港、澳门行政诉讼:制度、立法与案例"丛书,并吩咐我们二人负责介绍澳门的行政诉讼法。在此,感谢应老师的信任。

澳门的《行政诉讼法典》和《行政程序法典》都是 1999 年出台的,在制定过程中充分采用了葡萄牙和欧盟的立法理念和立法技术,因此,这两部《法典》的体例编排、结构布局和条文衔接都具备相当程度的体系和谐及逻辑严密。我们之所以不揣浅陋并接受应老师的要求,就是希望这两部《法典》能引起内地学者们的关注,从而对内地行政立法的完善发挥借鉴作用。

本书的第一编由何伟宁负责,其余部分由米万英负责。虽然也经常商量讨论,但水平所限,缺点错误在所难免,敬请同仁批评指正。只有如此,才能促进学术和法律交流,这正是我们编写本书的目的。

米万英　何伟宁

2010 年 6 月

图书在版编目（CIP）数据

澳门地区行政诉讼：制度、立法与案例 / 米万英，何伟宁著. —杭州：浙江大学出版社，2011.5

（中国大陆、台湾、香港、澳门行政诉讼：制度、立法与案例丛书 / 应松年主编）

ISBN 978-7-308-08034-7

Ⅰ.①澳… Ⅱ.①米… ②何… Ⅲ.①行政诉讼－研究－澳门 Ⅳ.①D927.659.530.4

中国版本图书馆 CIP 数据核字（2010）第 199512 号

澳门地区行政诉讼：制度、立法与案例

米万英　何伟宁　著

策　　划	袁亚春	
责任编辑	田　华	
封面设计	雷建军	
出版发行	浙江大学出版社	
	（杭州天目山路 148 号　邮政编码 310007）	
	（网址：http://www.zjupress.com）	
排　　版	杭州中大图文设计有限公司	
印　　刷	杭州日报报业集团盛元印务有限公司	
开　　本	710mm×1000mm　1/16	
印　　张	18.5	
字　　数	342 千	
版 印 次	2011 年 5 月第 1 版　2011 年 5 月第 1 次印刷	
书　　号	ISBN 978-7-308-08034-7	
定　　价	52.00 元	